聊城大学学术著作出版基金资助

京师武术文化研究

朱　君　郑雪荣　著

人民体育出版社

图书在版编目（CIP）数据

京师武术文化研究 / 朱君, 郑雪荣著. -- 北京 : 人民体育出版社, 2024

ISBN 978-7-5009-6443-8

Ⅰ. ①京… Ⅱ. ①朱… ②郑… Ⅲ. ①武术－文化研究－北京 Ⅳ. ①G852

中国国家版本馆CIP数据核字(2024)第065911号

*

人民体育出版社出版发行
北京建宏印刷有限公司印刷
新 华 书 店 经 销

*

710×1000　16开本　17印张　321千字
2024年8月第1版　2024年8月第1次印刷

*

ISBN 978-7-5009-6443-8
定价：78.00元

社址：北京市东城区体育馆路8号（天坛公园东门）
电话：67151482（发行部）　邮编：100061
传真：67151483　邮购：67118491
网址：www.psphpress.com
（购买本社图书，如遇有缺损页可与邮购部联系）

内容摘要

本研究所涉及的“京师”指国家首都。由于我国历代首都众多，故选北京为个案进行研究。但首都作为个案研究，所涉及的层面还要兼顾国家。因此，京师武术文化研究不是一般意义的地域武术文化研究，是以北京地域存在的与武术活动相关的所有文化为主体，兼顾国家层面的武术文化研究。

为了本研究的顺利进行，笔者先后七个月深入北京地区进行社会调查和社会学口述历史方法调查，并对京师武术文化历史、发展现状等文献资料进行收集整理，然后分析、归纳、总结、提炼。对于繁多的文献资料，运用个案分析和对比分析的方法加以研究。对历史资料不是简单的累加，而是通过逻辑分析，去发现规律和总结规律，最终形成完整性论文，为京师武术文化进一步发展提供建设性策略。同时，查阅和学习社会学、人类学、文化学和地理学等相关知识和理论，为本研究打下坚实的基础。在写作思路上，紧紧围绕京师武术文化的价值这根主线，分析京师古代、近代和现代武术文化状况，并以此为基础分析、归纳、总结京师武术文化的特征、发展规律、演进动因等，逐步形成本研究的主体框架。

本研究内容及研究成果主要包括以下方面：

（1）导论部分。包括研究缘起、研究目的与意义，相关研究文献综述，研究对象与内容，研究重点、难点、可能创新之处，研究方法、研究思路、理论假设，相关概念的界定，研究的理论基础。

（2）“京师武术文化”概念的界定。通过对“武术文化”“京师”“京师武术文化”的界定，厘清概念的内涵与外延，为研究工作的顺利展开打下坚实的基础。研究认为，京师武术文化是以国家意志为导向的，以包容性、权威性、先进性和创新性为典型特征的，在首都从事与武术相关的社会活动的主体所创造的物质和精神成果，以及这个创造活动本身。

（3）京师武术文化诞育与存在的时空。定都主要与经济的发展相关，同时受到民族融合、自然环境、政治、军事等多种因素的影响。北京能够成为首都是因其有独特的民族融合因素，其文化是以汉文化为主体，同时融合“胡风”色彩的文化。

（4）古代京师武术文化与其他地域武术文化的区别之一在于宫廷武术文化。古代京师武术文化以宫廷武术文化为核心，包括帝王武术、宫廷娱乐武术和大内高手武术。宫廷武术以骑射、摔跤为主要运动形式，以技击搏杀为运动特征。军旅武术是御林军武术，是为保卫宫廷和首都而设立的。民间武术以入仕、糊口和立势为目的。统治阶级对武术有时禁止、有时倡导，军旅武术与民间武术相互促进，民间武术的立势有时对政府产生较大冲击，这些对京师武术文化发展都产生了较大的影响。古代京师武术文化的价值体现为搏杀。

（5）民间武术的兴盛是近代京师武术文化的成就之一，也是与其他地域武术文化的主要区别之一。民间武术的兴盛与近代武术军事功能的让位、武科举制度的废止、内忧外患的时局不无关系。民间武术的兴盛也与京师义和团运动、近代的“强国强种”思想和西方文化的侵袭有千丝万缕的联系。大批农民武术家奔向京师，纷纷开门立拳，但由于近代枪炮的盛行，致使武术在战场的威力大大削弱，迫使其向体育方向转型。因而，近代京师武术文化以八卦掌、太极拳的防身健身为主要特征。近代京师武术文化的价值体现为搏杀、健身与鼓舞民族斗志。

（6）现代京师武术文化的定位有三，即向体育（广义）、教育和文化传播方向发展。竞技武术成为武术发展的领头羊，一度唱独角戏。近年来，京师武术在全民健身方面的影响越来越大。在学校武术方面，京师的中小学、普通高校和体育院校都十分重视武术。在文化传播方面，武术的社团组织和国家层面都发挥了作用。现代武术以太极拳、竞技武术的普及、提高为主要运动特征，引领全国武术发展。现代京师武术文化的价值体现为健身、教育与文化传播。

（7）京师武术文化丰富多彩，其拳种特点一是以北方拳种为主；二是摒弃“门户之见”，形成完整的拳种体系；三是展现大气磅礴的首都气概。本研究首先从武术精英入手，列举了他们的英雄事迹和突出贡献。其次，研究了天桥、庙会及武术小说现象，拓宽了武术文化研究的范围，丰富了武术文化的内涵。最后，以八卦掌和太极拳为例，分析了其源流在北京地区的发展状况、内容体系、技术特点等，指出北京拳种的发展与京师的文化、社会环境有着密切的关系，也是京师武术文化形成的重要部分。

（8）京师武术文化精神内涵。京师武术文化有包容性、先进性和创新性的文化特色，包括“慷慨悲歌、气劲人豪”“风气刚劲、剽悍尚武”的文化心理，“反帝爱国、舍身取义”“救国图存、大义凛然”的文化气质，蕴含“天人合一”“阴阳互转”“中庸和谐”等文化精神。

（9）京师武术文化的发展规律：第一，统治阶级的需要是京师武术文化发展的动力；第二，搏击价值盛于乱世，健身价值兴于盛世；第三，发挥人的主观能动性，才能引导京师武术文化走向辉煌。京师武术文化的演进动因：第一，特殊的政治地理位置；第二，复杂的人文背景；第三，经济发展的需要；第四，迁都的影响。

（10）京师武术文化的当代价值：引领全国武术的发展方向，能够弘扬民族精神，能够促进和谐社会的构建。同时，为京师竞技武术、社会武术和学校武术未来发展提供了相应的对策，并为文化建设提供建设性策略。

目录

第一章　导论

中华武术历史悠久，然武术研究确是近现代的事。京师是国家的政治、军事中心，武术在其中扮演了重要角色。随着时代的变迁，近现代的京师武术逐渐远离政治、军事中心，大踏步迈进全民健身行列。科学研究是现代社会走向辉煌的得力助手，武术的发展更离不开它。本章通过对京师武术文化的研究缘起、目的、意义和科研方法、思路以及文献脉络、理论基础等进行深入剖析，找到京师武术文化研究的最佳路径，为京师武术文化研究课题的顺利推进夯实根基。

一、研究缘起、研究目的与意义

（一）研究缘起

1. 武术文化是民族传统文化的重要组成部分

文化是一个国家、一个民族的灵魂。文化兴国运兴，文化强民族强。没有高度的文化自信，没有文化的繁荣兴盛，就没有中华民族伟大复兴[1]。文化建设历来是我国社会主义建设的重要组成部分，在全球化愈来愈加剧的今天，更加凸显了文化建设的必要性。当今世界各国的竞争是政治、经济、科技、军事等综合国力的竞争，这其中，文化竞争更是不可或缺的竞争。在我国加速迈向小康社会，实现中华民族伟大复兴，社会主义各项建设取得伟大成就的同时，也存在着某些不和谐现象。诸如，信仰缺失、崇洋媚外、金钱崇拜、娱乐至死、逃避竞争、恐婚恐育等现象。这些现象的形成无疑有复杂的政治、经济、教育、社会变迁等多种原因，但文化乃是最深层的原因。为实现文化强国、民族复兴的战略目标，有必要铲除这些不良现象，有必要进行文化自觉、

[1] 习近平. 实现中华民族伟大复兴中国梦的关键一步——习近平总书记关于全面建成小康社会重要论述综述［N］. 人民日报，2021-07-03.

文化自强、文化自信、文化创新。因此，分析产生不良社会现象的文化因素，探讨包括优秀民族传统文化在内的先进文化建设机制，有十分重要的当代价值。“文化乃国脉之所系，是一个国家、一个民族全部智能与文明的集中体现，是维系一个国家和民族的精神纽带。”[1] 武术文化是民族传统文化的重要组成部分，是在历史的长河中充分吸收传统文化营养的基础上逐步形成的。中华民族独特的思维方式、行为方式、审美观念、心态模式、价值取向、人生观和宇宙观，在武术文化形态中都有集中的反映[2]。可以说，武术文化是民族文化的典型代表，是“最具有民族文化特征”的传统文化。“知己知彼，百战不殆”，只有深深领悟民族传统文化的精髓所在，才能解决本民族自身的诸多社会问题，同时更好地融合世界其他民族的优秀文化，进而进行文化创新。因此，为了实现建设社会主义文化强国的战略目标，必须充分继承和发扬民族传统文化精华。鉴于此，有必要对武术文化进行研究，使武术文化发扬光大。这不但在一定程度上揭示出民族文化的面貌特征，而且也能为民族凝聚力的增强和综合国力的提升贡献力量。

2. 地域武术的丰富多彩彰显出武术文化的博大精深

我国幅员辽阔、民族众多，不同的地理环境和气候特征，以及民族的分布、民族的交往加之不同的历史进程等促使我国的地域文化丰富多样。在总体上呈现中华文化共同特征的前提下，更具有各地域文化的不同特色。正如《礼记・王制》中说：“广谷大川异制，民生其间者异俗。”武术文化与民族传统文化有着千丝万缕的联系，不同地域的传统文化必定造就风格迥异、内涵丰富的地域武术文化。中国武术之所以博大，是因为各地域有众多的武术拳种，有丰富多彩的武术文化。只有充分挖掘各地域的武术文化，才能更全面地了解武术的博大，进而深切体会到武术的精深。所以，挖掘武术文化不但要把握其总体特征，更应该了解其具体细节。这样才能更加客观地反映武术文化的核心价值，也能够进一步揭示其文化形成之规律。此外，对于地域武术文化进行研究，挖掘其价值，完全符合我国政府一贯提出的以优秀的民族文化振奋民族精神的战略决策。基于此，从文化地理学的角度将中华大地的武术文化划分为若干个特色各异的文化区域进行分别研究，有非常重要的理论价值和现实意义。郭志禹教授《中国地域武术文化现代阐释及其发展趋势研究》的国家社科课题

---

[1] 胡惠林. 文化产业发展与国家文化安全 [J]. 上海社会科学院学术季刊，2000（2）：114-122.

[2] 旷文楠. 中国武术文化概论 [M]. 成都：四川教育出版社，1990：10.

立项成功，以及前期和后续的各地域武术文化研究取得的丰硕成果，都说明该研究具有重要价值。

3. 京师武术文化具有特殊的地位

“京师”是指首都，是国家政治、军事和文化的中心，有其特殊的地位。在中国绵延数千年的历史中，武术一直被统治阶级用来作为开疆扩土、安邦定国的重要手段。首都是国家最高统治者居住的地方，武术作为防御手段被历代王朝所重视；首都也是文化交融之地，众多因素造就了京师武术和其他地域武术之间明显不同的文化特色。在形式方面，京师武术的宫廷武术、军旅武术和民间武术都有别于其他地域武术。在特征方面，京师武术具有包容性、权威性、先进性和创新性，这些特征都是其他地域武术无法比拟的。另外，武术的发展往往以京师为龙头，以最高管理者制定的政策为导向。还有，京师汇集了武术界的众多精英，也是众多拳种的汇集地，这都为武术的融合与发展奠定了坚实的基础。以上情况就注定了京师武术的领导地位和京师武术文化的独特魅力。学者们从不同地域对武术文化进行研究，取得了重大的科研成果，这为今后的研究指明了方向，也为地域武术文化研究提供了理论依据和方法依托。分析学者们研究的地域武术，还没有发现以北京为个案对京师武术文化进行系统研究。为此，京师作为一个特殊的地域，也是对武术产生重大影响的地域，有必要进行单独研究。

在古代，作为京师的地域有许多，比较著名的就有西安、洛阳、南京、北京、开封、杭州、安阳。这其中，北京无疑更具代表性。第一，建都时间较长，达850多年，北京曾是春秋时期的燕都蓟城、十六国时期前燕国都，又为金朝中都、元代大都和明、清帝都。第二，明清是武术的高度成熟和完善时期，作为首都的北京，自然吸引了众多的武术名家和各武术流派汇集于此，为京师武术文化的繁荣提供了保障。因此，北京武术文化的形成、发展在一定程度上能够反映出中国武术文化的演进规律。第三，中华人民共和国成立后，武术发展取得了辉煌的成就，北京作为国都，跨越了古代、近代和现代，其武术文化起到了引领中国武术文化发展的重要作用。同时，北京作为国际大都市，为中国武术文化提供了传播的窗口，也为作为中国武术文化形象代表的京师武术文化提供了展示的平台。因此，以北京为个案研究京师武术文化较有说服力，有助于揭示京师武术文化的内涵，也有助于把握地域武术文化的本质。

（二）研究目的

弘扬民族文化是构建和谐社会、实现中华民族伟大复兴的重大举措。深挖地域武术文化宝藏，探索民族传统文化的核心价值，能为中国特色社会主义建设贡献力量。在地域武术文化研究方面另辟蹊径，以前人的研究方法和理论为基础，力争研究内容和思路有所突破。在运用历史文献、社会调查、逻辑分析等科研方法，并掌握文化整合、文化演进、文化自觉、社会变迁等原理的基础上，站在文化的视角，结合人类学、社会学、文化学、历史学、教育学等诸多学科的理论来分析京师武术文化的历史脉络、文化特征、社会价值、变迁动因等方面的内容与规律，并以此为武术文化的传承、武术事业的发展提出策略和措施，同时期望为社会主义文化建设提供理论参考。

（三）研究意义

1. 拓宽研究领域，深化对武术文化价值的认识

地域武术文化研究的重要性已得到学者们的认可，成果丰富。然而，通过分析目前对地域武术文化的研究可以看出，当前众多研究成果已覆盖了中国版图的绝大多数区域。这些研究是从“面”上覆盖全国，也取得了众多的科研成果，但仅仅从“面”上研究还不够，还应从“点”和“线”上进行研究，并且运用“点”“线”来穿插“面”，才能达到全方位的地域武术文化研究，从而获得更大的科研成果。京师武术文化研究就是以京师这一特殊“点”来研究地域武术文化，进一步诠释武术文化的深层价值和人文精神，以期挖掘出更多的优秀文化素材和更强劲的民族精神动力。

2. 探索武术文化形成规律，促进武术事业走向辉煌

振兴武术事业是全体武林人士的心声，武术发展研究也是学者们最为关注的领域。武术文化的兴衰关系到武术的未来发展，为此，不但要呈现武术文化的历史特征，而且要探索武术文化的形成规律，才能为武术文化的进一步繁荣提供策略。京师以其独特的地位，成为各路武林精英和众多优秀拳种汇集的场所，这为武术的融合、交流和发展打开了方便之门。因而，对京师武术文化进行研究，有助于探索武术文化的运行规律，也有助于厘清武术文化的形成机

制，这些都能为武术文化的发展提供理论依据，进而为武术事业的辉煌未来献计献策。

3. 弘扬民族精神，推动传统文化向前迈进

21世纪，国与国之间竞争不仅是综合国力的竞争，而且是国民素质的竞争。杨叔子院士认为："一个民族，没有强大的科学技术，一打就垮；没有民族精神和文化，不打自垮。"[1] 在建设文化强国战略的时代背景下，思考如何以武术为载体来振奋民族精神、增强民族凝聚力、弘扬优秀民族传统文化，具有重要的现实意义。为此，京师武术文化研究一方面要把握京师武术文化的历史脉搏，另一方面要从政治、经济、社会发展的历史进程中探索武术文化演进的规律，能够为民族精神的弘扬和民族传统文化的继承提供理论支撑。同时，也为我国的先进文化建设提供理论参考，整体提升我国国民的文化素质。

二、相关研究文献综述

京师武术文化研究涵盖的范围较为广泛，根据研究主题和研究目的，本研究主要对京师武术文化的历史脉络、社会价值、形成原因、发展动因等进行探讨。因此，在对相关文献的搜集与梳理中，主要聚焦"武术文化""地域武术文化""京师文化""京师武术文化""北京武术文化""武术发展"等几个方面的相关文献，以这几点为题名或关键词，通过维普数据库、万方硕博士论文数据库、中国知网数据库及百度文库检索了"1978年1月—2021年12月"的文献资料，并进行了分析、整理，现作如下综述。

（一）地域武术文化的研究现状与启示

地域文化是一门研究人类文化空间组合的地理人文学科，又称区域文化或地缘文化，是指因人类地理分布而形成的地域性群体文化，其研究主要指以文化地理学、历史地理学为中心而展开的文化探讨。近年来，以地域文化为研究对象的地域武术文化研究取得了不少的科研成果。通过对已有文献的搜集和整理，有140多篇关于地域武术文化研究的学术论文。

[1] 杨叔子. 文化反思与价值建构：全球化与民族精神［M］. 北京：人民出版社，2009：1.

1. 研究现状

2003年，郭志禹教授承担了国家体育总局武术运动管理中心武术研究项目《传统武术历史与文化信息内容构架的研究》，在该研究项目中，他提出了地域武术文化的概念。韩雪、陈振勇等的博士论文分别对全国各大地域进行了研究，取得了丰硕的科研成果。韩雪博士论文《中州武术文化研究》对中州地区的拳种技术、民俗武风、拳谱典籍、文物遗迹等文化现象进行分析，从而把握中州习武者的文化心理、价值观念和审美趋向等。她认为中州武术文化特征表现在主体性、兼容性、辐射性和创新性，地理环境、社会风俗和政治经济因素是中州武术文化形成的主要因素[1]。陈振勇博士论文《巴蜀武术文化探骊》认为巴蜀武术文化主要是指分布在巴蜀地区的一切与武术活动有关的物质产品和精神产品的总和。他对巴蜀地区中与武术文化相关的拳种、武风民俗、武术遗迹及文学作品中的武术文化进行了详尽的搜集、整理和分析，提出巴蜀武术文化的主要内容为武术的“舞”文化、“道家养生”文化、“剑”文化等，研究认为移民、军事战争、国术运动是巴蜀武术文化形成的三个主要因素[2]。丁丽萍博士论文《吴越武术文化研究》把吴越地域内武术文化分成古代、近代和当代三个时期进行研究，运用文化学、社会学等学科理论，对吴越武术文化进行全方位的、跨时空的鸟瞰。她对各个时期的拳谱典籍、文物遗迹、拳种技术、武术人物、武术组织、武术活动等进行分析，总结了各个时期的武术特征。[3]郭守靖博士论文《齐鲁武术文化研究》首先把齐鲁地域分成“黄河文化”“齐文化”“鲁文化”三个武术文化圈，确立个案研究模式，并以此为基础研究了齐鲁武术文化的历史特征[4]。张胜利博士论文《陇右武术文化研究》认为：“陇右地域处在农耕文化向游牧文化过渡的中间地带，农耕文化和游牧文化在此上演了数千年的拉锯战，由此形成了陇右绵延千年的尚武精神。丝绸之路、敦煌文化、少数民族的尚武精神等均为陇右武术文化增添了内涵。”[5]王家忠博士论文《荆楚武术文化研究》认为：“荆楚武术文化精神表现为不畏艰险，自强不息，有不达目的绝不罢休的信念；有开放融和，兼容并包的和谐

[1] 韩雪. 中州武术文化研究［D］. 上海：上海体育学院，2005.
[2] 陈振勇. 巴蜀武术文化探骊［D］. 上海：上海体育学院，2006.
[3] 丁丽萍. 吴越武术文化研究［D］. 上海：上海体育学院，2007.
[4] 郭守靖. 齐鲁武术文化研究［D］. 上海：上海体育学院，2007.
[5] 张胜利. 陇右武术文化研究［D］. 上海：上海体育学院，2008.

精神；有敢于在国家和民族危难时刻挺身而出的爱国主义精神。”[1]

另外，申国卿《燕赵武术文化研究》[2]、李吉远《岭南武术文化研究》[3]、徐烈《关东武术文化研究》[4]、杜舒书《秦晋武术文化研究》[5]、张银行《闽台武术文化研究》[6]、郭振华《颠黔武术文化研究》[7]等分别对其研究的地域武术文化进行了深入的解读，取得了不错的科研成果。

此外，一些高校的硕士生们也有不少对地域武术进行研究的学位论文，多以相对较小地域进行研究。如赵延军《菏泽武术文化的发展思路与对策研究》、李双铭《湖南省“全国武术之乡”群众武术发展现状调查与分析》、周传锋《陕西省各武术拳种开展现状与区域分布状况研究》、周文来《江苏省“全国武术之乡”群众武术现状与发展研究》、任秀娟《商丘市农村武术发展现状及对策研究》、曹阳《开封武术文化研究》、张云飞《苌家拳发展现状及对策研究》、刘丽芳《红拳历史渊源和发展现状的调查研究及对策分析》等，多是选择武术开展较好的地区或者单一拳种开展较好的地方进行研究。在内容中涉及当地的地理、历史等文化层面的探研，通过实地考察了解现状进行分析研究并提出发展、保护的建议。

在期刊方面，也有不少研究地域武术文化的文献。比如李旺华从文化学的角度，按文化学分类的观点，将澳门武术文化分为较为活跃的外层物质文化与逐渐积淀的内层精神文化，以及两者的结合体——中层的制度文化，剖析了澳门外、中、内层武术文化特征，进而提出澳门武术运动的发展策略[8]。蔡智忠等人通过研究认为：“自然地理环境和人文地理环境共同影响形成了天水民间武术。而源自于这种特定环境中的天水民间武术，有着鲜明的特征和个性，天水人‘尚武崇勇’之民俗，也是在这种地理环境中长期所形成的。”“‘尚武’之风展现出了作为‘羲皇故里’天水文化的又一个重要层面……武将层出不穷更强化和突出了这种特征。”[9]罗屹认为对于巴渝武术的研究“应以区

[1] 王家忠. 荆楚武术文化研究［D］. 上海：上海体育学院，2008.

[2] 申国卿. 燕赵武术文化研究［D］. 上海：上海体育学院，2008.

[3] 李吉远. 岭南武术文化研究［D］. 上海：上海体育学院，2010.

[4] 徐烈. 关东武术文化研究［D］. 上海：上海体育学院，2010.

[5] 杜舒书. 秦晋武术文化研究［D］. 上海：上海体育学院，2011.

[6] 张银行. 闽台武术文化研究［D］. 上海：上海体育学院，2012.

[7] 郭振华. 滇黔武术文化研究［D］. 上海：上海体育学院，2012.

[8] 李旺华. 澳门武术文化特征及其发展策略［J］. 成都体育学院学报，2001，27（4）：22-25.

[9] 蔡智忠，聂晶，张明. 崇文尚武的羲皇故里与独具特色的天水武术［J］. 天水师范学院学报，2009，29（4）：43-46.

域文化为视角，借鉴人类学、民俗学、历史学、社会学等诸多学科的研究方法及相关研究成果，从文化空间特征及联系的角度对重庆武术文化形态进行系统研究，探讨重庆武术文化发生、发展的渊源；寻求重庆武术文化与重庆文化基本精神间的相关性；以求对重庆武术有一个全方位的、立体的‘鸟瞰’，进而构建起重庆武术文化的理论体系。”[1]郑朝沙认为岭南武术文化有主客体文化之分，“客体文化主要指拳种技术特点风格、民俗武风、典籍、拳谱、武术器械、艺术作品等文化形态；主体文化主要指岭南名家名拳、岭南武术胜地及武术之乡、岭南武术名家故里、岭南武术组织、拳馆、竞技武术比赛等文化形态”[2]。武术文化圈、文化丛和文化特质的提出，为深化地域武术文化的研究提供了新的思路。马敏卿认为“不同的地域文化则以自身的个性风格与特殊内容，使武术拳种在长期的发展过程中融汇和汲取了诸多人文环境和自然环境的营养，形成了独特的技术风格特点和深厚的文化内涵”，“齐鲁地域风土民情和文化宗教传统的丰富性，自然气候和地理环境的多样性，造就了武术拳种的丰富和多样”[3]。郭守靖根据文化学理论将文化圈、文化丛和文化特质三个概念引入地域武术文化研究中，举例论述了每一个地域性特征的存在和影响武术地域性的过程，“武术文化特质的变化可能是武术门派繁衍的根本原因，也是地域武术文化特征形成的重要因素”[4]。彭鹏认为荆楚武术蕴含了“艰苦创业、自强不息的进取精神；锐意进取、不断开拓的创新精神；融汇南北、海纳百川的开放精神；崇尚武装、热爱祖国的爱国主义精神”[5]。李吉远通过对岭南武术文化的研究，认为岭南籍的海外华侨华人推动了岭南武术文化的海外传播，“在共同的岭南武术文化认同的情感纽带基础上表现和表达出他们对母体岭南武术文化相对稳定、难以割舍的忠诚”[6]。陈振勇《论历史移民对巴蜀武术文化发展的影响》一文中指出“移民成为影响巴蜀文化发展的一个主要历史

[1] 罗屹，龚建伟. 巴渝武术文化的现状及传承对策研究 [J]. 武术科学，2008，5（5）：13–15.

[2] 郑朝沙，文明华. “广州亚运” 期间岭南武术文化传播对策 [J]. 武术科学，2009，6（3）：16–17.

[3] 马敏卿，张艳霞. 地域文化对武术拳种产生和发展的影响——以齐鲁文化为例 [J]. 北京体育大学学报，2006（10）：1340–1342.

[4] 郭守靖，郭志禹. 从地域文化学视角透视武术文化的地域性特征 [J]. 上海体育学院学报，2006（5）：71–75.

[5] 彭鹏. 地域文化学视野下的湖北武术发展探讨 [J]. 成都体育学院学报，2009（10）：32–35.

[6] 李吉远，郭志禹. 地域武术传承与中国武术国际化传播断想 [J]. 武汉体育学院学报，2010（3）：56–60.

主线，而这种因素无疑也对巴蜀武术文化的萌芽和发展具有重要作用”[1]。这些地域性特征形成了巴蜀武术文化形态的多样性，并使其呈现出多元文化模式并存的发展态势。赵晓峥在《浅谈地域武术与武术文化研究》中通过对武术的文化属性、武术的地域属性的深刻认识，阐明地域武术文化研究的必要性和积极意义，认为将地域武术与文化研究的观点运用于当今中华武术的研究将为武术文化研究提供一种新的视角、方法和途径[2]。这些观点从近十年来学界对地域武术文化学术研究的热捧可以证实。

2. 启示

地域武术文化研究受到众多学者的重视，取得了丰硕的成果。学者们从社会学、文化学、人类学等多学科理论去阐述地域武术文化的内涵、成因、价值等。这些研究思路、方法和理论建树等对后人进行地域武术文化方面的研究有重要的参考价值。郭守靖博士在《齐鲁武术文化研究》中认为，研究的理论意义是弥补齐鲁武术文化本位研究的缺憾。丁丽萍博士论文《吴越武术文化研究》认为，吴越武术文化研究是中国地域武术文化研究的重要组成部分，可以补充解读吴越文化。王家忠博士论文《荆楚武术文化研究》认为，地域武术文化研究可以发掘整理荆楚武术文化，可以提炼总结武术文化特点和精神，揭示其文化个性。申国卿博士论文《燕赵武术文化研究》认为，地域武术文化研究可以传承、重构、创新燕赵武术文化。各个硕博论文的研究方法主要有文献资料法、访谈法、实地考察法、问卷调查法、个案研究法、田野调查法、比较法、逻辑分析法、数理统计法、口述历史方法、归纳法、演绎法。研究内容主要集中在概念界定、武术文化产生的时空、拳种及其分布、拳种个案分析、武术名人与著作、武术文化概览、武术文化的地域特征及文化心理、武术文化发展状况、武术文化形成归因和规律。

从学者们对各地域的研究，可知他们充分积累了文化学、人类学、地理学、社会学等诸多学科理论，启发笔者从事京师武术文化研究也要多掌握相关方面知识和学习田野调查、社会学口述历史等科研方法。在本研究写作前，笔者首先要制定翔实的计划，设计好线路，不能眼高手低。其次，本研究框架上要从时间跨度、内容跨度和逻辑跨度等方面综合思考。最后，研究内容要注重

[1] 陈振勇，温佐惠. 论历史移民对巴蜀武术文化发展的影响 [J]. 广州体育学院学报，2007，27（6）：42–45.

[2] 赵晓峥. 浅谈地域武术与文化研究 [J]. 军事体育进修学院学报，2006，25（2）：27–28.

内在规律的研究和逻辑的把控，不能局限于内容的堆积。

（二）京师武术文化的研究现状与启示

由于本研究以北京为个案研究京师武术文化，所以以北京武术、北京武术文化及与京师比较密切的“北京”“京师”“首都”“京城”“都市”等为关键词，对武术、武术文化方面的资料进行检索，现分别综述如下。

1. 史料文献对北京武术文化的记载

（1）研究现状

史料中有大量关于北京武术的记载，如《史记》上有多处记载发生在北京地区的战争，涉及武术内容。《战国策》等史书记载了燕昭王筑黄金台招贤纳士和太子丹礼贤下士招荆轲刺秦的事件。《墨子·尚贤下》中记载：“凡我国能射御之士，我将赏贵之；不能射御之士，我将罪贱之。”《国语·周语》记载：“三时务农而一时讲武。”《吴子》云：“燕性悫，其民慎，好勇义，寡诈谋，故陈守而不走。”《管子》云：“燕之水萃下而弱，沈滞而杂，故其民愚赣而好贞，轻疾而易死。”《汉书·地理志》记载：“（燕地）其俗愚悍少虑，亦有所长，敢于急人，燕丹遗风也。”韩愈在《送董邵南游河北序》中写道：“自古燕赵多慷慨悲歌之士。”苏东坡也说：“幽燕之地，自古号多豪杰。”《隋书·地理志》记载：“涿郡连接边郡，习尚与太原同俗，故自古言勇侠者皆推幽并云。”《盐铁论·地广》说：“边境强则中国安，国安则晏然无事。”晁错在总结秦汉对付匈奴的经验教训后，提出“守边备塞，劝农力本”。“居则习兵于射法，出则教民于应敌，故卒伍成于内，则军正定于外。”《汉书·王霸传》记载，建武九年王霸为上谷太守时曾率汉军在北京周围地区与匈奴、乌桓大小数十百战。《资治通鉴》记载，骠骑将军杜茂率汉军镇守北边，“凡与匈奴、乌桓大小数十百战，终不能克”。《后汉书·郭伋传》记载建武五年（公元29年）以郭伋为渔阳太守。面对“民多猾恶，寇贼充斥”“匈奴数抄郡界，边境苦之”的局面对内赏罚分明，“纠集戮帅，盗贼销散”；对外“整勒士马，设攻守之略”，使匈奴远迹，“不敢复入塞，民得安业，在职五岁，户口倍增”。《后汉书·张勘传》记载：“捕击奸猾，赏罚必信，吏民皆乐为用。匈奴尝以万骑入渔阳，堪率数千骑奔击，大破之，郡界以静。”《三国志·魏书·乌丸传》记载曹操将乌桓降众及乌桓校尉阎柔所统辖的幽州、冀州乌桓共万余落，悉徙居中原，编设为麾下一支精锐部队，故有

“三郡乌丸（乌桓）为天下名骑”之美称。《资治通鉴》记载了五代幽州百姓抗击契丹的事件，“余众散投村落，村民以白梃击之，其得脱归国者不过数十人。自是契丹沮气，不敢轻犯塞”。《旧唐书·罗艺传》记载，隋末罗艺自立为幽州总管。“罗艺生性桀黠，好武艺，尤精射、䅧，勇于攻战。隋炀帝大业中，他屡以军功升迁，官至虎贲郎将。涿郡物殷阜，加有伐辽器仗，仓粟盈积。又临朔宫中多珍产，屯兵数万，而诸贼竞来侵掠，……（罗）艺出战，前后破贼不可胜计。”《元史·地理志》记载，大都路总管府领右、左二警巡院和六县、十州。负责城市治安的是大都兵马府，领军兵二千，专司捕盗。《经世大典·序录·弓手》记载：“中统五年，验郡邑民户众寡，置马步弓手，夜游逻……皆以防盗。”《明史·于谦传》记载，明英宗时“土木堡之变”，正统十四年十月，瓦剌首领先借送还英宗，一路烧杀劫掠，兵临北京城下。《清史稿·职官志四》记载了爱新觉罗·玄烨扳倒鳌拜的故事。《清稗类钞·战事类》记载了冯婉贞抗击英法联军的故事。《拳事杂记》说：“京城演习义和拳者，童子居多，无论士农工商，以至各行贸易之人，无不愿学。”“各巷设立拳厂者，不胜枚举。”[1]《清朝续文献通考》卷88《选举五》记载，在“举国上下，莫不知其无用”“请停弓马刀石武试”和“今日练兵，非实由西学之必不可耳”的呼声下，光绪二十七年（1901年），清廷宣布废止为选拔军事人才而设的武举制，标志了武术总体上退出了军事技术范畴。梁启超在《新民说·论尚武》中运用大量文字详述从古代斯巴达到近代德、日等国的发达演进史，并将不同国情进行分类讲述，揭示尚武与立国的重要关系。马良在《中华北方武术体育五十年纪略》中记载了自清同治十一年（1872年）至1924年的武术发展状况：“当时各派各门武士聚集京师者，皆多名手，有在各军营教练外营兵士者；有立武场教授普通人民者；有在某宅秘传三五人者，比比皆是。”《北京体育文史》记载：“在旧中国，社会体育中民族形式的国术（即武术）占有重要地位。但这项运动在学校中影响不大，只有部分学校聘有国术教员。当时，清华大学可以选修国术课代替体育课，并聘请国术教师李剑秋。北京师范大学体育系有正式国术课，教师为孙星元。北平民国大学体育专修科亦设有国术课，教师为郭述唐。中学如四中、师大附中均聘有国术教员。旧中国的武术运动大多分散在民间，带有浓厚的封建色彩。”1918年2月创刊《体育》，该社名誉社长蔡元培、严范孙两先生，编辑部成员有许禹生、郎予增、刘凤山等23人（均为当时武术界人士或北京体育研究社成员）。

[1] 中国史学会. 义和团［M］. 上海：神州国光社，1953：240.

（2）对史料文献的总结

从司马迁所著我国第一部纪传体通史《史记》起，历代纪传体正史积数26种，被学术界称为中国古代“全史”，其中诸如《汉书》《后汉书》《三国志》《晋书》《隋书》《旧唐书》《新唐书》《旧五代史》《新五代史》《宋史》《辽史》《金史》《元史》《明史》《清史稿》等都记载了北京地域的武术文化和史事。此外，其他重要的古代文献，如《春明梦余录》《大金国志卷》《啸亭杂录》《辽史纪事本》《乘轺录》《三朝北盟会编》《今言》《听雨丛谈》《留青日札》《檐曝杂记》《清实录》《析津志辑佚》《万历野获编》等也不同程度地记载了北京地区的武术人文活动。从以上史料中可以看出，北京地区在中原王朝与北方少数民族对峙时，处于前沿防守阵地。在国家大统一的王朝，北京地区成为各民族文化交流的场所。无论是对峙还是统一，武术文化在古代北京始终处于较重要的位置。

2. 现代北京武术文化的研究成果

（1）北京地区武术活动方面的研究

郭守靖在《从文化学视角看北京2008奥运会武术比赛》中认为，北京2008年奥运会武术比赛意味着中西体育文化的对话和交融进入了新的阶段[1]。郑国华教授等在《北京奥运会对中国文化产业的影响》中认为，2008年北京奥运会对中国文化产业产生了积极影响[2]。袁礼锋在《浅谈首届武术博览运动会对北京体育产业的影响》中认为世界武博运动会既是全球武博健儿“以武会友、以搏励志”和“以武求道”的新平台，也是北京传承奥运、促进发展、加快建设国际体育中心城市和世界城市的宝贵机遇[3]。

（2）北京地区的武术组织研究

周庆杰在《北京市高校武术协会现状与发展对策研究》中认为，北京市高

[1] 郭守靖. 从文化学视角看北京2008年奥运会武术比赛［J］. 浙江师范大学学报，2008，31（2）：231-235.

[2] 郑国华，丁世勇. 北京奥运会对中国文化产业的影响［J］. 天津体育学院学报，2006，21（5）：397-400.

[3] 袁礼锋. 浅谈世界武术博览运动会对北京市体育产业的影响［J］. 体育研究与教育，2012，27（7）：19-20.

校武术协会对弘扬和推广武术在高校的开展发挥着重要作用[1]。周亚飞等在《北京市高校武术协会发展现状与教学理念的变革》中认为，武术教学与武术协会发展目标具有盲目性，武术教学内容不够完善[2]。《北京市武术运动协会档案》记载清代北京镖局在“同治中兴”时期达到全盛。当时从业的镖师及个体镖户大约有一万多人，比较著名的有会友、永兴、同兴、正兴、光兴、义合、义友、志成八大镖局。同时《北京市武术运动协会档案》记载了北京市武术运动协会的发展轨迹[3]。曹碧霞、仉坤在《北京四民武术社发展研究》一文中认为，北京四民武术社作为历史上北京市创立的第一家武术社，为形意拳和八卦拳的发展做出了贡献，同时面临着学员不足，传承方式、方法受限制，主管部门重视不够，对外宣传不足等问题[4]。徐晓东等在《清末民初北京武术社团组织兴起的历史寻绎》中认为，武术社团组织的兴起是传统武术完成体育化进程的重要环节，推动了传统武术各门派的融汇[5]。

（3）对北京武术英杰的研究

北京是武术精英的聚集地，对其研究能够反映北京武术文化的丰富多彩。在检索的文献中对李连杰的研究最多，显现出了李连杰的巨大影响力。

戴国斌教授在《不同历史时期武术影视明星发展特征研究——以李小龙、成龙、李连杰为例》中认为，李小龙以“真实的打”塑造了“功夫武侠”形象，成龙以“喜剧的打”塑造了“平民武侠”，而李连杰以“审美的打”塑造了“文化武侠”[6]。梅林、杨燕清在《转变——功夫明星：李连杰》中认为，李连杰的经历分为两个部分，从演员之路到“杰世纪”[7]。刘荆在《李连杰的武侠人生》中认为，李连杰自登上影坛以来饰演的都是武者，李连杰的武侠电影生涯分为起点、巅峰、失落和回归四个主要阶段，李连杰在这四个不同阶段的演艺中有着不同的特征[8]。方刚在《李连杰武侠电影的文化内涵与艺术

[1] 周庆杰. 北京市高校武术协会现状与发展对策研究［D］. 北京：北京体育大学，2007.

[2] 周亚飞，刘小学，郭晴. 北京市高校武术协会发展现状与教学理念的变革［J］. 运动，2012（11）：106-107.

[3] 北京市武术运动协会. 北京市武术运动协会档案［M］. 北京：人民体育出版社，2007：5-9.

[4] 曹碧霞，仉坤. 北京四民武术社发展研究［J］. 武术研究，2021，6（9）：55-59.

[5] 徐晓东，张长念，宋梦涵. 清末民初北京武术社团组织兴起的历史寻绎［J］. 武术研究，2021，6（9）：15-17；29.

[6] 戴国斌. 不同历史时期武术影视明星发展特征研究——以李小龙、成龙、李连杰为例［J］. 北京体育大学学报，2011，34（6）：37-40.

[7] 梅林，杨燕清. 转变——功夫明星：李连杰［J］. 时代文学，2009（8）：205.

[8] 刘荆. 李连杰的武侠人生［J］. 电影评介，2010（6）：24.

精神》中认为，中国武侠电影是最具有民族文化特征的一类影片，在它的发生发展过程中，李连杰作为演员起到了举足轻重的作用。其影片中塑造的武侠形象、动作理念和民族文化等因素，鲜明体现着东方民族文化的内涵与精神[1]。《北京市武术运动协会档案》《中国武术百科》《古今武林人物志》《中国武术大辞典》《中国武术人名辞典》等书记载了近代活动在北京地区的武术英杰。

（4）对北京武术典籍与论著的研究

北京是武术大师云集的地方，武术大师们在北京的武术事业为他们著书立说打下了坚实的基础，他们的著作对武术在北京乃至全国的发展都做出了卓越的贡献。

从20世纪二三十年代起，西方体育的强烈冲击急剧改变着中国传统体育的历史面貌和思想观念，人们对武术的认识不断深化，开始用科学的方法研究我国的传统武术，先后出版了一些有价值的武术论著。孙禄堂著有《八卦掌学》《太极拳学》《拳意述真》，王芗斋著有《意拳正轨》《大成拳论》，陈照丕编著《陈氏太极拳汇宗》《陈氏太极拳总解》，沈家祯著有《太极拳精义》《行功太极拳》，曹钟升著有《曹氏八卦掌谱》，曾增启著有《八卦转掌汇览》，王子仁著有《太极拳要诀》，郭云深著有《解说形意拳经》，刘恩绶编写《岳氏八翻手》，金恩忠著有《中华刺枪教范》《实用大刀术》等，黄宝亭著有《顺手拳》，赵仁情著有《太极拳缠丝功和抽丝劲的异同》，马岳梁著有《吴鉴泉氏德太极拳》《吴氏太极拳详解》，李经梧著有《太极内功》《李经梧传陈、吴太极拳集》，明漪著有《八卦形意太极内家三门同仁录》，许笑羽著有《少林二十四式》《形意拳图解》《形意拳讲义》，尚济著有《形意拳经注释》《形意拳精萃》，万籁声著有《武林汇宗》《武术技击精华》《武术自然门》等。这些著作包括拳械源流、基本动作和技法，以及套路动作图解。这些对武术的整理、总结和分析，对研究北京武术文化有重要的参考价值。

（5）北京武术发展状况研究

中华人民共和国成立后，北京的武术发展取得了辉煌的成就，孙康林在《北京市武术运动协会档案》一书中认为，建国后北京市武术运动的发展可以划分为四个阶段[2]。袁熹在《近代北京体育运动的发展》中记载：1912年由许

[1] 方刚. 李连杰武侠电影的文化内涵与艺术精神［J］. 电影评介，2010（8）：6-7.

[2] 徐晓东，张长念，宋梦涵. 清末民初北京武术社团组织兴起的历史寻绎［J］. 武术研究，2021，6（9）：15-17.

禹生、郭秋坪、钟一峰、岑履信、关伯益等人成立的体育研究社是专门从事中国武术研究的体育组织。该社的宗旨是以“提倡尚武精神，养成健全国民，并专事研究中国旧有武术使成系统”。同时该社还创办了北京最早的一所私立体育学校，创办了最早的体育杂志《体育》，在国内影响较大。

对北京武术发展现状的研究，主要集中在各学校硕士生们的毕业论文中。硕士生从高校武术教师、课程开展情况、段位制、武术教学等方面进行了研究。北京体育大学刘朝霞硕士论文《北京部分高校武术教师的现状调查与分析》认为，北京市高校拥有武术教师队伍，年轻有活力。但存在以下问题：数量不足、高学历武术教师匮乏、科研水平较弱、学术氛围不浓[1]。河北师范大学吴马的硕士论文《北京市普通高校太极拳课程开展状况的调查研究》认为，太极拳课程没有统一教材，缺乏考核标准，教师教课主观意志决定教学质量，不利于课程的质量保持[2]。北京体育大学陈竺的硕士论文《北京市高等院校武术散打课程开展状况的调查研究》认为，各大高校应该加强武术散打竞赛校队的建立和武术散打竞赛的开展，积极推进武术散打在高校的全方位发展，结合散打竞技、健身与实用性为一体，综合而全面的发展[3]。

关于北京武术发展动因方面，林伯原先生在《中国近代前期武术家向城市的移动以及对武术流派分化的影响》中认为，1840年鸦片战争的爆发，使民间武术主要在农村开展的状况发生了变化，出现民间武术家向城市移动的趋势，这种趋向对武术流派的分化有重要的影响。民间武术家向城市移动分两个阶段。第一个阶段为1840—1900年期间。第二个阶段为1901—1919年[4]。张娟的硕士论文《十年文革期间北京武术的演变》研究认为，“文革”前期，武术随着“文革”的运动发生被列为了四旧，成了封资修产物，在这期间职业武术队的教练和民间武术家都受到了不同程度的打击和迫害[5]。刘明亮等在《北京太极竞技推手的现状调查与发展对策》中认为，目前北京市太极推手比赛人数的发展空间还很大，但是参加人数少仍然是一个不争的事实[6]。

[1] 刘朝霞. 北京部分高校武术教师的现状调查与分析 [D]. 北京：北京体育大学，2005.

[2] 吴马. 北京市普通高校太极拳课程开展状况的调查研究 [D]. 石家庄：河北师范大学，2010.

[3] 陈竺. 北京市高等院校武术散打课程开展状况的调查研究 [D]. 北京：北京体育大学，2012.

[4] 林伯原. 中国近代前期武术家向城市的移动以及对武术流派分化的影响 [J]. 体育文史，1996 (3)：14-18.

[5] 张娟. 十年文革期间北京武术的演变 [D]. 北京：首都体育学院，2012.

[6] 刘明亮，苏爱远，方世雄. 北京太极竞技推手的现状调查与发展对策 [J]. 搏击·武术科学，2012，9 (3)：37-39.

（6）北京的民俗武风研究

岳永逸在《当代北京民众话语中的天桥》中认为，“天桥”在中华人民共和国建立前受流氓恶霸把持，也是藏垢纳污之所。中华人民共和国建立后经过改造，建立了剧场、商场[1]。《北京市武术运动协会档案》记载：“都城北京，经济发达，商业活动频繁。隆福寺、护国寺、东岳寺、白云观、妙峰山等大的寺院初一、十五都有庙会，俗称行香走会，武术表演娱乐性很强。”[2]岳永逸在《天桥街头艺人学艺的缘由及条件》中认为：“学艺要具备以下条件。第一，这个人必须是处于游离状态的人，他已经没有其他谋生的的路，而又还想活下去或者为了别人能活下去。第二，还要看祖师爷给不给你那碗饭。第三，要有介绍人，要有引师、保师、代师。第四，必须要能吃苦，而且还能忍辱负重，严重的要能经得起皮肉之苦。”[3]王虎在《浅谈北京武术文化旅游》中认为，中国武术旅游因武术所具备的健身养生性、体验参与性、娱乐观赏性、文化教育性等多元化特性，在满足旅游者的娱乐性、体验性及享受性等心理的同时，能够满足消费者追求消费个性化的心理，因而具有极大的发展潜力与价值[4]。

（7）北京拳种的相关研究

北京的拳种很多，但研究拳种的文章并不多。张长念、邓付林的《北京市非遗项目意拳的历史成因与传承发展》中对意拳进行研究认为，意拳是王芗斋通过吸取西方搏击的训练方法，融会贯通传统武术而产生的。意拳具有技击、养生和文化传承价值[5]。张长念、刘金鹏在《非物质文化遗产“白猿通背拳”的挖掘整理研究》中认为，白猿通背拳是非物质文化遗产，具有鲜明的文化和地方特色，但目前面临濒危形势[6]。张长思、张长念在《北京地区形意拳现状考察》论文中认为，形意拳具有具化文化资本、物化文化资本和制度化文化资本[7]。

---

[1] 岳永逸. 当代北京民众话语中的天桥［J］. 民俗研究，2001（1）：54–67.

[2] 北京市武术运动协会. 北京市武术运动协会档案［M］. 北京：人民体育出版社，2007：7.

[3] 岳永逸. 天桥街头艺人学艺的缘由及条件［J］. 民间文化，2000（12）：72–75.

[4] 王虎. 浅谈北京武术文化旅游［J］. 中华武术研究，2012，1（4）：88–90.

[5] 张长念，邓付林. 北京市非遗项目意拳的历史成因与传承发展［J］. 吉林体育学院学报，2019，35（4）：6–12.

[6] 张长念，刘金鹏. 非物质文化遗产“白猿通背拳”的挖掘整理研究［J］. 中华武术（研究），2018，7（9）：20–26.

[7] 张长思，张长念. 北京地区形意拳现状考察［J］. 体育文化导刊，2015（3）：89–92.

（8）京师武术文化的相关研究

关于京师武术文化的研究并不多，搜索到的有《论邺都历史上尚武风习与民族武术文化的融合》[1]《邺都武术文化在武术史上的地位及其传播和发展》[2]《古都与武术文化》[3]。其中《古都与武术文化》从历史学和考古学的角度对殷墟、洛阳、开封、西安、杭州、南京、北京等历朝都城的武术文化进行了梳理，虽然研究的深度尚存不足，但是本研究是最早系统全面地注意到“古都武术文化”的文献研究。

申国卿博士论文《燕赵武术文化研究》指出燕赵武术文化具有博大包容的胸怀和开放革新的传统，以及气势恢宏、宽广宏富、刚健有为、尚武爱国等特征，并认为燕赵地域有着中原与草原交接点的地理优势，以及北方中华民族各成员间的交流与融合推动了燕赵武术文化及其宽广宏富、刚健有为等文化特征的形成和发展[4]。马剑博士的著作《燕赵武术》认为，燕赵文化素以“慷慨悲歌、好气任侠”的风格特点而著称，燕赵武术即在这样一种文化氛围之中孕育生长，具有浓郁的燕赵地域文化底蕴，同时也直接影响了燕赵文化的风格倾向[5]。周之华教授的北京市2010年哲学社会科学规划项目《北京武术文化研究》主要进行了如下的研究：第一，对北京武术文化概念进行了界定。第二，对北京地区武术的历史发展进行了论述。第三，分析了北京当代的武术文化现状，介绍了主要拳种。第四，总结了北京武术文化的特征，分析了北京武术文化与戏曲、影视、中医之间的关系。纪红建的著作《中国御林军》从军事地理的角度出发，对历史上的北京城作为御林军防御体系进行了分析与探寻。通过多方面挖掘史料，以及对大量正史和野史的提炼，详尽地描述了中国古代“御林军”的组建、规模和发展情况，以及“御林军”参与的警卫、宫廷政变、皇城战事等真实情况[6]。王镜轮的著作《中国皇家卫队》对从先秦到清代的皇家卫队的组成、称谓、职责、规模、日常行动等进行了详尽的描绘[7]。由于武术在古代

[1] 马爱民，等. 论邺都历史上尚武风习与民族武术文化的融合［J］. 西安体育学院学报，2001，18（2）：15-18.

[2] 马爱军. 邺都武术文化在武术史上的地位及其传播和发展［J］. 搏击·武术科学，2008，5（4）：34-35.

[3] 石展望，马爱军. 古都与武术文化［J］. 体育文史，2001（4）：50-51.

[4] 申国卿. 燕赵武术文化研究［D］. 上海：上海体育学院，2008.

[5] 马剑. 燕赵武术［M］. 北京：人民体育出版社，2010：1.

[6] 纪红建. 中国御林军［M］. 北京：经济日报出版社，2006：2.

[7] 王镜轮. 中国皇家卫队［M］. 北京：新世界出版社，2002：11.

皇权保卫上的重要作用，所以应隶属武术文化范畴。这些著作对京师武术文化的研究无疑有重要的参考价值。

（三）对文献研究的简要评说

“一方水土养一方人”，武术文化在历史发展进程中，必定受到各地域的地理环境、文化氛围、社会状况等诸多因素影响。运用历史学、文化学、社会学、哲学等多学科理论和研究方法对全国各地域武术文化研究，挖掘其与武术相关的拳种拳谱、武术文物、历史事件、武林人物等，并从中探寻武术的风格特征、价值观念、礼仪、技术风貌等文化内涵，有一定的意义。通过对不同地域的武术文化进行研究，不但要揭示地域武术文化差异，领略地域武术文化的独特魅力，而且要从地域武术文化的多样性中解读武术文化的统一性。进而直观地展现中华武术的丰富内涵，诠释传统文化的精髓，为今后武术和文化发展提供借鉴。

以上地域武术文化、京师武术文化研究有以下特征：

第一，在20世纪80年代由国家体委组织的全国武术挖掘整理工作取得了辉煌的成就。1983—1986年，在武术挖掘整理领导小组的统一部署下，耗资100多万元，动员全国8000余名专职武术工作者和业余爱好者，开展了我国武术发展史上空前的“普查武术家底，抢救武术文化遗产”的工作。然而，此项工作虽然取得了不错的成果，但后续工作没有跟上，以致成果没有被充分的利用。有的成果以拳械录的形式出版，有的却被束之高阁，远离尘世。从“地域武术文化研究”的视角来看，此项工作没有对各地域的文化背景进行分析，还没有上升到文化研究的高度。

第二，各博士和硕士学位论文的研究主要是基于文化地理学、历史地理学、人类学、社会学、民俗学等多学科交叉运用的视角，在挖掘地域武术主体文化的同时，注重客体武术文化的研究，并运用辩证统一的哲学理论对地域武术文化系统研究，梳理地域武术文化传承的历史脉络，探析在地域武术形成过程中各种文化因素对武术文化的渗透，分析、提炼地域武术的文化特质，从而自下而上地形成地域武术文化的清晰认识。这种研究思路是地域武术文化的出发点和归宿点。已完成的论文受到了武术界专家、体育人文社会学专家的肯定，并为地域武术文化的研究开辟了道路，积累了宝贵的经验。

第三，学者们对京师文化的研究取得了一定的成果，学者们普遍认为，北京作为首都，其文化有自己的特征。北京地域文化与全国其他地方的地域文化相比，有着更多的典型性、权威性和重要性，因而其成为了整个中华文化的典型代表。这种文化特色的形成与北京的历史进程、首都位置、政权更替、民族冲突与融合等有必然的联系。京师文化对京师武术的形成与发展有重要的影响。

第四，从史料文献和学者们对京师武术文化的研究来看，资料多集中在拳械源流、拳理、拳谱和武术英杰的武术活动等方面，对武术发展的研究集中在高校的武术开展状况方面。对京师武术与京师武术文化的历史形态、演进规律、发展动因、京师武术文化与其他地域武术文化的区别，以及京师文化的当代价值等方面还缺乏系统的研究。虽然申国卿博士论文《燕赵武术文化研究》、马剑博士编著的《燕赵武术》和周之华教授的课题《北京武术文化研究》等都涉及北京武术文化方面，但从其研究的内容来看，还没有站在京师的角度进行研究，特别是在分析武术文化的成因和发展动因方面还需进一步探讨。因此，有必要以北京为个案对京师武术文化进行系统研究。

三、 研究对象与内容

（一）研究对象

以京师武术文化现象及其演进规律为研究对象。

（二）研究内容

1. 京师武术文化的历史脉络

从京师武术文化的源头开始，对京师武术文化所涉及的拳谱拳经、武术文物、武术事件、武林人物、武术组织等进行认真梳理。

2. 京师武术文化的形成与演进规律

在对京师武术文化的历史脉络厘清之基础上，总结京师武术文化的内涵及其特征。并运用文化学之文化形成、文化整合、文化演进和社会学之社会变迁等理论分析京师武术文化的形成成因和演进动因。

3. 京师武术文化的未来发展对策

首先诠释京师武术文化的当代价值，然后结合当代社会发展状况和社会主义文化强国战略要求，在认真理解文化发展相关理论基础上，提出京师武术文化未来发展的对策，并期望为我国的文化建设提供理论参考。

四、研究重点、难点、可能创新点

（一）研究重点、难点

京师武术文化的形成与演进规律探讨是本研究的重点和核心。由于需要运用文化学和社会学等理论进行系统地研究，需要学习文化学和社会学等众多学科理论，并进行科学、缜密的论证，有很大的难度。

京师武术文化的历史脉络是本研究的次重点之一，需要收集大量的历史史料和调研资料，并探讨内部的逻辑关系，进而科学、准确分析及判断，有一定的难度。

京师武术文化的当代价值和未来发展及对我国先进文化建设的意义也是本研究的次重点，需要对当前京师武术文化发展状况及武术作为文化载体进行分析，并结合社会发展形势，提出策略与措施，有一定的难度。

（二）可能创新点

第一，厘清京师武术文化的历史脉络，呈现京师武术文化的丰富内涵。

第二，运用文化学和社会学相关理论，对京师武术文化的形成原因和演进动因进行分析，把握其规律。

第三，诠释京师武术文化的当代价值，提出京师武术文化及中国武术的发展策略，为我国社会主义文化建设提供理论参考。

五、 研究方法、研究思路、理论假设

（一）研究方法

1. 历史与逻辑相统一的方法

逻辑方法是侧重事物各方面的相互联系和相互作用，在对大量具体材料进行

归纳把握的基础上，通过概念、范畴等理论概括形式，反映研究对象的规律[1]。而历史方法是把握所考察对象的基本的历史线索，看它在历史上是怎样发生的，根据是什么，又是怎样发展的，经历了哪些阶段，是对事物发展过程进行的一种时空论述，存在事物发展的自然进展。本研究涉及京师武术文化演进脉络的研究，必然要运用研究历史的方法。历史的研究方法不是简单的史料收集、归纳与整理，而是对其内在的固有联系加以规律性分析的逻辑方法，是历史与逻辑相统一的方法。历史现象复杂且丰富，事物的本质规律往往被现象所掩盖而不易觉察。要把握事物的规律，发现其内部机制，必须同时考量历史的特定背景中的政治、经济、文化等多种因素，从而找出该事物与当时社会诸因素的必然联系。这种考量要在占有大量历史资料的基础上，运用相关学科的知识，通过充分的逻辑论证才能得出结论。

2. 文献资料整理与社会调查相结合的方法

本研究涉及历史学、社会学、人类学、文化学、心理学、地理学等相关领域的论著与期刊，可以为本研究奠定理论基础；同时还需要查阅武术史料，对当前北京武术文化进行社会调查，为本研究提供历史和现实依据。对上述文献资料的分析、归纳、总结、提炼等为本研究深入分析和科学论证提供支持。其中文献整理是对文本资料的搜集、阅读和整理，来获得他人的研究成果和相关资料。社会调查是根据研究的需要，对有关专家、相关院校武术学科带头人、地方武术协会负责人进行请教和咨询，为本研究的思路、方法提供理性支持。

3. 个案分析与比较分析相结合的方法

京师武术文化内容丰富，拳种众多。学者不可能一一分析，只有从中选择较有代表性的拳种加以分析。对拳种的武术文化的起因、规律、进程、价值等要素，除了必要的逻辑分析和理论阐述之外，进行适当的个案分析研究是很有必要的。以个体可见整体，以特殊反映一般，是科学研究所遵循的原则。当然，单纯的个案分析对研究的深入还远远不够，还必须进行个案之间的比较研究。科学的比较分析法有两个方面或环节，一是不同的过程、领域或不同的阶段进行比较（类比），比较它们在本质上的相同之处和不同之处；二是对事物、过程本身内部矛盾的双方进行比较（对比）。该课题预以八卦掌、太极拳为个案加以分析。

---

［1］邢贲思. 马列著作选读 · 哲学释义［M］. 济南：山东人民出版社，1989：284-285.

（二）研究思路

（1）本研究以武术文化的价值作为主线贯穿全文。

（2）首先以史料文献和调查资料为写作材料，对京师武术文化进行历史的梳理，古代部分以史料文献为主，呈现其武术文化面貌。

（3）近现代京师武术文化以史料和田野调查所得资料为论据，主要对北京城区进行武术文化的考察，并将八卦掌、太极拳等作为重点考察对象。

（4）运用文化学、社会学等相关理论对京师武术文化特征、形成原因、演进动因等进行探究，以期发现规律。

（5）从理论研究的视角，构建京师武术文化的理论体系，并探索京师武术文化和中国武术的发展策略，期望为社会主义文化建设提供理论参考。

（三）理论假设

第一，从文献资料上看，还没有学者对“京师武术文化”概念进行深入的研究。郭志禹教授在《武术文哲子集》中首先提出了“京师武术文化”[1]概念，但没有详细的论述。“京师武术文化”概念是否成立，关系到本研究的成败，必须加以论证。论证此概念成立，就必须考证“京师”的来历，以及“京师武术”与“京师武术文化”的内涵与外延。

第二，在“京师武术文化”成立的前提下，认为京师武术文化丰富多彩。对此，必须深入了解京师武术文化的历史脉搏。

第三，京师武术文化具有包容性、权威性、先进性、创新性等特征，这些特征与其他地域武术文化有明显的区别。

第四，京师武术文化的形成、演进与京师的独特政治地理位置、经济的发展、民族冲突与融合和社会变迁推动等多种因素有高度相关性。

第五，京师武术文化能够在一定程度上代表中国武术文化，能够引领中国武术发展。

第六，京师武术文化有重要的社会价值，未来有很大的发展空间，能够作为我国社会主义文化建设的重要组成部分，对文化建设具有一定的启示作用。

---

[1] 郭志禹. 武术文哲子集 [M]. 北京：现代教育出版社，2010：203.

六、相关概念的界定

（一）武术文化

从词汇结构上讲，“武术文化”是由“武术”与“文化”两个概念集合而成的。要弄清“什么是武术文化”，必须说明“什么是武术”“什么是文化”这些问题，进而阐释“武术文化”这一概念。

“武术”一词作为自卫强身之术的专门用语，在清末民初时才开始广泛应用。在不同的历史时期，武术所包含的内容不同，称谓也不同，有技击、角力、武艺等。随着对武术内涵认识不断加深，人们对武术的概念的理解也在不停地变化。中华人民共和国成立以后，不同版本的武术教材对武术概念进行了不尽相同的界定。2009年7月国家体育总局武术运动管理中心在河南登封召开武术定义和武术礼仪标准化研讨会，会上对武术定义予以重新修订：武术是以中华文化为理论基础，以技击方法为基本内容，以套路、格斗、功法为主要运动形式的传统体育。

文化的概念非常广泛，给其下一个严格而精确的定义非常困难。各个学科的学者们对文化的本质有不同的认识，以至于对文化所作的概念达二百多种。美国人类学家海威尔说过：“在这个世界上，没有别的比文化更难捉摸，我们不能分析它，因为它无穷无尽；我们不能叙述它，因为它没有固定的形式。”笼统地说，文化是一种社会现象，是人们长期创造形成的产物；同时又是一种历史现象，是社会历史的积淀物。

“文化”一词，中国古代早已有之。从字源上来看，在三千年前的卜辞已经出现了“文”和“化”两字。古书中最早把“文”“化”两字放在同一句子的是《周易》，其《贲卦·象传》说：“观乎天文，以窥时变，观乎人文，以化成天下。”西汉以后，“文化”一词正式作为专用名词使用并得以沿用，指体现道德政治伦理秩序的诗书礼乐教化世人，与武力征服相对应。我国古代对文化的理解是文治和教化[1]。

西方对文化的理解和我国古代不尽相同。英国人类学之父泰勒认为：“文化或文明，就其广泛的民族学意义来说，是包括全部的知识、信仰、艺术、道

[1] 王玉德. 文化学 [M]. 昆明：云南大学出版社，2006：4.

德、法律、风俗，以及作为社会成员的人所掌握和接受的任何其他的才能和习惯的复合体。”[1]文化学家露丝·本尼迪克特认为：“文化就是通过某个民族的活动而表现出来的一种思维和行为方式。”[2]美国学者克罗伯和克拉克洪在《文化——关于概念和定义的检讨》一书对自泰勒以来西方的文化定义现象进行了统计研究，发现仅1871至1951年的80年间，关于文化的定义就有164种。于是在审视了西方众多的文化定义后，克罗伯提出了自己的观点，即“文化由外显的和内隐的行为模式构成；这种行为模式通过象征符号而获得和传递；文化代表了人类群体的显著成就，包括他们在人造器物中的体现；文化的核心部分是传统的（即历史地获得和选择的）观念，尤其是它们所带的价值；文化体系一方面可以看作活动的产物，另一方面则是进一步活动的决定因素”。这个定义得到众多学者的认可。

我国学者对文化的认识也不尽相同。民俗学家钟敬文则具体地指出：“凡人类（具体点说，是各民族、各部落乃至各氏族）在经营社会生活过程中，为了生存或发展的需要，人为地创造、传承和享用的东西，都属于文化范围。”科学家钱学森认为：“文化是精神文明的客观体现。”贺麟认为文化是“经过人类精神陶铸过的自然”。梁漱溟认为文化是“民族生活的样法”。《辞海》对文化定义：“文化，从广义来说，指人类社会历史实践过程中所创造的物质财富和精神财富的总和。从狭义来说，指社会的意识形态，以及与之相适应的制度和组织结构。”张岱年认为：“凡是超越本能的、人类有意识地作用于自然界和社会的一切活动及其结果，都属于文化。”[3]

但是一般意义所指的文化是指人类在改造自然的过程中，所创造的物质财富和精神财富的总和，当然也包括这种创造活动。

对于武术文化，不同学者有不同的认识。戴国斌教授在《武术：身体的文化》中认为，其一，武术是一项身体的文化实践，不论是套路还是散打，都不是自然行为。其二，武术是“人文化成”的表现，是对军事格斗的文化结果[4]。温力教授在《武术与武术文化》中认为，“武术文化”的概念所反映的事物显然比“武术”的概念所反映的事物要多，至少包括不属于体育范畴的“实用武技”和身体运动以外的一些精神、思想意识方面和民俗事象、与武术相关的文

[1] 泰勒. 原始文化 [M]. 上海：上海文艺出版，1992：1.

[2] 露丝·本尼迪克特. 文化模式 [M]. 王炜，译. 北京：社会科学文献出版社，2009：1.

[3] 张岱年，方克立. 中国文化概论 [M]. 北京：北京师范大学出版社，1994：4.

[4] 戴国斌. 武术：身体的文化 [M]. 北京：人民体育出版社，2011：3-4.

化遗存等多方面内容[1]。旷文楠在《中国武术文化概论》中认为，武术文化既不属于纯“精神理念”的文化，也不属于那种“物态化”或“制度化”的文化，而是一种“技”“艺”“术”的文化，并且是围绕“武”的本质属性和内涵价值而存在和延伸的[2]。郭玉成教授在《中国武术传播论》中认为，文化有广义和狭义之分。狭义的“文化”排除了人类社会历史生活中关于物质的创造活动及其结果的部分，专注于精神创造活动及其结果。武术文化属于狭义文化的范畴[3]。毛秀珠根据文化现象学的理论提出，武术文化是关于物质文化、社会生活、精神生活等方面的文化综合体现物，是“以攻防格斗的人体动作为核心的人体文化”[4]。郭志禹教授认为中国武术与中国武术文化是两个不同的概念。中国武术是指中国武术范畴的技术和理论，而中国武术文化既包括中国武术范畴内的技术和理论，还包括与中国武术相关的其他物质和精神成果，其区别在于“文化”二字[5]。

综上所述，本研究认为武术文化是以武术这一具体事物为核心的所有文化现象，是从事与武术相关的社会活动的主体所创造的一切物质和精神成果，以及这个创造活动的本身。本研究完全赞同上文郭志禹教授的观点。

（二）京师与京师武术文化

本文所研究“京师”来源于文献，京师一词最早见于《诗经·大雅·公刘》：“京师之野，于时处处。”意思是：“京师田野形式好，于是在这停止了脚步。”朱熹在《诗集传》解释，“京师，高山而众居也。董氏曰：‘所谓京师者，盖起于此。’其后世因以所都为京师也。”还有一种说法，陕西凤翔有山曰京，有水曰师，因周文王和武王在此建都，故统名为京师，以后便将京师当成国都的代称。《春秋·公羊传·桓公九年》记载：“京师者何？天子之居也。京者何？大也；师者何？众也，天子之居，必以众大之辞言也。”

在古典文献中多处出现“京师”一词，如《左传·僖公五年》：“冬，十二月丙子朔，晋灭虢，虢公丑奔京师。”《史记·儒林列传》中有“教化之行也，建首善自京师始，由内及外”。《汉书·百官表》：“西汉京师长安县

[1] 温力. 武术与武术文化［M］. 北京：人民体育出版社，2009：12.
[2] 旷文楠. 中国武术文化概论［M］. 成都：四川教育出版社，1990：2.
[3] 郭玉成. 中国武术传播论［M］. 上海：复旦大学出版社，2008：12-13.
[4] 毛秀珠. 中华武术的文化渊源［J］. 武汉体育学院学报，1995，29（2）：94-96.
[5] 郭志禹. 武术文哲子集［M］. 北京：现代教育出版社，2010：191.

设左、右丞。”《后汉书·五行志》中“京师童谣曰：‘千里草，何青青。十日卜，不得生。’”三国曹植的《洛神赋》中写道：“黄初三年，余朝京师，还济洛川。”唐代韩愈的《御史台上论天旱人饥饿状》中说：“京师者，四方之腹心，国家之根本。”《说文解字》中写道：“京，绝高之丘也。”可见，“京”最初是指非常壮观的高台建筑，有登高望远防御敌人的作用。直到东周时期，“京”才逐步演化为地名并作为首都的专称，成为最高统治者的所在地。在本研究中，京师首先指国家首都，是最高统治者政府所在地。其次指北京，永乐十九年（1421年）明成祖迁都北京，改称京师，至清代。

“京师武术文化”概念是郭志禹教授首先提出的[1]，本研究承认这一提法，并加以论证，认为京师武术文化的内涵为以国家意志为导向的，以包容性、权威性、先进性和创新性为典型特征的，在首都从事与武术相关的社会活动的主体所创造的物质和精神成果，以及这个创造活动的本身。其外延是一切成果，在古代包括宫廷武术文化、御林军武术文化，近代主要有民间武术文化，现代有竞技武术文化、学校武术文化和民间武术文化。

与京师一词相对应的是“首都”。1927年国民政府定都南京，将南京称为首都，至此中国第一次有了“首都”的称呼，并沿用至今[2]。可见，京师是较早对首都的称呼，而“首都”用法较晚。为此，本研究定名为“京师武术文化”而非“首都武术文化”较为合理。而“京师武术文化”与“北京武术文化”也是有区别的。京师武术文化包括北京武术文化并且兼顾国家层面的武术文化。

（三）京师地域武术文化界说

依据文化地理学相关理论，京师地域武术文化是我国历代国都所在地域中形成的与武术活动有关的文化，具有历史性的特征。因此，研究京师地域武术文化，必然包含从古至今生活于该地域的各个时期的人的武术活动，以及一切与武术活动相关的物质产品、精神产品及其创造过程的总和。如上文所述，北京作为国都更具代表性。因此，本研究以北京地域为重点考察区域，期望得到较为翔实的研究成果。

[1] 郭志禹. 武术文哲子集[M]. 北京：现代教育出版社，2010：203.

[2] 陈文华. 宪法学[M]. 武汉：汉中科技大学出版社，2015：103.

七、研究的理论基础

本课题力争在研究内容与方法上有所突破，对京师武术文化研究，不仅厘清了京师武术文化的历史风貌，而且期望运用文化学和社会学等学科基本理论来分析京师武术文化的社会价值、形成的规律和演进的动因等方面问题。

（一）文化整合理论

文化整合就是文化的调整，即构成文化的诸要素（特质）、诸子系统的相互综合的过程。与文化整合相关的概念有文化接触、文化沟通、文化涵化、文化融合、文化移植、文化构建、文化变迁、文化冲突、文化变革等。

文化整合的理论来源有文化学的整体思想、结构思想、功能思想、文化更新思想。文化整合的动力是人类的创造力。人们通过对环境的认识，对文化的认识，主动地重新组合文化特质。文化整合的过程有渐进的调适，也有剧烈的变动；有主动的，也有被动的。文化整合是一种过程，在此过程中，文化体系时常变化，同时也维持着一种与此前相同的秩序。整合过程是一个动态的、逐步的、不断的过程，也是相对均衡的综合化的过程。文化整合有修正的形式，有借入的形式，有创新的形式。

（二）文化演进理论

文化是一个历史的范畴，必然存在演进的过程。文化演进与文化调适、文化同化在概念上有密切的联系。文化调适又称文化适应，指不同阶段、不同地域的文化在相互接触、碰撞过程中的调整和适应状况。文化同化指不同文化特质的个体、群体相互接触融合为同质文化的过程。一般的规律是先进文化同化后进文化；外来移民被本土文化同化；多数人的文化同化少数人的文化。同化一般是潜移默化。同化有强制同化和自然同化。文化演进有周期性、循环性、稳定性、多线性、互化性、突变性和加速性等特征。

英国学者马林诺夫斯基认为文化促发力有三种：经济组织、法律、教育。英国的另一学者柯尼施认为在世界的历史发展过程中，最重要的动因不是物质、政治、经济、军事，而是一种起着文化先导作用的观念。美国学者博厄斯强调文化动力来自其内部。有的学者提出文化交流动力论，认为文化进步的动力来源于交流。实际上，文化的动力是多方面的，有内因，也有外因。

（三）文化自觉理论

一个民族没有文化的自觉，就会在时代的大潮中迷失。为此，我国学者费孝通提出了文化自觉理论。费孝通说："文化自觉，意思是生活在既定文化中的人对其文化有'自知之明'，明白它的来历、形成的过程、所具有的特色和发展的趋势。自知之明是为了加强对文化转型的自主能力，取得决定适应新环境、新时代文化选择的自主地位。"[1]为了实现文化自觉，费孝通提出了："各美其美，美人之美，美美与共，天下大同。"

（四）社会变迁理论

社会变迁是指一切社会现象发生变化的动态过程及其结果。内容涉及社会生产、生活的所有领域，可以分为自然环境变迁、人口变迁、经济变迁、社会制度和结构变迁、社会方式的变迁、社会价值的变迁、科技变迁和文化变迁等。包括社会的进步和退步，又包括社会的整合和解体。关于社会变迁的理论主要有进化论、循环论、均衡论、冲突论等。进化论认为人类社会是一个不断发展的渐进过程，表现为由低级到高级，由简单到复杂，由此及彼地向前发展。循环论认为社会变迁是周期性的重复。德国历史学家斯本格勒认为，社会的变迁类似于人的生命循环，每个时期都有其产生、成长和衰老死亡的发展过程。均衡论认为社会系统是各个要素之间相互依赖的关系，这种相互依赖的关系由社会一般的规范和价值维持和调整，表现了社会系统各个组成部分的一致性、不矛盾性和稳定性。冲突论的代表德国社会学家R.达伦多夫和美国社会学家L.A.科瑟尔等人认为，应该将社会体系看作一个各个部分被矛盾地联系在一起的整体。最主要的社会过程不是均衡状态，而是各个社会集权为争夺权力和优越地位所进行的斗争造成的冲突。

京师武术文化的形成、演进与发展的研究需要对其历史脉络进行梳理，同时要运用文化整合、文化演进、文化自觉、社会变迁等理论为研究基础，才能更准确地把握其运行规律，形成所预期的科研成果。

[1] 费孝通. 中华文化在新世纪面临的挑战［J］. 文艺研究，1999（1）：4–8.

第二章
京师武术文化诞育与存在的时空

时空是事件的标志，任何事件都发生在一定的时间和空间，没有时空就没有事件，一定的事件对应一定的时空。京师作为特定的时空，必然有其不同于其他时空的事件，有自己的特色。文化的诞育依赖时空，尤其在人类社会早期更为明显，更依赖时空。就如《礼记·王制》强调的那样："广谷大川异制，民生其间异俗。"对于有广阔疆域面积的中国而言，必定有丰富多彩的文化形式，有繁多的事件发生，但总体趋于一致，有其共性。首都文化作为中国文化的典型代表，既反映统治阶级的利益，也代表广大民众的心理诉求。研究首都文化的诞育的时空，有助于厘清其武术文化的形成的机制和规律。

一、京师地理位置的历史变迁

（一）历代京师

城市是社会逐步发展的结果，是人类走向成熟和文明的标志，也是人类群居生活的高级形式。没有城市就没有众多人类的群居，很难产生文明与文化，社会进步趋缓。对一个国家而言，首都无疑是最为重要的城市，是文化的集大成之地，也是研究历史的重要区域。它是一个国家统治力的象征，在所有城市中拥有至高无上的地位，这种地位在古代社会里尤其明显。与世界他国相比，中国的首都的位置变化较大，而世界大多数国家的首都变化较少。这种首都位置的变化与中国的版图不断重组与扩展，民族不断冲突与融合，华夏文化的不断容纳与成长不无关系。据有关专家统计，在中国几千年的历史进程中，有一大批城市加入首都的行列，总数在220座以上[1]。

历史记载，夏代是我国第一个王朝，其国都是第一个首都，也是我国都城形成的开端。由于自然灾害、经济变迁和抵御蛮夷入侵等原因，多次迁都。张立东研究认为，夏都只有夏和斟鄩，其他为别都[2]。张诚认为，夏都都城早期为阳城、阳翟、安邑和斟鄩，中期为帝丘、斟灌、原、老丘、西河，后期在河洛地区的偃师、渑池和洛阳附近[3]。而张之恒则认为早期的夏都在晋南的襄汾陶寺遗址，后来迁于登封王城岗附近，后期迁到偃师二里头[4]。

商代的都城分为两个时期，前期迁都频繁，后盘庚迁殷后，政局稳定，都城没有变化[5]。汉代张衡在《西京赋》中论述：殷人屡迁，前八后五。即商汤建国前有八次迁都，后有五次迁都。在迁殷前，汤居亳、帝仲丁迁于隞、河亶甲居相，祖乙迁于邢、南庚迁奄[6]。

周代为我国历时最长的王朝，约800年之久，分为西周和东周两个时期。西周建都镐京，到公元前771年结束。次年，周平王迁都洛邑，是东周的开端。东周时期，中央王室衰微，沦落到一个小诸侯国的地步。而各地诸侯崛起，大大小小的诸侯国纷立，形成了一大批列国国都，如曲阜、临淄、邯郸、安邑、郑韩、燕下都……[7]周宏伟研究认为，西周时期，岐周为西周的首都，而宗周、成周、镐京、郑皆为陪都[8]。先秦迁都频繁反映出华夏民族不断壮大，国土不断扩张的历史进程，同时也是华夏文化不断融合与扩张的过程，为中华文化的强大奠定了根基，扩展了版图。

秦朝为秦始皇建立的中央集权国家，也是统一的封建王朝，建都咸阳。秦始皇统一全国后，统一了文字、统一了货币、统一了度量衡，制定了一系列加强国家统一的措施，为中华大地广阔的疆域铺垫了地理和文化基础。秦朝之后至今，国家有统一也有分裂。相对统一的有秦、汉、西晋、隋、唐、北宋、元、明和清。分裂的时期有东汉之后的三国、西晋之后的南北朝、唐朝之后的

---

［1］朱士光. 中国古都学的形成与当前研究的几个重点问题［J］. 三门峡职业技术学院学报，2007，6（1）：20-27.

［2］张立东. 夏文化论集［M］. 北京：文物出版社，2002：720-726.

［3］张诚. 试论夏都变迁地域［J］. 郑州大学学报（哲学社会科学版），1996，29（3）：50-56.

［4］张之恒. 夏文化研究论集［M］. 北京：中华书局，1996：109-112.

［5］朱桢. 商代后期都城研究综述［J］. 殷都学刊，1989（1）：12-19，25.

［6］杨育彬. 商代王都考古研究综述［J］. 中原文物，1991（1）：8-16.

［7］李自智. 东周列国都城的城郭形态［J］. 考古与文物，1997（3）：69-76.

［8］周宏伟. 西周都城诸问题试解［J］. 中国历史地理论丛，2014，29（1）：57-92.

五代十国、北宋之后的南宋、辽、西夏、金等。在统一的国家里，西汉建都长安、东汉为洛阳、西晋也在洛阳建都、隋唐建都长安、北宋建都开封、而元明清主要建都北京。而分裂的国土时期建都较为广泛，如三国时期曹魏建都洛阳、蜀汉建都成都、东吴建都武昌和建业。东晋建都建康（南京），其北朝的北魏建都平城和洛阳，东魏和北齐均建都邺，西魏和北周建都长安。五代十国时期，后梁建都开封、后唐建都洛阳，后晋、后汉和后周建都开封。十国分别建都扬州、南京、杭州、长沙、福州、广州、成都、江陵、太原等。南宋建都临安（杭州）、金建都燕京（北京）等。

李传永研究认为："全国一统时期主要建都北方，北宋以前主要在长安—开封这条横轴上移动。北宋以后都城主要在北京—开封—南京—杭州这条纵轴上变迁。"[1]刘武君认为："国都的变迁，经济重心的变化占主导地位，政治、军事和历史、地理等因素也起到促进或制约的作用。"[2]庞德谦认为："西周以前，主要在三河地区变迁，西周到唐末，主要在关中和伊洛两个盆地间东西变迁，北宋以后，则在东部近海地区南北变迁。"[3]

京师的地理位置不是固定不变的，而是随时代的前进而不断变化的。中国古代数千年的历程，统一时间约为2843年，分裂时间约为1239年，可见统一是主要的形态[4]。在统一的疆域中，首都大致先由西向东迁移，然后再在南北轴上移动。迁移主要与经济的发展相关，同时受到民族融合、自然环境、政治、军事等多种因素的影响。可见，统一是中国的大趋势，首都影响力大，国家兴盛，文化创造力空前强烈。否则，分裂会造成首都较多，分力较大，弱化了中华大地的发展动力。都城地理位置的确定推动了汉民族为主体的中华民族的不断发展，最终成为世界强盛民族之林的重要一员。

（二）京师选址的社会背景

首都的地理位置对统治集团十分重要，从古至今有多种论述阐明选都的要义。《管子·度地》表明："故圣人处国者，必于不倾之地，而择地之肥饶

[1] 李传永. 论中国历代都城之变迁［J］. 西华师范学院学报（哲学社会科学版），2005（5）：58-61.

[2] 刘武君. 中国历代都址变迁与国家经济重心转移［J］. 城市问题，1983（6）：20-23.

[3] 庞德谦. 试论我国古都变迁的地理轨迹及其规律［J］. 宝鸡师范学院学报（社科版），1991，11（1）：76-84.

[4] 李传永. 论中国历代都城之变迁［J］. 西华师范学院学报（哲学社会科学版），2005（5）：58-61.

者。向山，左右经水若泽，内为落渠之泻，因大川而注焉。”《管子·乘马第五》的立都原则：“凡立国都，非于大山之下，必于广川之上；高毋近旱，而水用足；下毋近水，而沟防省；因天材，就地利，故城郭不必中规矩，道路不必中准绳。”南宋郑樵撰写《通志卷四十一·都邑一》中论：“建邦设都，皆凭险阻。山川者，天之险也；城池者，人之阻也；城池必依山川以为固。大河自天地之西，而极天地之东；大江自中国之西，而极中国之东。所以，设险之大者莫如大河；其次，莫如大江。故中原依大河为固，吴越依大江为固。中原无事，则据河之南；中原多事，则据江之南。自开辟以来，皆河南建都。”对首都的设立提出要倚江河之险的思想。《太平御览》载：“王者受命创制建国，立都必居中土，所以控天下之和，据阴阳之正，均统四方，以制万国者也。”

当代学者对古都的地址进行考究，纷纷提出自己的见解。谢雪宁认为：古都选址是综合地理自然环境、地理地势、气候条件，以及其作为都城的政治意义来考虑的。但从本质上来说，其政治意义最终决定了都城的选址[1]。朱耀庭研究认为“险、富、便、美”，即军事上固若金汤，经济上富甲天下，地形环境上山川秀丽，交通上四通八达，是中国古代定都的最佳原则[2]。张文华、刘栋认为：“运河自从诞生那天起，其选线就与政治中心所在的国都有着密不可分的关系。”[3]李传永认为：“都城的选址只有相对较好的区位，没有绝对理想的区位，都城选址考虑的重点是政治中心与军事中心、经济中心保持一致。”[4]古代著名的古都皆有其天然的优势，比如西安、洛阳和南京。西安地处关中平原，北面是渭河，南面是秦岭，东西南北皆有天险。北有萧关，南为五关，东是函谷关，西有散关天险。且交通便利，气候温和，雨水充足，土地肥沃。特别是函谷关具有独特的地理优势，为“一夫当关，万夫莫开”的重要关口。关中平原是被称为“金城千里，天府之国”的地方。经济方面关中地区土地肥沃，雨量充沛，农业发达，为首都提供粮食支撑。所以，西周、秦朝、西汉、新朝、西晋、前赵、前秦、后秦、西魏、北周、隋朝、唐朝都定都于此。洛阳也是著名古都，先后有夏、商、西周和东周、东汉、曹魏、西晋、

[1] 谢雪宁. 古代都城选址的主要影响因素 [J]. 河北工业大学学报（自然科学版），2011，28（1）：41-44.

[2] 朱耀庭. 定都与迁都——中国七大古都比较研究之一 [J]. 北京联合大学学报（文科版），2003，1（1）：69-76.

[3] 张文华，刘栋. 运河与中国政治中心的变迁 [J]. 淮阴师范学院学报（社会科学版），2007，29（4）：492-498.

[4] 李传永. 论中国历代都城之变迁 [J]. 西华师范学院学报（哲学社会科学版），2005（5）：58-61.

北魏、隋、唐、后梁、后唐、后晋等十三个朝代在此定都。就地理位置看，洛阳东西南北皆有重要关口，北有邙山和黄河，南有熊耳山和伏牛山，西面是中条山和崤山，东面有嵩山。在这些天险上分别有孟津关、小平津关、伊阙关、大谷关、广成关、函谷关、虎牢关和轘辕关，是雄关把守易守难攻的地方。有大运河和交通枢纽，为粮食的汇聚提供了便利，也是华夏文化的中心，为首都的确立奠定了良好的基础。南京地理优越，位于长江中下游，南接宁镇丘陵，北连江淮平原，东有长江三角洲，西靠皖赣山区，为“南北咽喉”之地。西北有长江作为天险，能够抵抗西面和北面的攻击。境内有宁镇山脉西段，城东有钟山盘绕，城西石头山似猛虎雄踞，有“钟山龙蟠，石城虎踞”之说。自“衣冠南渡”之后经济重心也逐步南移，南京逐步形成汉民族的政治中心。可以看出，不论是西安、洛阳还是南京，都有做首都的先天优势，但也有自身的不足。西安、洛阳从经济发达到衰弱，主要是受到外族的侵袭，而南京往往是汉族精英南渡江南时的首选之地。每当北方被异族入侵占领，汉族面临清盘灾难时，南京往往扮演汉族修养生息，北进收复失地，民族光复的大任。

综上所述，古都的选址不是完全取决统治阶级的好恶，而是根据建国时的政治、经济、文化、军事、地理等多种因素综合而定的。在我国历史上200多座古都中，以北京、西安、洛阳、安阳、郑州、开封、南京、杭州最为著名，称为“八大古都”。

（三）北京成为京师的历史缘由

作为首都，第一要义是安全。首都被摧毁会给国民的心理造成毁灭性的打击，国家的生存岌岌可危。西周的镐京被犬戎攻破，西周灭亡。公元前207年，汉高祖刘邦攻入咸阳，秦朝灭亡。《史记·高祖本纪》载：“汉元年十月，沛公兵遂先诸侯至霸上。秦王子婴素车白马，系颈以组，封皇帝玺符节，降轵道旁……”盛唐时期，发生了“安史之乱”，唐玄宗李隆基被迫离开首都长安，唐朝至此由盛转衰。北宋的汴梁被金军占领，皇帝被俘虏，史称“靖康之耻”，北宋灭亡。明朝的北京先后被李自成和多尔衮攻陷，明朝灭亡。第二，经济富裕是立都的根基，没有经济的支撑，解决不了人口吃饭问题，会制约统治阶级的上层建筑。西安、洛阳、开封等古都都位于曾经富饶的中原地区。第三，地理位置优越，最好位于国家的中央区域，便于协调各区域的利益。按照以上所说，北京地区并不完全符合所列条件。从安全上说，北京有太行山脉、燕山、渤海等重要的战略屏障为依托，但经济上并不富饶，也不是国家的中心地域，因此可以说，北京作为首都存在先天不足。

然而，历史机遇的巧合和先天优越的地理位置成就了北京成为国都的机缘。北京依山傍水，分别处于太行、燕山所形成的半弧圈内，东面朝沧海，南面俯视华北平原，犹如一个半封闭的海湾。这种地理优势造就了其易守难攻，正如北宋范镇《幽州赋》所说：“虎踞龙盘，形势雄伟。以今考之，是邦之地，左环沧海，右拥太行，北枕居庸，南襟河济，形胜甲于天下，诚所谓天府之国也。”《元史》也载：“南控江淮，北连朔漠。驻跸之所，非此不可。”《顺天府志》也说：“燕环沧海以为池，拥太行以为险。枕居庸居中以制外，襟河济而举重以驭轻。东西贡道，来万国以朝宗；西北诸关，壮九边之雉堞。万年强御，百世治安。”北京也是东北平原、华北平原和蒙古高原的交接处。

蒙古族建立元朝，为了自身利益和风俗习惯，不可能从中原或南方发达城市寻找立都的场所，北京成为首都的最佳地址。张文华、刘栋认为：“北京是农耕经济与游牧经济的交汇结合地，适应了蒙古族和满族由落后的游牧狩猎经济向中原先进农耕经济转变的战略需求。”[1]李淑兰认为：“北京地区的经济水平高于北方少数民族，谁占有谁具有击败对手的根基。”[2]蒙古族定都北京也是出于安全考虑，一旦有事，马上可以逃回塞北老巢。明朝建国，朱元璋在南京建都，南京北邻长江，山川险固，然远离北方要塞，对抗元朝残余势力极为不利。经过“靖难之役”，燕王朱棣登上皇帝宝座，迁都北京，也开启了北京成为第二次首都的大门。迁都北京，虽然远离了当时全国的经济发达地区，但依靠京杭大运河的供给，也解决了粮食不足等问题。朱棣以“皇帝戍边”为由迁都北京有其自身的考虑，一方面北京是朱棣发迹的地方，二是远离南京消除内心的不安，三是威震蒙古残余势力[3]。清政府定都北京，有其雄霸九州、立足中华的雄心。同时北京与东北相连，进可攻中原，退可出关返回其龙兴之地。多尔衮力排众议，决心定都北京，他奏请皇上：“臣再三思，惟燕势踞形胜，乃自古兴王之地，有明建都之所。今既蒙天畀，皇上迁都于此以定天下，则宅中图治，宇内朝宗，无不通达，可以慰天下仰望之心，可以赐四方和恒之福，伏祈皇上熟虑俯纳焉。”[4]

---

[1] 张文华，刘栋. 运河与中国政治中心的变迁［J］. 淮阴师范学院学报（社会科学版），2007，29（4）：492-498.

[2] 李淑兰. 地理环境与北京历史发展［J］. 首都师范大学学报（社会科学版），1996（4）：9-15.

[3] 万依. 论朱棣营建北京宫殿、迁都的主要动机及后果［J］. 故宫博物院院刊，1990（3）：31-36.

[4] 许辉. 北京民族史［M］. 北京：人民出版社，2008：247.

中华人民共和国即将成立时，定都何处是人民迫切关心的事，也是以毛泽东为首的第一代领导集体关心的事。王稼祥详细分析了几大古都的利弊，他认为南京虎踞龙盘，地势险要，但离东南沿海太近，宜受敌人的攻击。再者，建都于此的王朝都是短命的。而西安偏西，且经济不发达。开封、洛阳经济欠发达，加之黄河水患，也不宜做首都。最后，他列出了北平为首都的有利条件：地理便利，能够扼守连结东北与关内的咽喉要道。虽然东面靠海，但渤海是内海，并有辽宁和山东半岛的拱卫。政治上，靠近苏蒙，与社会主义苏联和蒙古人民共和国接壤，长期无战争之忧。文化上，北平是明清五百年的帝都，人民群众心理上容易接受[1]。毛泽东十分同意王稼祥的观点。国民党定都南京，其基础是江浙资本家，定都北平依靠的是工人阶级和广大的劳动群众[2]。在中国人民政治协商会议第一届全体会议上，全体代表一致通过，定都北平，并把北平改为北京。

二、京师的地理环境

本研究以北京为个案研究京师武术文化，因而有必要对北京地域进行界定。本研究所指北京地域范围大体上以当前北京市行政区域划分为准，并参酌历代的城区、政区和历史地理环境变迁情况适当伸缩。主要范围指太行山以东，渤海以西，燕山以南，华北平原西北部。

（一）北京行政区划

今天的北京市雄踞华北平原北端，东西跨度为东经115度25分至117度30分，南北跨度为北纬39度26分至41度03分。北京的地势是西北高、东南低。西北是山地，东南是平原。山地包括西部的太行山山脉余脉的西山，北部为燕山山脉的军都山，两山相交处为关沟。西北的群山包围东南的平原，形成一个向东南展开的半圆形山弯，被称为“北京弯”。北京东南临天津，与天津一起被河北省环抱。东北与河北承德市接壤，西北与河北张家口市相连，西南与河北保定交壤，南部与东部连结着河北廊坊市。到2022年止其主要行政区域包括东城区、西城区、朝阳区、海淀区、丰台区、石景山区、延庆区、怀柔区、密云

[1] 王纯. 新中国定都北京始末 [J]. 湖北档案，2000（4）：41-43.
[2] 周洪林. 新中国定都北京的前前后后 [J]. 价格与市场，2006（10）：40-42.

区、昌平区、顺义区、平谷区、门头沟区、房山区、大兴区和通州区共十六个市辖区。其中东城、西城、朝阳、海淀、丰台、石景山为主城六区。

（二）北京建制的历史沿革

北京在其历史发展的进程中，先后经历了建国、边塞重要城市、区域中心到统一国家首都，城市边界也不停地更迭，伴随着战争、民族冲突与融合、文化交流，最终形成现在的区域。名称也随着时代的变迁而变化，最早的名称为“蓟”。据《史记·周本纪》上说：“武王追思先圣王，乃褒封神农之后于焦，黄帝之后于祝，帝尧之后于蓟。”唐张守节撰《史记正义》载：“蓟燕二国俱武王立，因燕山、蓟丘为名，其地足自立国，蓟微燕盛，乃并蓟居之，蓟名遂绝焉。”可见，蓟与燕同为分封国，燕灭蓟，定都于蓟。《辞源》认为：蓟为古地名在今北京市德胜门外。考古挖掘证明，燕都蓟城就在今北京城区西南的广安门内外[1]。岳升阳等认为，广安门地区是北京最早的地址——古蓟城所在地[2]。

秦灭六国，派大将王翦“攻拔蓟城”，后燕国灭。秦始皇采纳李斯建议，全国设立郡县制，燕国国土划归为上谷、渔阳、右北平、辽西、辽东、广阳六郡，蓟城归广阳郡，为郡府[3]。汉代兴起，蓟城成为北方政治、经济和文化中心，同时也抵御北方匈奴、乌桓、鲜卑的前沿阵地，曾四度成为地域性王国都城，四度成为州郡首府[4]。蓟城先后属于燕国、幽州、广阳郡、上谷郡。三国时期，北京地区属于“燕国”。两晋南北朝时代，北京在西晋属于“燕国”，受幽州刺史管辖，后分别为后赵的幽州治所、前燕的都城、北魏的幽州，北齐改为“东北道形台”，北周改为“幽州总管府”[5]。

隋朝统一南北，改幽州为涿郡，制所在蓟城。唐代改郡为州，称幽州治所仍在蓟城。五代十国期间，后唐的节度使石敬瑭献出燕云十六州给契丹，至此北京一度被契丹占领。燕云十六州自古是北方少数民族南下中原的天然屏障，丧失后中原大地岌岌可危。北宋时期，为了收复燕云十六州，宋与辽展开拉锯

---

[1] 于德源. 北京史通论［M］. 北京：学苑出版社，2008：63.

[2] 岳升阳，苗水，徐海鹏. 北京古蓟城城址古地貌环境演变研究：以广义大厦工程剖面为例［J］. 北京大学学报：自然科学版，2011，47（5）：845-851.

[3] 常征，梁湘汉. 北京城市发展史略（秦汉部分）［J］. 城市问题，1984（2）：12-17.

[4] 赵国印. 秦汉时期的蓟城［J］. 文博，1985（3）：38-40，43.

[5] 宣之强. 北京城地域沿革及发展思考［J］. 化工矿产地质，2003，25（2）：115-122.

战，但未成功。为了灭辽，宋与金订立“海上之盟”，灭辽后曾一度收复燕云十六州，然不久被金吞并。辽占领北京后，把北京立为陪都，称为“南京”，又称燕京。金占领后，在辽代南京的城址上扩建新都，改南京为中都[1]。

北部、东部少数民族匈奴、鲜卑、突厥及后来的契丹、女真、蒙古等部族，由于生活在苦寒之地，一旦遇到较大的自然灾害，毅然决然地大举进攻中原。因而，统一的中原王朝不得不修筑长城，加强军备来抵抗侵略。辽、金及后来的元都看到了北京地区的重要性，辽认为“燕都地处雄要，北依山险，南压区夏，若坐堂隍，俯视庭宇”，金提出“燕盖京都之首选也”[2]。在辽金时代，先有辽在北京设立陪都，后1153年由金在北京构建中都。北京自辽代起，由中原王朝的北方重镇上升为少数民族的陪都，到金代一跃成为少数民族国家的首都，再到元定都，自此拉开了成为全国政治中心的序幕。元代忽必烈是蒙古大汗，建都北京称为“汗八里”，为了“扶中原，正南面，枕居庸，奠朔方”[3]。元代，北京城区范围为：东西方向至今天的二环路，南至长安街，北到元大都城遗址。元代实现行省制，《大明一统志》卷首《图叙》记载：“内立中书省一，以领腹里诸路；外立中书省十，以领天下诸路。”中书省腹里地区包括北京、河北、山东、山西三省及河南北部和内蒙东部与南部。

1368年9月12日，明大将徐达攻入大都，并将大都改名为北平府。明太祖朱元璋建立明朝，立都南京。北平府领十一县五州。朱棣发动“靖难之役”夺取帝位，为明成祖。1403年朱棣改北平府为北京，这是命名北京的开始。永乐十九年（1421年）明成祖升北京为京师，称“京师顺天府”，南京为陪都。明朝大学士丘浚解释迁都用意认为：“文皇帝迁都金台，天下万世大势也。盖天下财赋出于东南，而金陵为其会；戎马盛于西北，而金台为其枢。并建两京，所以宅中图治，足食足兵，据形势之需要，而为四方之极者也。用东南之财赋，统西北之戎马，无敌于天下矣。”[4]京师顺天府管辖五州二十县。

清朝攻入中原，顺治元年（1644年）五月，占领北京。清代统治者认为北京有“帝都之气”，又有元明两代的帝都基础，且进可吞并中原，退可逃回龙兴东北。1644年10月，昭示天下“定鼎燕京”。清初“划土分疆，多沿明制”，北京的名称仍为“京师顺天府”，并设北京管辖永清、东安、大兴、良

[1] 林红. 北京风物志 [M]. 北京：北京旅游出版社，1985：22.

[2] 陈桥驿. 中国都城辞典 [M]. 南昌：江西教育出版社，1999：152.

[3] 于敏中. 日下旧闻考（卷五）形胜 [M]. 北京：北京古籍出版社，1985：76.

[4] 于敏中. 日下旧闻考（卷五）形胜 [M]. 北京：北京古籍出版社，1985：57.

乡、宛平、固安、香河七县，通州、昌平州、霸州、蓟州和涿州五州[1]。

1912年元月，中华民国（1912—1949年）正式成立，先定都南京，4月袁世凯以北方局势不稳为借口，迁都北京。1928年国民政府完成北伐，取代北洋政府，又迁都南京，把北京改为北平。1937年“七七事变”后，日军占领北平，改北平为北京，建立伪政权。1945年日军投降后，恢复北平名称。

1949年，中华人民共和国成立，定都北平，同时改称北京。建国后，北京的发展可谓日新月异，先有二环路以内的东城、西城内城区，经过城市的扩张，逐步发展成五环路以内的“城六区”。北京市行政区的调整与城市建设息息相关，随着城市的不断扩张，2010年国务院批准把东城区和崇文区合并为新的东城区，同时把西城区与宣武区合并为新的西城区。随着城市进程的加快，近郊县改为区。经过五次调整，到2010年形成14区、2县的格局。2015年北京市撤销县，把延庆和密云两县设为区，告别了县治时代，形成辖制16个市辖区，北京市人民政府驻在通州区。

（三）地理环境对文化的促进作用

文化是人类的价值观念在社会实践过程的对象化，自然环境本身并不是文化，却是文化赖以产生的基石[2]。因而，要审视北京的人文环境必须要研究其地理环境的气候与概貌。环境对文化的影响，古人早有论述，正如《晏子春秋·内篇杂记》记载：“橘生淮南则为橘，生于淮北则为枳。”可见关于地理对人文的影响的研究是我国传统文化的一部分，早为古人所觉察。从《史记·货殖列传》的齐鲁两国因地理差异导致的尚武与崇文的不同，到《汉书·地理志》描述“吴粤之君皆好勇”之说，皆说明我们的先祖对人文地理的区域划分、人地关系、地理特征等均有研究。然地理学在我国古代一直未能独立存在，其分支人文地理学更不能系统发展了。国外关注环境与文明的关系也存在较早，古希腊的希波克拉底和希罗多德都探讨过地理环境对人类性情的影响。然而人文地理学作为一门独立存在的学科是在近代，19世纪的德国人李特尔被公认为人文地理学的创始人，他认为：“土地影响着人类，人类也影响着土地。”[3]之后的19世纪末到20世纪初，在德国的拉采尔形成环境决定论，法

[1] 宣之强. 北京城地域沿革及发展思考［J］. 化工矿产地质，2003，25（2）：115-122.

[2] 冯天瑜. 地理环境与文化创造［J］. 理论月刊，1991（1）：6-10.

[3] 罗伯特·迪金森. 近代地理学创建人［M］. 葛以德，译.北京：商务印书馆，1984：53.

国的维达尔形成了可能论。第二次世界大战后，人文地理学在新的部门、理论和技术方面都有重要成就[1]。当代的人文地理学在研究内容和研究方法上都有长足的发展。其理论主要涉及空间、全球化、城市化、人口、迁移、文化、景观、发展和地缘政治等方面；分支学科包括经济地理学、城市地理学、旅游地理学、政治地理学、人口地理学、社会地理学、文化地理学、行为地理学等；研究方法包括经验主义方法、实证主义方法、现象学方法、后现代主义方法、后结构主义方法等[2]。地理学向着提升人地关系的核心地位、开阔文化地理研究视野、繁荣行为地理学、进一步回暖政治地理学、伴随和谐社会发展社会地理学的方向前进[3]。

通过对人文地理学相关理论的学习可以帮助我们更好地分析北京的地理环境对人文的催化作用。我们在研究人地关系方面，必须坚持唯物主义的地理环境文化观，树立人地和谐的科学发展观，反对环境决定论而导致的文明优越论、人种优越论等论点。但同时要借鉴现代研究的最新理论，来帮助我们更好地理解北京的地理与气候特征对首都的经济、政治、文化、人群气质和风俗的影响。人地关系理论是地理学研究的出发点和立足点。通过对人文地理学基本理论的学习可知，人与环境的关系可以分为环境决定论、环境可能论、环境适应论、生产关系决定论、环境感知论、文化决定论等。以上理论有一定的合理性，但也有局限性。目前学者普遍接受“协调论”“可持续发展论”[4]。“协调论”产生在第二次世界大战之后，是人文地理学的重大革新。人与地协调发展思想由来已久，这一理论的提出时间不长，要求人们与地球协调发展，充分合理地利用地理环境，并且对被破坏的不协调的人地关系进行调整。这是人们在看到地理环境被破坏、被恶化，资源竞争加剧，人口不断增长等问题后的反思。“可持续发展论”指既要满足当代人的需要，同时又不对后代人的发展需要构成威胁，而使其发展受阻。目前这一理论受到国际社会的广泛认可。

[1] 王恩涌，周一星，秦勇.人文地理学的历史概况与我国人文地理学的发展 [J].人文地理，1991，6（2）：1-7.

[2] 顾朝林，陈璐.人文地理学的发展历程及新趋势 [J].地理学报，2004，59（A）：11-20.

[3] 方创琳，周尚意，柴彦威.中国人文地理学研究进展与展望 [J].地理科学进展，2011，30（12）：1470-1478.

[4] 王爱民，缪磊磊.地理学人地关系研究的理论评述 [J].地球科学进展，2000，15（4）：415-420.

（四）北京的地理环境对文化的影响

北京市中心位于东经116°、北纬39°。由山区和平原组成，山区面积约占62%，平原约占38%。山区在西、北和东北部，呈扇形环绕东南北京小平原。山区海拔在1000～1500米，由山地和丘陵组成，其中门头沟的灵山为最高峰，达2303米。平原平均海拔在20～60米，北京地势呈西北高、东南低，境内贯穿五大河流，从西向东依次为拒马河、永定河、北运河、潮白河和泃河。这些河流大都发源于西北山地，穿过崇山峻岭向东南流经北京小平原最后入海[1]。北京属于典型的暖温带半湿润大陆性季风气候，特点是春季与秋季短促，夏季气温高、下雨多，冬季气候寒冷且干燥。

地理环境对北京文化的影响，古人就曾有断言，如《管子·水地》所称："燕之水萃下而弱，沈滞而杂，故其民愚憨而好贞，轻疾而易死。"环境决定论不断受到强烈批评，但也并非一无是处，尤其在文明形成的早期。气候寒冷，土地贫瘠，地处华北平原的北端与北部的蒙古高原、东北的东北平原和西部的黄土高原相接。特殊的地理环境使北京成为汉民族和北方游牧民族争夺的前沿阵地，也造就了几千年文化的不断融合。"寒冷"使民众坚韧、勇敢；地跨两大文明之地，使北京文化"胡风"强烈。

三、京师的人文土壤

地理环境为京师文化的产生创造了可能，而最终文化样式取决人类自身的选择，人们根据自身的利益和需要，在与自然环境的互动中，形成了自身的文化特点和民风民性。

北京自古就是以汉文化为主体的文化，然而由于地理位置与少数民族统治区接壤，不免显露出异族风采。文化粗略可分为强势文化和弱势文化，在强势与弱势文化的交流与融合过程中，根据其各自特色显示出多样的过程。汉文化是体系较为完整的文化，对待异文化采取包容的心态，取长补短，不断丰富自身文化。历代的北京以汉民族居民为主体居民，当然也有契丹、满、蒙等少数民族统治时期，然而不论什么时期，汉文化作为强势文化始终占有主导地位。北京从先秦时期的燕文化到今天的京师文化经历了不同的发展阶段，从中可以

[1] 齐吉祥. 北京地理与历史 [M]. 北京：中国林业出版社，2008：3-5.

洞察文化的发展历程。

（一）先秦燕国文化

先秦时期的文化是华夏文化的先驱，对华夏文明产生了重大影响。北京所在地燕国，其文化是先秦文化的重要组成部分。国力强弱、环境优劣对文化的产生和发展都有重要影响。燕国是周天子分封的诸侯国，从西周（公元前11世纪）到春秋战国末期（公元前222年），燕国被秦国灭掉，延续800多年。燕国属周文化领域，然其地处北疆，与其他诸侯国来往甚少，相比之下，文化带有慷慨悲壮的色彩。统治者常常感慨国力弱小，如燕易王对张仪言："寡人蛮夷僻处，虽大男子，才如婴儿。"[1]再如太子丹言于田光："今燕国僻在北陲，比于蛮域。"[2]另外，燕国羸弱，屡被山戎侵袭，不得不请人帮忙。据《史记·齐太公世家》载："齐桓公二十三年，山戎伐燕，齐桓公救燕，遂伐山戎，至于孤竹而返。"司马迁认为："燕外迫蛮貉，内措齐、晋，崎岖强国之间，最为弱小，几灭者数矣。"[3]正如张京华先生所论，燕国政治经济相对落后，是由落后而导致的激变，是一种苦寒文化。在这种激变氛围下，才产生了流芳千古的黄金台招贤和荆轲刺秦事迹。

金台夕照是燕京八景之一，讲的是燕昭王筑土台置黄金招揽天下英雄，共创兴国大业的故事。《战国策·燕策一》记载，燕昭王继位前，燕国发生大乱，齐国侵袭，燕国几近亡国。燕昭王继位，立志强国，听郭隗之策高筑黄金台，"于是昭王为隗筑宫而师之，乐毅自魏往，邹忌自齐往，剧辛自赵往，士争凑燕"。燕昭王招贤正是在国家危难、民众存亡的危机关头做出的明智之举，为后世立下了怎样招揽人、怎样利用人才的典范。由于此事影响甚大，使当时的"筑宫"逐渐演化，最终在南北朝时期，成为"筑黄金台"。南朝宋文学家鲍照提诗赞曰："夷世不可逢，贤君信爱才。明虑自天断，不受外嫌猜。一言分珪爵，片善辞草莱，岂伊白璧赐，将起黄金台。"[4]黄金台现象已抽象成一种文化，是燕国文化的具体体现。这是一种招揽人才、重视人才、不拘一格使用人才的豪气，更是一种礼贤下士、知人善任的品格体现。

[1] 顾奎相. 辽海历史名人传［M］. 沈阳：辽宁教育出版社，2012：296.

[2] 李穆南，郄智毅，刘金玲. 古典小说［M］. 北京：环境科学出版社，2006：61.

[3] 张大可. 史记论赞辑释［M］. 北京：商务印书馆，2013：163.

[4] 刘世林. 鲍照［M］. 沈阳：春风文艺出版社，1999：41.

与黄金台招贤相比，荆轲刺秦更是路人皆知，展现慷慨悲歌、大义凛然的侠士风范。“风萧萧兮易水寒，壮士一去兮不复还！”的凄美送别，咸阳宫内“图穷而匕首见”的壮观，使人遐想联翩，难以忘怀。荆轲刺秦虽然没有成功，但影响久远，为后人千古传唱。“慷慨悲歌”即成为燕文化的主基调，唐代文学家韩愈称：“燕赵古称多慷慨悲歌之士。”贾岛在《易水怀古》中道：“至今易水桥，寒风兮萧萧。易水流得尽，荆卿名不消。”宋代陆游提诗赞曰：“悲歌易水寒，千古见精爽。”诚然，荆轲刺秦犹如飞蛾扑火，即使成功也改变不了燕国被灭的命运。然而，正是太子丹的精诚与荆轲的志向契合在一起，才完成了燕地文化由苦寒和局促而产生的激变，形成和成熟了燕地文化“慷慨悲歌”的独特风格[1]。

黄金台招贤与荆轲刺秦是燕国文化的具体体现，从燕昭王、太子丹知人善任的坦诚，到乐毅、荆轲忠于知己的情怀，完美诠释了燕文化的豪爽大气、慷慨悲歌的文化色彩。燕地是中原民族与北方游牧民族的接壤处，肩负着抵御外族入侵的大任，常常为维护农耕文明有序发展而牺牲自我，这种无私奉献精神是中华文化的骄傲。

（二）秦汉唐宋时期的文化融合

文化融合指具有不同特质的文化通过相互间接触、交流沟通进而相互吸收、渗透、学习，融为一体的过程[2]。

秦汉唐宋时期，北京地区文化的发展包括两个时期，一是与内部各地区的文化融合；二是农耕文化与游牧文化逐步融合。

第一个时期，秦灭六国，建立统一的中央集权制国家，采用了书同文、度同制、车同轨、行同伦等政策治理国家，促使国家经济、政治和文化的发展，加快了民族融合，有利于国家的统治。为了防范山东六国东山再起，秦始皇采用严格的法令和暴力手段对传统的习武风气进行扫荡，燕国原有的尚武崇侠习俗被压抑。

与秦朝相反，汉朝采用文治的方式治理国家。从“整齐风俗”入手，用儒家道德去规范人们的行为。就如贾谊所说：“夫移风易俗，使天下四心而向

[1] 张京华. 燕赵文化 [M]. 沈阳：辽宁教育出版社，1995：257.

[2] 王广利. 中西文化博弈论 [M]. 杭州：浙江大学出版社，2015：118.

道，类非俗吏之可能为也。”[1]用思想武器触动人们的灵魂，把民间风俗纳入儒家礼仪的规范。经过两汉期间儒家思想的熏陶，燕地的学术氛围也日益高涨，汉初有大儒韩婴，汉末有政治家、军事家和经学家卢植，影响甚广，著有《尚书章句》《三礼解诂》等著作，公孙瓒、刘备皆为其弟子。在卢植的影响下，其子孙后代卢毓、卢钦、卢偃、卢邈、卢景裕等皆为儒学大家，形成了影响全国的范阳卢氏家族。《后汉书》卷六十四有记载，曹操赞曰：“故北中郎将卢植，名著海内，学为儒家，士之楷模，国之祯干也。”至此，北京地区形成了与中原文化一致的文化模式。

第二个时期，从隋朝统一全国开始。人是文化的载体，幽州地区的文化由地区的汉、胡民族构成和分布决定。从秦始皇称帝到元朝的建立，这一千多年来，幽州的居民不断变化，有汉族统治的王朝，也有胡族统治的国家。就其居民来看，汉民族多数占压倒性优势。幽州文化是以汉文化为主体色彩并带有胡族风味的“融合文化”，这种文化融合包括“汉化”和“胡化”两个方面。

幽州在华夏几千年的文明史中，一直处于北方边疆，是胡虏交杂的区域之一。长期的交往，不可避免地相互影响，汉人具有胡人习俗，称之“胡化”，胡人接受汉人文明，称之“汉化”。无论“汉化”还是“胡化”，大体采用两种方式，一是自然的渐变，一是人为的骤变。先秦至秦汉时期，幽州始终处于华夏的文明和统治之下，“汉化”是主要的。然而自东汉光武帝刘秀允许边民内迁以来，大量游牧民族涌入，情况就悄然发生逆转。“汉化”与“胡化”多数以居民的多寡为基础。游牧民族的大量内迁，导致有些区域如关中，外族几乎占据当地人口的一半。晋朝时，这些异族多为世家门阀的奴婢，受到汉族的压迫，对统治者“怨恨之气，毒于骨髓”，为以后的作乱埋下诱因，也为“胡化”奠定了人数的基础。边民异族的增多引起统治者的警觉，西晋郭钦上书道：“戎狄强犷，历古为患。魏初人寡，西北诸郡皆为戎居。今虽服从，若百年之后有风尘之警……。裔不乱华……峻四夷出入之防，明先王荒服之制，万世之长策也。”[2]虽然大多数朝廷官员愿意驱赶蛮夷，但昏庸的皇帝竟然不同意，再加之蛮夷众多，一时难以清理，最终导致西晋灭亡和“五胡乱华”。

“五胡乱华”与南北朝期间，幽州沦为蛮夷之手，邦国此起彼伏。异族高层为了维护其统治，主动接受汉族文化。后赵国的羯族人石勒，重用“博涉经

[1] 周耀明，万建中，陈华文. 汉族风俗史：第二卷（秦汉魏晋南北朝汉族风俗）[M]. 上海：学林出版社，2004：9.

[2] 方铁. 方略与施治历朝对西南边疆的经营 [M]. 北京：社会科学文献出版社，2015：367.

史”的汉人张宾，下令胡人不得凌辱汉人。《晋书》卷一百五记载，大力提倡儒学，以儒学选拔官员，“亲临大小学，考诸学生经义，尤高者赏锦有差”。就如著名历史学家何慈全所说：“胡族政权武力占据北方，要立国中原，必须熟悉儒学传统，崇尚中原文化，以汉法治汉人。”[1]“汉化”最为彻底的当属北魏孝文帝，他为了解决鲜卑族与汉族的民族矛盾，决定推行改革，主要包括改鲜卑服装为汉服，使用汉语，改鲜卑复姓为汉姓，鼓励鲜卑人与汉人通婚，推广汉族地主的门阀制度等，并确立儒家学说为北魏统治的指导思想。孝文帝从小“雅好读书，手不释卷。五经之义，览之便讲”。[2]长大后“汉化”成为必然。

隋唐时期，幽州再次由中原王朝统治。唐代统治者采取了与汉晋不同的民族政策，为了镇抚北方少数民族，在幽州设置节度使并赋予异族以大权。这样，幽州就成为抵御奚、契丹等的北方重镇。据《新唐书·地理志》记载：“自幽州至灵州置顺、祐、化、长四州都督府，又分颉利之地六州，左置定襄都督府，右置云中都督府，以统其部众。其酋首至者皆拜为将军、中郎将等官，布列朝廷。”这种“以夷治夷”的策略，取得了显著成效，如安禄山叛乱前，身兼范阳（今北京）、平卢和河东三镇节度使，被唐玄宗称赞为“声威振于绝漠，捍御比于长城，战必可平，智能料敌”[3]。幽州大量的胡族人口加上领导层的胡族身份，使原有的儒雅之风逐渐衰退，胡族的劲悍善战、崇武尚力的风气愈演愈浓。如《安禄山事迹》卷下记载史思明封官建制时，“令其妻为亲蚕之礼于蓟城东郊，以官署妻为命妇，燕羯之地不闻此礼，看者填街塞路。燕蓟间军士都不识京官品名，见称黄门侍郎者曰：‘黄门侍郎何得有髭须。’皆此类也”[4]。

五代与辽金时期，幽州先后被契丹和女真占领，统治往往采用汉制。如金定都北京后，采用汉臣张浩建议：“请凡四方之民欲居中都者，给复十年，以实京师。”[5]使北京居民几年之后“殆逾于百万”，在少数民族与汉族杂居后，多数人“浸忘旧风”[6]。同时，统治者以科举、婚姻和任命官员等手段

[1] 樊树志. 国史十六讲［M］. 修订版. 北京：中华书局，2009：88.

[2] 刘泽华. 中国政治思想通史魏晋南北朝卷［M］. 北京：中国人民大学出版社，2014：429.

[3] 王双怀. 大唐贵妃［M］. 西安：陕西师范大学总社有限公司，2015：176.

[4] 陈力. 中国野史集萃（1）［M］. 成都：巴蜀书社，2000：117.

[5] 脱脱. 金史：卷83［M］. 北京：中华书局，1975：1863.

[6] 脱脱. 金史：卷7［M］. 北京：中华书局，1975：158.

拉拢汉族优秀者为其服务。以上这些政策造就了辽金时期汉人地位的特殊性，其意向不总是“心向中原”，往往以利益为准绳。辽金对汉人的态度采用拉拢少数派、压制大多数的原则。同时代的宋朝，体谅不到“胡化”汉人的心中疾苦，对其颇为歧视，称为“番”“虏”。“胡化”汉人在政治上被孤立，心理认同模糊，在异族的治理之下，习俗往往倾向于胡族。许亢宗记载，燕京人“民尚气节，秀者则向学读书，次则习骑射，耐劳苦。未割舍已前，其中人与夷狄斗，胜负相当”[1]。

从以上秦汉到辽金一千多年的变迁中可以看出，北京所在地幽州地区地处边陲，异族众多，胡汉杂居，民风强悍粗犷。与先秦燕国相比，儒学风气渐弱，胡风逐步高扬。在民族的冲击、对抗、交流与融合中，文化出现了“汉化”“胡化”。在中原汉民族看到边陲汉民族“胡化”的同时，蛮夷的“汉化”更为显著，是幽州原有文化与游牧民族文化在激烈碰撞中逐步兴起的融合文化。这种融合文化是以农耕文化为主体，同时保留少数民族文化特色的混合型文化[2]。

（三）建都后的首都文化

元朝时，北京一跃成为全国统一的首都，文化也由地区文化上升到首都文化，成为全国文化中心。经济发展是文化发展的基础，我国从唐代中后期，经济中心开始向南转移。北京作为首都，经济上依靠全国的供给，人口由国家统治者和服务于统治者的附属人口组成。京师文化和地方文化相比更容易受到朝廷的政治制约，和经济发达的地区相比，往往失去时代的先声，显得中庸平和[3]。北京所在地理位置为中原农耕文化和北方游牧文化相交融的地带，深受骑射文化的影响。在清末民初时期，先有西方帝国主义的文化侵袭，再有五四运动带来的马克思主义的冲击。中华人民共和国成立后，在中国共产党的领导下，京师文化始终走在全国的前列，一直是全国文化的中心。

皇权至上是封建社会首都文化第一个特点。北京作为首都，是最高统治集团聚集的地方，封建的等级制度体现得最为深刻。北京城的总体设计布局体现了皇权在上，皇帝居住的宫城是全城的核心，宫殿宏伟高大，天、地、日、月

[1] 侯仁之. 北平历史地理［M］. 北京：外语教学与研究出版社，2013：74.
[2] 王岗. 北京地域文化述略［J］. 北京联合大学学报（人文社会科学版），2010，8（4）：75-79.
[3] 朱耀庭. 北京文化史研究［M］. 北京：光明日报出版社，2008：255.

四坛分别建筑在四周，祐卫皇权[1]。在饮食衣着方面也有讲究，皇帝饮食称为“御膳”，是天下最好的饮食，体现了中国烹饪艺术的最高水准。皇家衣着用特别的颜色与大众区别，从唐朝以后，黄色被长期视为尊贵的颜色，往往天子权贵才能穿戴。清代，皇帝服装有朝服、吉服、常服和行服等。皇帝的朝冠分为冬朝冠和夏朝冠两种。皇帝要根据不同的季节和场合穿戴不同的服装，如登基、大婚、冬至、祭天等重大典礼和祭祀活动时要穿御用朝袍。典章制度是维护皇权至上的措施，历代的王朝统治者对此比较重视。清代中期的林清领导的天理教攻入紫禁城使嘉庆特别惶恐，特别批示：“禁城重地，咫尺宸垣，守卫不可不严，体制不可不肃。”[2]在典章制度中以礼仪制度最为重要，祭神、祭亲和祭功等礼仪繁多而庄严，其目的就是显示皇帝的权威。在清代的典礼制度中，特别维护皇权至上的等级关系，规定宫中人员的行走路线，如午门的右门，只准王公行走。饮食衣着和礼节仪是外在的约束，而对人们思想的禁锢才是毒害。以清代为例，清政府特别推崇 “孔子道冠古今，为万世师表，薄海内外，无不俎豆尊崇”，推出“三纲五常”，教导人们以服从为最高天职，“尊君、尊父、尊夫”，进而把人们变成顺民、愚民，鼓吹“唯纲常所系，为臣教忠，为子教孝，垂万世宪本于民彝，不可易也”[3]。

兼容并蓄是首都文化的第二个特点。首都的文化是以华夏文化为主体的文化，但也是包容性文化，对少数民族的文化也不歧视。身处华北平原北部边缘的北京，历史上受到北方游牧民族的侵扰，元朝的建立使蒙古族进军北京，也带来草原文化。蒙古人将京城郊区变成牧场，以展示其骑射的强大。清代，满族攻占北京，八旗子弟长期居住北京，给北京带来了“剃发易服”。不论是草原文化还是满族文化，最终都融入了农耕文化。北京是一个多民族聚集的城市，同时也是外来人口最多的城市，有“八方人口汇京师”之说。前门外的老字号，绝大多数创业于清代，如同仁堂、长春堂、瑞福祥、全聚德、稻香村、六必居等，其创业者绝大多数祖籍都不是北京人，雇佣的伙计也是老家带来的[4]。各地文化汇聚于此，优胜劣汰，留其精华。首都文化的兼容并蓄还包括对西方文化的包容，鸦片战争虽然带来耻辱，但也带来了西方的文明。京师大学堂等高等教育组织及清政府派出的一批批留学生，回国后对中国影响深远。五四运

[1] 阎崇年. 燕史集 [M]. 北京：光明日报出版社，1998：4.
[2] 李淑兰. 京味文化史论 [M]. 北京：首都师范大学出版社，2009：21.
[3] 孙承泽. 春明梦余录：下册 [M]. 王剑英，点校. 北京：北京古籍出版社，1992：769.
[4] 张刃. 北京前门外忆旧 [J]. 工会博览，2018 (35)：44-45.

动的北京爆发，给中华民族送来了“民主”“科学”，新文化运动的精英分子给北京带来了阵阵新风。作为首都，虹吸效应显著，全国各地大量人才齐聚北京，给北京带来各式各样的文化素材，呈现出绚丽多姿的风味。同时，交通便利，各国政要不时地来京交流，不断丰富京师文化。

集大成是首都文化的第三特点。北京上升为全国首都后，以国家之力集中国之精粹于北京。首都能够收集历代的奇珍异宝、书画珍品、龟甲卜骨等，还能建圆明园、颐和园等园林，体现了中华园林艺术之精华。首都能够集天下英才于北京，在北京建国子监，大约每三年在此举行一次会试，先后进行二百零八科，有五万多名进士进行考试。科举与仕宦是文化融合的另一个重要渠道。各地的举子进京赶考，考中的或留京任官，或外放任职，考不中的则返回家乡，大批的举子往来于京城和各地之间，成为传播文化的使者[1]。在清代嘉庆、道光期间，北京的一批诗人经常活动于宣武门南，被称为“宣南诗社”。他们在一起作诗谈经，著名人物有陶澍、谢阶树、林则徐、龚自珍和魏源等62人，对北京乃至中国文化有一定的影响力。此外，各地演艺名家来京献艺，带来了各地文艺。京剧就是各地不同的几个剧种汇集北京而成，南方的戏曲结合北京的语言，加之学者的完善，成为“国粹”。北京还编撰《四库全书》《古今图书集成》《满文大藏经》等典籍，汇集各地资料、册籍[2]，使首都成为全国最多藏书的地方。中华人民共和国成立后，国内精英聚集京师，国际文化交流更加频繁。亚运会、奥运会首先在北京召开，2022年的冬奥会使北京成为全球唯一一座既举办过夏季奥运会、又举办冬奥会的城市。综上所述，北京是文化集大成的场所，首善之地领导全国文化发展方向。

本章小结

京师是历朝历代统治者十分重视的地方，选址好坏决定国家命运，所以慎之又慎。经济的发达程度是决定其成为首都的先决条件，其次是安全因素，再者是政治、文化等因素。北京能成为国家首都，一方面有其环境方面的优势，另外有民族融合的因素。从先决条件看，北京有先天的不足，比如经济不是太

[1] 袁行霈，陈进玉. 中国地域文化通览：北京卷［M］. 北京：中华书局，2013：11.

[2] 袁懋栓. 2008与首都文化发展［M］. 北京：中国经济出版社，2006：32.

发达，再者离北方游牧民族太近，如果被攻破，国家就伴随灭亡。所以，朱元璋在定国时，把首都定在南京。然而元、清两代，两个北方民族镇守北京，对南方农耕民族极其不利。因而，朱棣也定都北京，等于勒住游牧民族的咽喉。北京从整体上属于祖国的北方，寒冷的气候使人勇敢、意志坚强，但又缺乏南方人的细腻。事情皆有利有弊。首都定于北京，易受北方民族的影响，其文化属于汉文化为主体又融合丰富的游牧文化。文化模式是由先秦的燕国文化，到秦汉唐宋时期的融合文化，最后上升为首都文化。

京师的选址、地理环境与人文土壤对京师武术文化的形成与发展都有较大的影响。

第三章
古代京师武术文化的形态与影响

武术文化是中国传统文化的重要子系统，随着传统文化的发展而逐步形成和完善。作为社会组成部分的文化，在不同的历史时期，有着不同的形态和内涵。按历史分期对京师武术文化进行历史脉络梳理，更有助于揭示京师武术文化的内部结构。这不但可以展现各个历史时期的京师武术文化风貌，而且也为进一步探索京师武术文化形成和发展的规律奠定坚实的基础。

根据马克思社会形态学说可知，生产方式是划分历史时期的标准。学者们把中国历史上的原始社会、奴隶社会和封建社会划为“中国古代史”；把中国特有的半封建、半殖民地社会划为“中国近代史”；把中华人民共和国成立后的历史划为“中国现代史”。张海鹏认为：“自从鸦片战争以后，迄全国解放以前，中国社会陷于半殖民地半封建的境地。”[1]因此，鸦片战争和中华人民共和国的成立是中国古代、近代和现代分期的时间点。本研究所指的古代、近代和现代，也以中国传统的历史分期方法为准。

一、古代京师武术文化的历史背景

文化具有传承性，当代的文化是在既往的基础上形成发展的。只有充分了解既往的文化背景，才能更好地把握现在的文化内涵。本研究以北京为个案来研究京师武术文化，有必要对作为国都之前的北京地区的武术文化进行探讨。

[1] 张海鹏. 中国近代史研究 [M]. 福州：福建人民出版社，2005：220.

（一）北京早期的武术文化

北京地区先民的武术文化活动，很早就见于文献。据《史记》记载黄帝部落与炎帝部落“战于阪泉之野”，经过三次战争，打败了炎帝部落，“得其志”。蚩尤为东夷首领，不服从轩辕的命令，黄帝率领诸侯，战蚩尤于“涿鹿之野”，终于擒杀蚩尤。此后，黄帝部落又“北逐荤粥”“而邑于涿鹿之阿”。这是有关北京附近都邑进行战争的最早传说。这里的“阪泉”与“涿鹿”都位于北京附近。黄帝、炎帝与蚩尤都是人文始祖，黄帝“修德振兵，治五气，艺五种”，而“蚩尤作五兵，戈、殳、戟、酋矛、夷矛也”。战争是武术重要来源，人类早期的战争给武术提供了实践的空间。而黄帝、炎帝和蚩尤之间的战争都是为争夺领地的统治权，为武术的产生和发展提供了充足的条件。

从考古学可知，北京地区较早进入青铜文化时代。青铜器的出土在一定程度上能够反映北京地区的文化概况。大约公元前2000年，即我国历史上夏商两代，活跃在北京地区的是一种具有显著特色的青铜文化，考古界称之“夏家店下层文化”。早期阶段的青铜器，不仅形体小，而且造型简单，如耳环、箭头、小刀等[1]。箭头的出现，说明武术开始萌芽。

1977年在北京市平谷县出土了商代中期的铁刃铜钺，而钺是古代具有权杖性质的用于劈砍的格斗兵器。据《史记·殷本纪》记载：周王曾赐西伯钺，“使得征伐”。在西周时期的虢季子白盘上有“赐用弓，矢其史，赐其钺用征蛮方”的铭文。说明北京地域在商代已有武术文化的迹象[2]。北京房山县琉璃河发现的商周遗址中出土的铜兵器上带有“匽侯舞戈”“匽侯戈”等铭文，而匽就是“燕”字，这些都是燕侯习武的证明。

我国古代起，燕地距北，是周王朝为了抵御北方少数民族的前沿阵地，是华夏文化与山戎、胡文化交流的场所。《史记·匈奴列传》记载：“燕北有东胡、山戎，各分散居豁谷，自有君长，往往而聚者百有余戎，然莫能相一。”从出土的文物可以看出，在青铜器铸造方面，无论器物种类和器物形态，都体现来自中原与北方两方面的影响。武器的装饰或取材天上盘旋的雄鹰，或取材草原奔驰的骏马，真实地反映游牧民族风驰电掣般的骑射雄风，造型美观的铜

[1] 北京史编写组. 北京史［M］. 北京：北京出版社，1985：13.

[2] 吴杏全. 从商代铁刃铜钺谈我国用铁的历史［J］. 河北经贸大学学报（综合版），2009，9（3）：55–58.

盔也是游牧骑士特有的装束[1]。同时，华夏部族和山戎等部族经常发生冲突，也促进了武术文化的交流。

（二）先秦时期的尚武任侠

先秦时期，北京地区主属于燕地。公元前11世纪，燕国是周武王所封，《史记》载："周武王之灭纣，封召公于北燕。"这里的北燕就是燕，因在北方故称"北燕"，在今北京市、河北北部、辽西一带[2]。境内山川、河流、平原、高原、山地、草原都有，属于复合型地形的地区。第一，山高冷峻，危峰耸立，水深土厚，这些都影响该地域人们的心理和情感。在当时，燕地的地理环境与今天有很大的差别。据气象学家竺可桢考证，燕地温暖多雨，年平均温度比现在高出二三摄氏度[3]，温暖多雨造就了洪水泛滥，大禹治水就是较为流行的传说。复杂的地理环境，加之燕国民众长期与洪水搏斗而导致的哀鸿遍野，进而塑造了被后人称之 "慷慨悲歌"的气质。正如马克思所说："在文化初期，第一类自然富源具有决定性的意义；在较高的发展阶段，第二类自然富源具有决定性的意义。"[4]

第二，战争是燕文化内涵中的一个重要因素，有助于燕文化中慷慨悲歌的形成与发展，并通过那一次次的战争强化和重新陶铸[5]。燕地处于旱地农耕与北方草原游牧两种文明的中间过渡地带，特殊的地理位置决定了燕国经常爆发战争。燕立国之初就是周王朝为抵御北方游牧民族的侵袭所建的北面屏障。自召公被封到燕地开始，北部的山戎就经常骚扰燕国。《史记》中记载了燕庄公二十七年，齐桓公率师救燕，北伐山戎，大败山戎部族的事件。"山戎侵燕，燕告急于齐。齐桓公救燕，遂伐山戎，至孤竹而还，燕庄公遂送桓公入齐境。"到春秋战国时代，"礼崩乐坏"，各国之间互相争斗、兼并，战争非常频繁。在这种情况下，燕国被迫"外迫蛮貉，内措强齐"。在北方游牧和中原诸强双重压力下，被迫几次迁都。燕昭王招纳贤士，鼓励民众习武强国，最后"燕国殷富，士卒乐佚轻战"。燕昭王十二年，派秦开驱逐东胡，"袭破走东胡，东胡却千余里"。燕昭王二十八年，派乐毅征伐齐国，攻下齐国七十余

[1] 北京史编写组. 北京史［M］. 北京：北京出版社，1985：30-32.

[2] 张广志. 西周史与西周文明［M］. 上海：上海科学技术文献出版社，2007：230.

[3] 竺可桢. 中国近五千年来气候变迁的初步研究［J］. 考古学报，1972（1）：15-38.

[4] 马克思. 资本论：第一卷［M］. 北京：人民出版社，1975：560.

[5] 杨玉生. 燕文化［M］. 北京：方志出版社，2005：23.

座城邑。战争的环境造就了该地民众剽悍刚强、勇武苍劲、尚武任侠的雄风。频繁的战争加之战国后期秦国的强盛和燕国的羸弱，最终铸就了燕人“慷慨悲歌”的气质。

第三，社会动荡为游侠的产生奠定了基础，游侠是从士阶层分化出来，有信仰、重义气，言必行、行必果，敢于用生命完成承诺。他们为百姓排忧解难，为国家的危难勇于献身，在春秋时期兴起，在战国时期盛行。在侠客群体的各色成员中，存在着一些武艺高强的侠客群体当属情理之中[1]。

（三）汉唐两宋时期的保家卫国

汉唐两宋时期包括汉朝、魏晋、南北朝、隋朝、唐朝、五代十国和两宋等几个时期，前后相距1400多年。在这几个时期里，有大而统一的帝国时期，又有分裂的民族对抗时期。就北京地区而言，大致可以分为三种状态。其一，重视武备的汉唐；其二，重文轻武的晋宋；其三，少数民族统治的南北朝和五代十国几个阶段。北京在汉以后到宋，主要以幽州来称谓。幽州之名最早见于《尚书·舜典》：“燕曰幽州。”幽州地处农耕与游牧民族的过渡地带，时刻站在民族冲突与融合的最前沿。北方游牧民族南下入侵，幽燕是必经之地。中原军队北上抗击，多从幽燕出发。从中国版图上可以看出，北京地区北部有燕山，西部有太行，东临渤海。在北部的军都山属于燕山山系，有居庸关、古北口等天险；东北有锦州和山海关；西部太华山余脉的西山有紫荆关。正如范镇在《幽州赋》中云：“虎踞龙盘，形势雄伟。以今考之，是邦之地，左环沧海，右拥太行，北枕居庸，南襟河济，形胜甲于天下，诚天府之国也。”[2]北宋人许亢宗认为：“幽州之地，沃野千里，北限大山，重峦复嶂，中有五关……岂天设地限华夷也？”[3]北京防守着沃野千里的华北大平原。不论是相互的厮杀，还是互融的统一，武术文化一直起到重要的作用。

第一种情况，幽州属于中原政府管辖，国力雄厚，以汉民族为主要居民，重视武备。汉代，华夏大地是强盛统一的，北京地区作为边防重镇，其民众亦兵亦农。国家重视民众的武装操练，居民耕种安家，同时强身习武保家卫国。正如《盐铁论·地广》上说：“边境强则中国安，国安则晏然无事。”晁错基

[1] 唐芒果. 中国武术职业变迁研究［M］. 南京：凤凰出版传播股份有限公司，2014：40.
[2] 杨柳. 北京城市品牌形象与影像传播研究［M］. 北京：中国电影出版社，2014：69.
[3] 熊鸣琴. 金人“中国”观研究［M］. 上海：上海古籍出版社，2014：219.

于秦汉对付匈奴的经验教训后，提出“守边备塞，劝农力本”[1]。鼓励边塞民众“居则习兵于射法，出则教民于应敌，故卒伍成于内，则军正定于外”。汉代从高祖到文景帝时，国家日益强盛，但时时受到北方游牧民族的骚扰。《史记》中有多次匈奴侵边的记载。“当是冒顿为单于，兵强，控弦三十万，数苦北边。”作为防御一方的汉朝不得不教导自己的子民习武备战。这样就形成了生产和军事相结合的独立防御体系，亦兵亦农，对于军事武艺的普及和推广起到了积极的作用。

加强边民尚武风气，有助于民众安定团结，促进了经济发展。东汉初，建武五年（公元29年）郭伋任渔阳太守时，“渔阳既离王莽之乱，重以彭宠之败”而导致“民多猾恶，寇贼充斥”，同时“匈奴数抄郡界，边境苦之”。面对如此局面，郭伋对内赏罚分明，“纠集戮帅，盗贼销散”；对外“整勒士马，设攻守之略”，使匈奴远迹，“不敢复入塞，民得安业，在职五岁，户口倍增”[2]。另据《后汉书·张堪传》记载，张堪在渔阳时，曾“捕击姦猾，赏罚必信，吏民皆乐为用。匈奴尝以万骑入渔阳，堪率数千骑奔击，大破之，郡界以静”[3]。以数千骑大破万骑的匈奴，说明渔阳民众的强悍。堪令百姓开垦稻田八千余顷，劝谕百姓耕种，使郡中富庶起来。任渔阳太守八年，匈奴不敢入侵。

三国时期，中原纷争，但也不忘对北方游牧民族的抵御。据《三国志·公孙瓒传》载，在东汉末年，公孙瓒与上司刘虞不和。刘虞主张对待胡人运用怀柔政策，而瓒主张力战。瓒杀死了刘虞被授予刺史，总督北方四州。公孙瓒武艺高强，使用双刃铁矛，因常与随从骑白马，自号“白马义从”[4]。光和年间（178—184年）边章、韩遂叛乱，朝廷授予公孙瓒统领从幽州（北京城西南）三千精锐骑兵讨伐。公孙瓒使用的铁矛具有两刃，较之一头有刃的矛更具有杀伤力，也需要更高的技巧[5]。“瓒乃自持矛，两头施刃，驰出刺胡，杀伤数十人”[6]。公孙瓒武艺高强，驻守北方数年，引领幽州居民习武自保，提高其武术技能。瓒“每闻有警，历色愤怒，如赴仇敌，望尘奔逐，或继之以夜战”，

[1] 秦榆. 政事行与失［M］. 北京：京华出版社，2006：40.

[2] 范晔. 后汉书：上册［M］. 长沙：岳麓书社，2008：392.

[3] 白玉林，等. 后汉书解读［M］. 北京：华龄出版社，2006：200.

[4] 白寿彝. 中古时代三国两晋南北朝时期：下册［M］//中国通史（8）：第五卷. 上海：上海人民出版社，2015：709.

[5] 刘秉国，赵明奇. 汉代体育［M］. 济南：齐鲁书社，2009：8，36.

[6] 陈寿. 三国志［M］. 北京：北京时代华文书局，2014：32.

使“乌桓更相告语，避白马长史”，“虏自此之后，遂远窜塞外”[1]。

唐代是中华鼎盛的年代，政治开明，文化繁盛、经济发达，人口一度达8000多万。唐朝气魄浩然，出现了“贞观之治”“开元盛世”和“元和中兴”等盛世，不设夷夏之防，“无问中国及四夷皆养活之”[2]，为秦汉以来第一个不筑长城的统一国家。唐朝的前半叶，文化先进，吸引了众多国家来朝膜拜。兼容并蓄的社会风气，吸引了塞外少数民族的内迁。虽然给各民族的文化交流提供了空前的融合环境，但也为后来的藩镇割据势力的膨胀和少数民族的壮大埋下了伏笔。唐朝对武术文化采取支持的态度，由于长期存在北方突厥民族入侵的威胁，整个唐代均鼓励民间习武[3]。首先，武举制就开始于唐代武则天在位期间，一直延续至清代末期，为武人进入仕途打开了方便之门。《新唐书》卷四十四记载：“武举，盖其起于武后之时，长安二年，始置武举。”武举制的推出对军事武艺人才的选拔和武术在社会的发展有着积极的意义，提升了武术的社会地位。其次，文人习武者大有人在。李白自称：“十五好剑术，偏干诸侯。”[4]最后，最高统治者倡导武勇，尤喜角力抵戏。《角力记》载：“唐僖宗弱龄登位，为宦者所狎，多以蹴鞠、斗鸡、畋游、微行，内园恒排角抵之徒，以备卒召。”[5]

由于唐朝对武术文化的重视，使得幽州地区习武盛行。唐代视幽州为边防重镇，常以重兵把守，《旧唐书》载：“理幽州，管兵九万一千四百人，马六千五百疋，衣赐八十万疋段，军粮五十万石。”[6]镇守官员往往武功高强，如《旧唐书·罗艺传》记载隋末天下大乱时，罗艺自立为幽州总管，后归顺唐朝，被封为燕王。《旧唐书》记载：“艺性桀黠，刚愎不仁，勇于攻战，善射。”[7]在隋朝时，“涿郡（今河北涿州市）物殷阜，加有伐辽器仗，仓粟盈积，又临朔宫中多珍产，屯兵数万，而诸贼竞来侵掠”。正当留守的官兵不敢出战时，“唯有艺独出战，破贼不可胜数，威势日重”。可见，罗艺武艺高强，因此被突厥忌惮，《旧唐书》载：“时突厥屡为寇患，以艺素有威名，为

[1] 范晔. 后汉书：下册［M］. 长沙：岳麓书社，2009：794.
[2] 李杰. 中国通史［M］. 哈尔滨：哈尔滨出版社，2005：342.
[3] 国家体委武术研究院. 中国武术史［M］. 北京：人民体育出版社，1996：62-147.
[4] 李英，杨爱华. “剑舞”考论［J］. 体育文化导刊，2004（10）：78-80.
[5] 谷世权. 中国体育史［M］. 北京：北京体育大学出版社，2005：113.
[6] 许嘉璐. 二十四史全译旧唐书：第二册［M］. 上海：汉语大词典出版社，2004：1135.
[7] 刘昫. 旧唐书：第二册［M］. 陈焕良，文华，点校. 长沙：岳麓书社，1997：1392.

北夷所惮。”[1]

唐朝的鼎盛，使武术在民间的传承也迅速发展，幽州地区也不免盛行。角抵是唐代宫廷较为喜欢的项目，据《角力记》记载，蒙万赢就是专门从事摔跤的高手。“蒙万赢者，自言京兆鄠县人也”，于咸通（860—873年）选中隶小儿园，此后进入相扑朋（摔跤队），以在竞赛中获胜较多，“万赢呼号自此起”。后在各地传授角抵技艺，“武陵年少，幽燕任侠，相从诣教者数百”[2]。可见，幽州也有人跟蒙万赢学习拳手与摔跤，促进了当地武术的发展。

第二种情况，由于政府不重视武备，幽州地区是中原和游牧民族相互争夺的对象，对武术文化发展极其不利。两晋时期，崇尚武勇的社会风气渐弱。《晋书·舆服志》记载：“汉制，自天子至于百官，无不佩剑，其后惟朝带剑。晋世始代之以木，贵者犹用玉首，贱者亦用蚌、金、银、玳瑁为雕饰。”[3]以木剑代替钢剑，只图浮夸，失去了防身自卫的实质。这种柔弱之风盛行势必影响作为北疆的北京地区，摧残了其尚武任侠的武术精神，削弱了边境的抵抗能力。至西晋末，北方五胡入侵，河北平原成为硝烟弥漫的战场，身受战火的蹂躏。“北地沧凉，衣冠南迁，胡狄遍地，汉家子弟几欲被数屠殆尽。”[4]在西晋末年，统治者内部发生“八王之乱”后，造成晋室分裂、国力大减、王朝衰弱。胡人趁势进入华北地区，形成五胡乱华的局面。永嘉之乱后，晋朝汉人衣冠南渡，西晋灭亡，东晋建国。五胡指匈奴、鲜卑、羯、羌、氐五个少数民族。整个中原地区开始了长达130多年的分裂割据，北京地区先后被前赵（匈奴）、后赵（羯）、前燕（鲜卑）、前秦（氐）、后燕（鲜卑）、北魏（鲜卑）占据。在胡人占据华北期间，汉人几乎被屠杀干净，极大地破坏了中原的经济、政治、文化，给人民带来了巨大的痛苦。在这种情况下，谈何去发展幽州的武术文化。

五胡乱华有历史的原因，也有当权者政策失误的原因。其一，“容胡”“用胡”措施的失误。汉魏以来胡人内迁，如汉文帝时招胡人实边，光武帝时迁南，匈奴数万人居西河。东汉末，用胡人保卫边疆。曹操将降服的匈奴居于山西汾水，将降服的乌桓人变成一支精锐部队，用于军阀战争。其二，徙胡受阻。西晋初年，内迁的胡人已经给晋政权构成威胁，侍御史郭钦请求晋武帝把

[1] 刘昫. 旧唐书［M］//二十五史（全本）乌鲁木齐：新疆青少年出版社，1999：363.

[2] 王卫国. 人类文明之旅体育［M］. 喀什：喀什维吾尔文出版社，2006：46.

[3] 郭军林. 中国青铜文化［M］. 北京：时事出版社，2009：163.

[4] 曹给非. 帝国模式历史兴衰成败终极密码［M］. 北京：中国国际广播出版社，2014：95.

胡人迁于塞外，武帝不纳。晋惠帝时，山阴令也要求迁胡，同样未被采纳。其三，西晋当权者，荒淫无度，自废武功。《晋书》记载：“（晋武）帝既平吴，专事游宴，怠于政事，掖庭殆将万人。常乘羊车，恣其所之，至便宴寝，宫人竟以竹叶插户，盐汗沥地，以引帝车。”[1]正因为皇帝的荒淫导致全国充满奢侈之风，武备松懈，内外交困。司马光在《资治通鉴》中认为：“（惠帝）永宁以后，盗贼群起，州郡无备，不能擒乱，天下遂大乱。”[2]可见，武术文化的发展同国家的强盛是分不开的。

北宋时期，由于燕云十六州被后晋石敬瑭割让给契丹，使中原的北门被打开，华北平原直接暴露在北方铁骑之下，这其中幽州最为重要。为了阻止铁骑的南下，北宋王朝不得不在河北种植树木和开渠建塘作为屏障，为了夺回幽州，数次北伐都未成功，不得不采用联金灭辽的策略，一度收复幽州。但由于北宋对待幽州汉人的政策和轻蔑态度，致使其投靠金人。加上防御重点前移于幽州，导致河北空虚，最终亡国。幽州地理位置十分重要，“自燕、云诸州言，则曰山前、后，实今古之大防。自晋失十六州，为中原之祸者数百年”[3]。幽州的汉民在北宋初期北伐时，由于割让给辽国不久，还是比较向往宋朝的。“太宗皇帝平晋阳，知燕民之徯后也，亲御六军，傅于城下。燕民惊喜，谋欲劫守将出城而降。太宗皇帝以燕城大而不坚，易克难守，炎暑方炽，士卒暴露且久，遂班师矣。城中父老闻车架之还也，抚其子叹息曰：‘尔不得为汉民，命也。’”[4]但随着时间的推移，幽州地区汉民的民族感情逐渐淡化。其后在时隔一百多年的宣和四年（1122年），幽州的军事首领郭药师降宋时，仍保持辽朝的服饰。正像宋昭上书徽宗所说：“或则又谓山后之民皆有思汉之心，或欲归顺，此尤妄诞之易见者。不惟北虏为备日久，山后之民，往往徒居漠北。有自唐末至于今，数百年间，子孙无虑，已易数世，今则尽为蕃种，岂复九州中国旧民哉？”[5]以上说明，由于西晋不重视幽州的武备和北宋当局得到幽州却忽略了对民众武力的重铸，使幽州大地落入蛮夷之手。

第三种情况，幽州由少数民族统治，形成汉民与胡民杂居的局面，一定程度上对武术文化的融合有推动作用。

稳定是发展武术文化的基础，促进了武术文化的融合。这种融合表现在

[1] 秦永洲. 中国社会风俗史 [M]. 武汉：武汉大学出版社，2015：194.

[2] 侯兴国. 历史岂有底线 [M]. 杭州：杭州大学出版社，2015：31.

[3] 李有堂. 辽史纪事本末：卷9 [M]. 北京：中华书局，1983：223.

[4] 路振. 乘轺录 [M]. 北京：中华书局，2004：52.

[5] 徐梦莘. 三朝北盟会编：卷9 [M]. 上海：上海古籍出版社，1987：53.

三个方面，其一，风俗习惯上的相互迁移，使胡汉民众在心理上相互容纳。从幽州人的衣服上，可以洞悉这种变化。在宋初时，幽州“俗皆汉服，中有胡服者，盖杂契丹、渤海妇女耳”[1]。到宋哲宗时，到了“衣服渐变存语言”[2]的境地。其二，性格气质的改变，改变了武术文化的秉性。以辽国为例，幽州归辽国后，长期受胡风的影响，民风剽悍勇猛，使汉民同样具有北方少数民族的剽悍尚武的习性。“其人坚忍奇崛，包藏祸心，狡立凶谋，前有荆轲太子丹之风，后习安禄山史思明之态。”[3]《辽史·地理志》载：“幽州在渤、碣之间，并州北有代、朔，营州东暨辽海。其地负山带海，其民执干戈，奋武卫，风气刚劲，自古为用武之地。”[4]苏轼也认为：“今来弓射社人户既处边塞，与北人气俗相似，以战斗为主。”[5]这些都说明幽州汉民在性格方面气质已胡化较深。其三，技术上相互借鉴。宋人许亢宗记载：“民尚气节，秀者则向学读书，次则习骑射，耐劳苦，未割舍之前，其中人与夷狄斗，胜负相当。”[6]可见，幽州汉人常常弓箭在手，善于射箭，明显区别于中原汉人的刀剑在身。造成这种互融现象的原因主要是辽国愿意接受中原先进文化，对待汉人用汉人的制度，并采用科举制来笼络汉人的优秀分子等手段。

五代十国时期，幽州先由后梁、后唐统治，其后由石敬瑭割让给辽，最后被金国占领。不论南北朝期间还是五代十国及其后的辽金时代，幽州的武术文化都趋向于胡汉互融状态。

综上所述，在成为统一政权的国都之前的北京地区，从先秦时期以来，一直是中原政权的边防要塞，是中央汉民族与北方少数民族冲突、武术文化交流的前沿阵地。这对以后作为国都的武术文化有着深远的影响。由于资料的缺乏，我们很难对该地区武术文化的形态、技术及理论等做翔实的描述。但值得肯定的是我们能够明白北京地区在建都前有着丰富的武术文化内容，有着燕国遗留下的以“慷慨悲歌”为核心内容的文化品格，有着百折不挠尚武任侠的武术精神。同时，也注意到身处与北方游牧民族冲突之地，不论是激烈地碰撞，还是作为一体的融合，都深深地被异族文化所挤压和冲击，锻造出不同中原的、具有胡风韵味的武术文化气质，这些都为作为首都北京的武术文化注入生

[1] 贾敬颜. 五代宋金元人边疆行记十三种疏证稿［M］. 北京：中华书局，2004：52.

[2] 苏辙. 栾城集：卷16.［M］. 曾枣庄，马德富，点校. 上海：上海古籍出版社，1987：186.

[3] 徐梦莘. 三朝北盟会编：卷38［M］. 上海：上海古籍出版社，2019：159.

[4] 脱脱. 辽史：卷37［M］. 北京：中华书局，1975：437.

[5] 张春林. 苏轼全集：下［M］. 北京：中国文史出版社，1999：883.

[6] 徐梦莘. 三朝北盟会编：卷20［M］. 上海：上海古籍出版社，1987：142.

机勃勃的生命力。

二、古代京师武术文化的社会形态

作为最高统治阶级居住地首都，宫廷是统治阶级执行权力、统治国家的重地。宫廷武术成为统治阶级炫耀武力、保护安全的重要手段。作为国家政治、文化、经济中心的首都，需要军旅武术进行保护。民间武术要立足京师，必须通过科举才能走入仕途。

（一）宫廷武术是古代京师武术文化的核心

宫廷是帝王的住所[1]，宫廷武术文化是指在宫廷内由帝王及其宫内专门人员从事的武术活动及其相关的物质和精神成果。

1. 帝王的武艺

古代的帝王手握重权，特别是开国皇帝，都是从拼杀中获得登上巅峰宝座的机会，因此特别重视对自身武艺的提高和对儿孙习武的教诲。由于资料缺乏，本节内容从明代开始论述。

（1）明帝王对武艺的重视

明代在位帝王共16位，有多位皇帝注重对武术的修炼。太祖朱元璋、成祖朱棣、宣帝朱瞻基、英宗朱祁镇、武宗朱厚照皆习练武艺。

朱元璋从武力中摄取帝位当然懂得武术的重要，对儿子的教育十分重视，不希望他们成为文弱书生，要培养他们成文武之才。“吴元年冬，孝陵念七子渐长，宜习劳。令内侍制麻履行縢。凡诸子出城稍远，马行十七，步行十三。”[2]通过穿麻鞋，缠绑腿进行素质的训练，为他们习武打下坚实的基础。

朱棣是朱元璋四子，在精心培育下，从小就习文练武，十岁时就被封为燕王。朱棣被太祖委以重任时，统率诸王出塞备边，太祖对他说：“朕之诸子，汝独才智。秦、晋已薨，汝实为长，攘外安内，非汝而谁！”[3]青年朱棣镇守

[1] 语言研究所词典编辑室. 现代汉语词典 [M]. 北京：商务印书馆，2012：455.

[2] 郑晓. 今言：卷1 [M]. 北京：中华书局，1984：41.

[3] 蔡东藩. 中国历代通俗演义——明史演义精装珍藏版 [M]. 北京：中国画报出版社，2014：100.

北京，熟读诸子百家，闲时练习骑射，学习军事，数次击退来犯蒙军。骑射皆精的朱棣在靖难之役中常常身先士卒，为将士树立了表率，“王先策马渡河，河水深，麾兵由上流并渡”。“诸将士遥见上旗帜，皆喜。莫不奋戈争先，以一当百，故无往不胜也。”[1]在战斗结束后撤时，多次亲自领兵断后，杀死追兵。朱棣对武艺的喜爱从其对子辈的态度中可见一斑，有子三人，长子朱高炽虽然有儒者风度，但因“体肥硕不能骑射，成祖恚，至减太子宫膳，濒意者屡矣”[2]。次子朱高煦勇猛，武艺高强，“有膂力，善骑射”[3]，在靖难之役中“成祖屡濒于危而转败为功者，高煦力为多”[4]，因其威武勇猛、习武强身与自己风度相近，深受成祖喜爱。

明宣帝朱瞻基在出生时深受成祖喜爱，被夸赞：“此天日之表，且英气溢面，符吾梦矣。”[5]当朱瞻基年少时，成祖就用心栽培，“太孙学问之暇，讲习武事，自时时常出猎”[6]，通过训狩、田猎来培养他的武艺才能和领兵打仗的能力，数次随成祖征讨蒙古。现存于故宫博物院的《明宣宗射猎图》，从中能领略朱瞻基行猎演武的风采。他身着黄红两色的猎装，两手提着猎物，腰间别着弓箭，正回头观察惊恐逃窜的鹿，身旁黑色的骏马在悠闲吃草。朱瞻基特意在皇家东苑开辟了射箭的场地，观察士子们射箭，从中挑选人才为朝廷所用，并作《述观射》提出对射礼的看法：“夫射，六艺之一，士之所当习者。观其志，辨其才艺高下缓急，庶乎有用耳。”[7]朱瞻基在位期间曾带兵征伐蒙古，在喜峰口亲自率兵迎敌，一马当先，射杀敌军先锋三人，最后大胜而归。

明朝武宗朱厚照自幼好武，“性聪颖，好骑射”，以致其父怕他习武过多而影响学文，临终前握着大臣刘健的手说：“东宫年幼好逸乐，卿等当教之读书，辅导成德。”[8]朱厚照喜欢武功的个性影响其一生，继位后就曾经“尝于西内练兵，令江彬等率兵人，学阵营，校骑射，或时为角抵之戏”[9]。为了达到玩乐的目的，朱厚照在正德二年（1507年），于故宫西华门附近修建“豹

[1] 何宝善. 永乐大帝［M］. 北京：北京燕山出版社，2007：42.
[2] 墨石. 明成祖秘史［M］. 北京：北京华侨出版社，2014：265.
[3] 郑晓. 今言［M］. 北京：中华书局，1984：12.
[4] 张廷玉. 明史：3［M］. 北京：中华书局出版社，2000：2393.
[5] 王冲霄. 故宫过客［M］. 北京：中华书局，1984：26.
[6] 上海古籍出版社. 明代笔记小说大观：第1卷［M］. 上海：上海古籍出版社，2005：85.
[7] 朱瞻基. 明宣宗御制集：卷一二［M］//四库全书存目丛书集部. 济南：齐鲁书社，1997：179.
[8] 南炳文，汤刚. 明史：上册［M］. 上海：上海人民出版社，2014：283.
[9] 邱丕相. 中国武术史［M］. 北京：高等教育出版社，2008：115.

房公廨”。据《明会要》载：“正德二年，帝为群阉蛊惑，乃于西华门别构苑籞，筑宫殿，而造密室于两厢。句连栉列，谓之豹房。”有时玩性爆发，朱厚照亲自与虎搏斗，被虎所伤，以致“余月不视朝”。在正德十二年十月（1517年），朱厚照带兵攻打蒙古军，亲自斩杀一名蒙古骑兵。

（2）清帝王对武艺的重视

与明代皇帝相比，清代皇帝们武艺有过之而无不及。与明代延续大位的预立东宫制度不同，清朝实现的是秘密建储制度，这种制度避免了庸才当上太子，客观上激励每个皇子积极向上。清代皇帝对皇子的教育内容除四书五经、史书、诗赋等汉文化典籍外，还专门学习骑射等武艺。据《檐曝杂记》记载：“既入书房，作诗文，每日皆有课目，未刻毕，则又有满洲师傅教国书、习国语及骑射等事。”[1]

皇太极为清太宗，自少年起常随父兄征战，骑射娴熟，特别重视满族人习武。《清太宗实录》记载，皇太极曾亲自率领臣子们进行较射，并在斥责臣下时指出：“若不亲率士卒骑射，教演精勤，孰肯专心武事，平日即未娴熟，一旦遇敌，何以御之？”[2]顺治帝也精于骑射，于顺治十五年（1658年），“上幸景山，观大臣及侍卫等骑射，上躬擐甲胄，置帽为的，骑射三发具中”[3]。

康熙年幼时即接受严格的骑射、哨鹿、行猎训练。《竹叶亭杂记》卷一载：“圣祖仁皇帝之登极也，甫八龄。其时，大臣鳌拜当国，势炎甚张，且以帝幼，肆行无忌。帝在内，日选小内监强有力者，令之习布库以为戏。鳌拜或入奏事，不之避也，拜更以帝弱而好弄，心益坦然。一日入内，帝令布库擒之，十数小儿立执鳌拜，遂伏诛。”通过扳倒鳌拜来树立自己威信，巩固自己权威。为了不让八旗官兵贪图享乐，忘记武功，康熙兴办学校、加强骑射的训练，并且在1681年创建木兰围场来锻炼军队。木兰行围不仅展现了康熙的骑射技能，而且还培养了皇子的尚武精神，并能训练八旗兵丁的作战能力。

乾隆则是另一位喜欢木兰围场的皇帝，且骑射技术高超，“己巳秋，天气肃爽，上乃习射门侧，发二十矢，中者十九，侍从诸臣无不悦服”[4]。《乾隆皇帝戎装图》是清郎世宁所作，现存于故宫博物院。为了避免八旗子弟骑射

[1] 赵翼. 檐曝杂记［M］. 北京：中华书局，1982：9.
[2] 清实录：第2册太宗文皇帝实录［M］. 北京：中华书局，1985：313.
[3] 清实录：第3册世祖章皇帝实录［M］. 北京：中华书局，1985：905.
[4] 昭梿. 啸亭杂录［M］. 何英芳，点校. 北京：中华书局，1980：13.

技能的丧失，乾隆命人将圣谕刻《训守冠服骑射碑》等碑，立于紫禁城箭亭、八旗教场等处，以警示八旗子民。

从顺治到道光各位皇帝，都十分推崇骑射，不仅屡次告诫子民们要保持“弓马骑射”，而且他们从年幼时就重视骑射技能的培养。道光在乾隆五十六年时，随乾隆帝行猎，受到乾隆的赏识。当时刚刚八岁的曼宁（道光）“引弓获鹿，高宗大喜，赏黄马褂、花翎”[1]。

2. 宫廷武术娱乐活动

娱乐是设计出来的给予观众乐趣的表演或活动，是人人喜爱的项目，宫廷也不例外。与寻常百姓相比，宫廷娱乐的时间较多，方式也比较奢华，名目繁多。武术既能技击、又能健身，同时具备娱乐功能。宫廷里的武术娱乐包括射箭、摔跤和舞蹈等项目。当然，宫廷娱乐也不仅限于紫禁城内，主要是以帝王为主的娱乐活动，参与其中的宫女、太监及御林军都是为皇帝服务的，地点延伸到宫廷之外。

（1）元代宫廷武术娱乐

骑射是游牧民族的专长和爱好。人们进行骑射既能生产也能御敌，世代相传，闲暇时通过射箭比赛来提高彼此的感情。帝王进行骑射，一为娱乐，二为观兵阅武。元代，北京南郊的南海子就是帝王游猎的地方，成为“下马飞放泊”。据《析津志辑佚》记载，每年的十月在东华门外作苇笆，以草人为靶，太子、诸王及官员们进行射箭比赛，此习俗称为“射天狼”[2]。

（2）明代宫廷武术娱乐

在明代，也有骑射的习俗，明英宗、武宗、穆宗皆去过南海子游猎。明天启年间，皇帝在内府十库后面建成猎场。《天启宫词》载：“甲乙等十字库后，旧有旷地，群小怂恿上剪其蒿莱，以恣驰骋。”除去游猎外，明代还有射柳习俗。《日下旧闻考》记载：“永乐时，禁中有剪柳之戏，即射柳也。”[3]《万历野获编》记载：“武宗射柳，命诸珰校猎苑中，设高丽阵，仍设莫离支为夷将。比立御营，则上自坐下，亲申号令，以唐兵破之，败者行军令，能人

---

[1] 清实录：第33册宣宗成皇帝实录［M］. 北京：中华书局，1986：75.

[2] 雄梦祥. 析津志辑佚［M］. 北京：北京古籍出版社，1983：211.

[3] 于敏中. 日下旧闻考：卷一百四十七，第八册［M］. 北京：北京古籍出版社，1985：2357.

者与莽玉。”[1]

明朝的画家商喜绘制的《明宣宗行乐图》就描写了宫廷的娱乐活动。该图描绘了明宣宗带领众人进行射箭、捶丸、投壶、坐轿等活动。该图现存故宫博物馆，分六部分。

（3）清代宫廷武术娱乐

“塞宴四事”是清代朝廷举办的宫廷娱乐方式，目的是增进与蒙古王公的感情，笼络其当权者，以巩固清廷统治。“塞宴四事”包括什榜、布库、诈马、教跳。布库即摔跤，属于武术文化系列。据《清碑类钞》记载：“布库，相扑为戏也。徒手搏击，分曹角力，伺隙蹈瑕，不专拭匹夫之勇，胜者有卮酒、羊臛之赐，立饮无算。”[2]康熙认为围猎的方式可以快速提高八旗的战斗力，于是在河北、辽宁、内蒙古接壤处圈建约1.5万平方公里的“木兰围场”，每年带领文武官员和士兵1万多人到此，“往来沙塞，风尘有所不避”。《清史稿》载：“康熙二十年（1681年），幸塞外，猎南山。寻出山海关，次乌拉，皆御弓矢校猎。越二年六月，幸古北口外行围，木兰蒐猎始此。木兰在承德府北四百里，属翁牛特。”[3]自康熙起到道光礼废，共计140年。康熙、乾隆等帝先后去木兰围场狩猎，称为“木兰秋狝”，包括围猎、进宴、赏赐活动，而“塞宴四事”为进宴后的表演。

北京故宫博物院收藏《塞宴四事图》，为郎世宁所作，描写摔跤场面。只见地毯上四人上着短袖衫，下穿摔跤裤，脚下是摔跤靴，四人正两两相交。一对正跳摔跤步准备迎敌，一对正相互撕扯发力，而乾隆帝正端坐在蒲团上凝神观看。摔跤是清代宫廷最为喜爱的娱乐活动，康熙组建成“善扑营”，不但在“木兰秋狄”上表演，而且要在一定的日期进行表演。“每年十二月二十三日，清帝于内廷养心殿前看蹼交，名曰‘料灶’，迨正月初九日，在中南海紫光阁观本营仆户与外客相搏，名曰‘客社’。外客之争跤者多蒙民，因蒙人好武好斗，故于进贡之余，必演此技以相夸示。”[4]

舞蹈是娱乐活动的常项，庆隆舞是通过武术的骑射和狩猎，来表达满族生产、生活的情景。在清代，皇帝的各种大型宴会皆用满族舞蹈，庆隆舞多在除

[1] 沈德符. 万历野获编：上册［M］. 杨万里，点校.上海：上海古籍出版社，2012：123.

[2] 徐珂. 清碑类钞：二册［M］. 北京：中华书局，1986：495.

[3] 赵尔巽. 清史稿：十册［M］. 北京：中华书局，1977：2668.

[4] 李泽平，伍恒山，袁华. 民国野史大观［M］. 南京：江苏文艺出版社，1996：597.

夕、万寿节及皇帝大婚、祝寿等大型活动中表演。据《钦定大清会典》记载："乐奏庆隆之章，戴面具人上，衣黄画布者半，衣黑羊皮者半。跳掷象异兽，骑禺马者八人，介胄弓矢，分两翼上，北面一叩兴，周旋驰逐象八旗，一兽受矢，群兽慑伏象武成。"[1]意思是说：舞起时，先有两队戴面具，身着黄衣服或黑衣服的人像野兽一样狂舞。另有八人带着弓箭，骑着假马，踩着高跷扮成猎人。一个猎人发箭，野兽倒下，其余野兽表示驯服。舞蹈描绘了八旗人骑射狩猎的生活情境，主要由武刀、响箭等武术动作组成。庆隆舞包括两部分，前面的扬烈舞为武舞，后面的喜起舞为文舞。文舞时可有诸大臣扮演，叩首祝贺。康熙曾经在孝惠皇太后70岁时祝寿时跳舞。《竹叶亭杂记》也记载："庆隆舞，每岁除夕用之。以竹做马头、尾，彩饰之，如戏中假马者。一人履高跷起假马一人涂面，身著黑皮，作野兽状，奋力跳跃。高骑者弯弓射。"[2]

3. 大内高手

大内指皇帝宫殿。《旧唐书·德宗纪上》载："天宝元年四月癸巳生于长安大内之东宫。"《史记·景宗本纪》："置左右内宫，属大内。"大内高手是指皇宫内负责警卫且武功高强的人。由于资料所限，本节内容从明朝开始论述。

（1）锦衣卫里的大内高手

明朝设立卫所制度，是明朝的最主要军事制度。朱元璋在南京设有四十八卫，明成祖朱棣在北京设有七十二卫，卫下设所。皇帝直接统治的卫军，叫亲军京卫，又叫上二十二卫，是负责保卫皇宫和皇城的禁军，锦衣卫就是上二十二卫中的一卫，直接负责皇帝的仪仗和安全。锦衣卫初建于朱元璋执政期间，朱元璋特"命锦衣卫选精锐力士五千六百人随驾。"[3]可见，执行侍卫职责的是武艺高强的军人。锦衣卫由将军、校尉和力士组成，其中将军称为大汉将军，要"选躯体丰伟有勇力者为之"[4]，重要职责为"凡早晚朝及宿卫扈架，俱执金瓜、披铁甲、配弓矢，冠红缨铁盔帽，列侍左右。如大朝会，则披

---

[1] 罗雄岩. 中国民间舞蹈文化教程［M］. 上海：上海音乐出版社，2001：192.

[2] 李乡状. 民族舞艺术与欣赏［M］. 长春：吉林音像出版社，2006：72.

[3] 上海书店. 明太祖实录：卷一八六［M］. 上海：上海书店，1990：2789.

[4] 上海书店. 明太祖实录：卷八二［M］. 上海：上海书店，1990：1479.

金甲、金盔帽列侍殿庭”[1]，是锦衣卫中的精锐，个个都是大内高手，故“专选人才长大者”[2]。大汉将军是离皇帝最近的殿庭卫士。皇帝在御门听政时，锦衣卫在御座两侧和丹陛、御道、金水桥及奉天门职守，皇帝出巡时，锦衣卫在身边护卫。现收藏于台北故宫博物院的《出警入跸图》则清晰地描绘了皇帝出巡和归来的情景，在出警（皇帝出巡）图中，皇帝身着金色的盔甲，骑着黑色的大马，威风凛凛。而身旁有身着红衣的锦衣卫校尉，以及扛着金瓜、斧钺等器械，身着盔甲的锦衣卫大汉将军。

清初人士曾说过：“明不亡于流寇而亡于厂卫。”由于锦衣卫有特权，可以侦察、缉捕在朝官员，直接为皇帝负责，无形中令他们可以胡作非为甚至贪赃枉法，给人们留下不好的印象。指挥使是御林军首领，为正三品官衔，一般由皇帝亲信担任。毛骧是第一位留下名字的锦衣卫指挥使，《明史》记载：“子骧，管军千户，积功擢亲军指挥佥事。”毛骧从千户起身，因功升任指挥佥事，后因平定滕州段士雄谋反和浙江倭寇而升任都督佥事。《明太祖实录》记载：“败倭寇于温州下湖山，追至石塘大洋，获倭船十二艘，生擒一百三十余人，及倭弓等器送京师。”[3]后来，毛骧因办理胡惟庸案，受到牵连而被朱元璋处死。可见，毛骧开始也不是一个十恶不赦的人，也曾经平定过叛乱和生擒过倭寇，但加入锦衣卫后就变得越来越残暴。明武帝执政时，江彬为锦衣卫指挥使。《明史》记载：“江彬，宣府人，初为蔚州卫指挥佥事。”因“彬狡黠强很，貌魁硕有力，善骑射”而受到皇帝的喜爱，出入豹房，与皇帝同卧起。一日，“帝捕虎”受困，“彬趋扑乃解”[4]。可见，江彬武功高强，竟然与虎搏斗救皇帝，进而得到皇帝的信任。由于江彬的怂恿，皇帝干了不少违背理法的事件，武宗死后，江彬被众臣联合除掉。

从上可知，锦衣卫是明代皇帝的贴身侍卫，位高权重，特别是大汉将军武艺高强，是大内高手。当权力不受约束时，锦衣卫往往会作奸犯科，陷害大臣，给国家带来灾难。

（2）清代大内高手

清代的侍卫处是负责皇家安全的管理机构，由领侍卫内大臣、内大臣和

[1] 上海书店. 明太祖实录：卷八二 [M]. 上海：上海书店，1990：1479-1480.

[2] 田艺蘅. 留青日札：卷一五 [M]. 上海：上海古籍出版社，1992：281.

[3] “中研院”史语所校勘. 明太祖实录：卷七四 [M]. 上海：上海古籍书店，1983：1371.

[4] 张廷玉，毛佩琦. 明史：（3） [M]. 北京：现代教育出版社，2011：78.

散秩大臣统领侍卫亲军组成。领侍卫内大臣为正一品武职官员，内大臣为从一品，散秩大臣为从二品官员。侍卫由一等侍卫，正三品；二等侍卫，正四品；三等侍卫，正五品；蓝领侍卫，正六品组成。侍卫因职责的不同分为御前侍卫、乾清门侍卫和三旗侍卫。乾清门内称为内廷，皇帝在内廷办公，非有旨意不得入内，由御前侍卫伴随左右，乾清门侍卫在门内值班，而门外为"大门侍卫"由三旗侍卫担当。侍卫选拔特别严格，主要来源于上三旗，之后逐步扩展到下五旗，武进士也可入侍卫之列，一般称"汉侍卫"。据《听雨丛谈》记载："若汉侍卫，则由武进士选充。不论籍贯满汉，凡武甲出身者，概曰汉侍卫。"[1]

侍卫多为习武艺、善骑射的人担当。八旗中"选上三旗满洲、蒙古子弟之能者为侍卫"[2]。宗室侍卫则在"宗室中人优而善射者选取侍卫"。汉侍卫从参加武科举的武进士中选出。《侍卫琐言》记载："汉侍卫，系由甲科出身。武进士一甲一名授头等侍卫；一甲二名三名授二等侍卫；二甲三名授三等及蓝翎。"由于保卫皇家的安全事关重大，因此侍卫的首要条件是武艺高强，平时应加强训练。不但领侍卫内大臣等要对侍卫定期考核，有时皇帝也来视察。据《大清仁宗实录》记载，清仁宗曾视察侍卫射箭，二等侍卫领班明勋因射箭三支，两支未中靶被革去官衔。

（二）担负重则的军旅武术文化

古代，皇帝权力至高无上，保护其安全是军旅武术的首要职责。在以冷兵器为主要战斗手段的古代，军旅武术为皇帝提供足够的安全，是古代武术文化的重要形式。正像康戈武教授所说："不论军旅武术，还是民间武术，练武的主要目的都是为了运用，为了实战需要。"[3]军旅武术是在古代军旅中传习的武术，古代京师军旅武术文化就是指御林军武术文化。

1. 护卫京师的御林军

御林军是担负京师、宫廷和皇帝的警卫，是一支特殊的武装力量，是皇家禁卫军的专用称谓。由于朝代不同，称谓也不同，通常称禁军、禁兵、卫士、

[1] 福格. 听雨丛谈：卷一［M］. 北京：中华书局，1984：25-26.
[2] 张友渔，高潮. 中华律令集成［M］. 长春：吉林人民出版社，1991：241.
[3] 康戈武. 古代武术演进的文化结构研究［J］. 体育文史，1998（3）：24-31.

卫兵、宿卫兵、侍官等[1]。有文字记载的御林军产生在周王朝，《周礼》记载："虎贲氏掌先后王而趋以卒伍。"在大王出征、留宿时守卫在王的周围。而"旅贲氏掌执戈盾，夹王车而趋"[2]，在王车的两边，手持戈盾保护王架。可见，虎贲氏和旅贲氏所掌管的兵士就是御林军的重要组成部分。御林军从秦汉以来至明清，就一直存在，对皇帝、皇家及首都的安全至关重要。

（1）元代御林军

元朝是中国历史上第一个由少数民族——蒙古族建立的统一王朝。北京自忽必烈定都于此以来，经过元、明、清三代的滋养，目前依然呈现出勃勃生机。驻扎在北京的御林军是北京安全的重要保障，在元、明、清三代有着不同的建制。在元朝，中央禁卫军由怯薛和侍卫亲军组成，"怯薛者，犹言番直宿卫也"[3]。怯薛负责蒙古大汗、宫廷的安全，由大汗亲自指挥，分四班宿卫，称为四怯薛，多以蒙古人充当，一般不参与外出作战。侍卫亲军是忽必烈仿效汉军武卫军而设立的负责京城安全的精锐部队，除东宫、后宫卫军等外，由枢密院掌管，以汉军为主，可以外出作战[4]。

（2）明代御林军

明代，经过靖难之役登基的朱棣移都北京，也是汉民族第一次定都北京的王朝，对御林军的构建更加重视。由于北京处于北方鞑靼、瓦剌侵犯的前沿，保卫北京安全成为明朝第一要务。朝廷将七八十万京营军驻扎北京，为历代之最，既要守备京师，又要对外作战。京城的护卫与治安融为一体的明代防御体系，发挥了对内严酷统治的立国宗旨，也成为王朝衰败的主要原因。御林军为明朝最精锐部队，"故王者收天下之精兵，萃之京师，此所以蓄威而握天下之重地，京营兵制是也"[5]，主要由隶属于五军都督府的京营军和皇帝直接指挥的上直侍卫军组成。据明代张孚敬记载，朱元璋为了稳定兵源，创立了卫所军制，认为："洞见古今之利病，定为经久之良法。内之所设，有锦衣等十二

[1] 纪红建. 中国御林军［M］. 北京：经济日报出版社，2006：1.

[2] 华夫. 中国古代名物大典［M］. 济南：济南出版社，1994：944.

[3] 宋濂. 元史·兵志［M］. 北京：中华书局，1983：2524.

[4] 童一秋. 千古王朝——元祖至元王朝［M］. 北京：中国盲文出版社，2002：42.

[5] 吴枫. 中华思想宝库［M］. 长春：吉林人民出版社，1990：1032.

卫，以卫宫禁；有留守等四十八卫，以卫京城，彼此相制也。”[1]明成祖朱棣移都北京后，上直侍卫军增至26卫，以锦衣卫最为强大，主要负责皇帝及宫廷的安全，而京营军增至72卫，负责京城的安全，对外用兵。

（3）清代御林军

清朝，满族当政，北京为首都，减轻了北方的威胁，御林军不必像明朝那样重兵把守，但也集十万八旗军守卫北京，主要由八旗军和绿营军组成。八旗军分为守卫皇宫的侍卫亲军、驻守北京的八旗禁军，而绿营兵负责北京治安。乾隆云：“我朝列主家法，事事超越往古，而内廷法制尤为严密。”[2]以上三旗为侍卫，“材武出众之子弟及各执事效力人等之可信任者，为之分班入直。其优者擢为御前侍卫、乾清门侍卫，而统以三旗领侍卫内大臣，即所谓郎卫也[3]，主要责任是侍卫皇帝和部分禁廷的宿卫。其他如骁骑营、护军营、步军营、前锋营、火器营、健锐营、善扑营、虎枪营等各行其责，如护军营“掌司门禁，率直班官兵，以守卫宫阙”[4]，骁骑营保卫京城内城九门、外城七门，善扑营为皇帝演习摔跤、射箭等技艺，而虎枪营专门负责辅助皇帝狩猎。

御林军作为皇帝最为器重的力量，为皇帝的安稳、宫廷的和平和京城的平安提供精心的保护，是皇帝亲自挑选的心腹和精锐部队。他们武艺出类拔萃、心机缜密、行动迅速，为皇帝所倚重，同时也是各种宫廷势力争夺的对象，对宫廷各种政治事件起到不可或缺的作用。

2. 军旅的武艺及其训练

御林军是皇帝的心腹，当然武艺超群。元代，忽必烈选“诏诸翼万户简精兵四千充武卫军”[5]，而武宗命江南行省万户府，选汉军之精锐者一万人，属东宫卫军”[6]。元末诗人张宪有诗《怯薛行》描述：“集赛（即怯薛）二郎年十八，手中弓箭无虚发。”这里的“精兵”“精锐”都是部队里的佼佼者，武艺不凡以至于“箭无虚发”。

[1]《续修四库全书》编委会. 续编四库全书–集部–总集类：第1657册［M］. 上海：上海古籍出版社，1995：493.

[2] 李朋. 话说中国礼仪第一册［M］. 天津：天津古籍出版社，2007：1184.

[3] 秦海轩. 中国皇帝制度［M］. 太原：山西古籍出版社，1999：762.

[4] 金开城. 清代的八旗制度［M］. 长春：吉林文史出版社，2012：37.

[5] 王岗. 城市发展史元代表［M］. 北京：北京燕山出版社，2008：179.

[6] 胡泊. 蒙古族全史：军事卷上［M］. 呼和浩特：内蒙古大学出版社，2013：565.

(1) 明军的操练

戚继光是明代著名将领，以抗击倭寇而光耀史册，守卫北京也先后占据他二十多年的光阴，为其人生添上浓浓的一笔。戚继光是将门之后，自小习练武术，喜欢阅读兵法，22岁中武举，次年，进京“会试”，正遇到鞑靼进攻北京，于是戚继光与其他武举人担负起保卫京城的任务。浴血奋战京城期间，戚继光数次上书，提出保卫京城的建议，使人刮目相看，之后十多年在南方平定倭寇，为操练兵士的武术和军事技能打下坚实的基础，著有《纪效新书》。因平定倭寇有功，戚继光被调到北京，肩负起保卫北京的重责。隆庆皇帝诏曰：“蓟镇切近京师，采将练兵，允乃要务。……朝廷以尔素有威名，今特命尔总理蓟、昌、辽、保军务。”[1]

在北京期间，戚继光修筑长城、操练军旅武术、习练兵法，使蒙古兵16年不敢入侵。作为御林军的精锐，戚继光军纪严明，治军有方，其练兵习武谱写了绚丽的篇章。在京护卫期间，根据其练兵的经验写成《练兵实纪》一书，分正集9卷和附杂集6卷，为我们研究军旅武术操练提供了依据。

第一，对武艺十分重视，认为武艺是关乎性命的勾当，反对花法。他认为：“凡比较武艺，务要俱照示学习实敌本事，真可对搏斗者，不许学习花枪等法，徒支虚架，以徒人前美观。”[2]56“夫武艺不是答应官府的公事，是你来当兵防身杀贼立功本身上贴骨的勾当。你武艺高，决杀了贼，贼如何又会杀你？你若武艺不如他，他决杀了你。若不学武艺，是不要性命也。”[2]48

第二，强调武德的修养。戚继光认为要提高兵士武艺首先要提高其武德，应从生死观、胆气、感恩、纪律性等方面入手。在胆识方面，他认为：“临阵只思退缩，乃是见阵上杀伤，怨说就一个死，焉知不到我；指望退缩的必生，殊不思一动了脚，个个都死。若同心力战，我胜过他，务使他退缩，我如何得死？”[3]66在感恩方面，规劝士兵要思考当兵是为了保护家人，要感恩百姓的供养。“凡你们当兵之日，虽刮风下雨，袖手高坐，少不得行月二两，这银米都是官府征派地方百姓办纳来的。你在家那个不是耕种的百姓，你肯思量在家种田时的苦楚艰难，即当思量今日食粮容易。”[2]51在纪律性方面，他认为要服从军纪，精诚团结，才能战无不胜。“军士万人一心，一个百斤力，万个

[1] 周享祥. 中国古代军事思想发展史 [M]. 深圳：海天出版社，2013：344.

[2] 戚继光. 纪效新书 [M]. 盛冬玲，点校. 北京：中华书局，1996.

[3] 戚继光. 练兵实纪 [M]. 北京：中国文史出版社，1999.

百万力矣，如何撼得动。若人各一心，百万之众各是一个身子，即贼一个，便可冲动之。”操练的赏罚号令、节制规矩、连坐之法，像抬木石的绳杠一样，千数人才能够抬起万万斤木石。

第三，重视武技的操练。专门设场进行操练，“殊不知教场操练，不过明金鼓号，习射、打、击、刺手艺之能。此等事不是在人家房门院墙内做得，故设教场操练之。”[2]23鼓励习武，定期考核。“编过火兵，有能奋学武艺精熟者，升为战兵。战兵内懒惰不习武艺，降为火兵。每季终次月初二日一考，平时听各火兵自首，即与验升。”[2]25要求士兵“日西，各于便处习学武艺，或学弓马，或学披甲，至昏而止”[2]26。对以武艺为戏者奖励，“凡军中除习武艺为戏不禁，若将条约随俗改为唱曲，习学以相戏乐者，有赏。”[1]28对于怠慢比试武艺者，进行惩罚，“寻常比较武艺，点卯不打，小有过失，事干人众，应责治者，即以条为赏罚。”[1]7对技术评价分为九等，分别为三等，每等为三则，上等分为上上、上中、上下，中等分为中上、中中和中下，下等分为下上、下中和下下。在技术方面提出“长兵短用”和“短兵长用”，对前人的经验进行消化吸收并根据需要改进。

第四，对士兵根据其材力和战场需要进行选拔和训练。鸟铳手选有力伶俐者，便捷骨柔者为藤牌手，力大貌黑而粗猛者为狼筅手，年少有精神杀气者为镗把手。[1]14训练分为技术和素质的训练，技术以蒙古骑兵为假想敌，包括圆牌、腰刀、刀棍、大棒、大钯等。训练时听中军号令，一起使用手中武器去打击马腿马头。除实战模拟之外，还进行二人一组的搏击练习，包括腾木牌、镗钯、倭刀、长枪和大棒。以长枪为例，“共二人一班，舞过柄颤手熟者为上等。二人相对，分枪即进者为上等，若枪分不知进，歇枪等他入者为下等。”[1]40素质训练包括练心力、手力、足力和身力等，“凡人之血气，用则坚，怠则脆。劳其筋骨，饿其体肤，大人且然，况兵乎？不宜过于太甚。”[1]41

第五，对将领提出更高的要求。认为战士可以学习一项技能，而将军必须掌握多项武艺，“为将者身司统率，似不必以技艺为高，但士卒全以器械为爪牙。”[1]71身为将领，自己不知花法和实法的区别，有怎能辨别士卒技能的高低哪？“将军者，将军于前，使无技艺在身，安得当前不惧？”并且提倡“欲成全才之将，凡种种武艺，皆精习之，在俱知而不必俱精。再须专习一二种，务使精绝”[1]72。对将领的胆识提出：“为将者不必计生死，他要做得个忠臣

[1] 戚继光. 纪效新书 [M]. 盛冬玲，点校. 北京：中华书局，1996.

[2] 戚继光. 练兵实纪 [M]. 北京：中国文史出版社，1999.

义士，便此肉身受苦受难，不过数十年之物，丢他去了，换得名香万古，立像庙庭，哪个便立？”[1]

（2）清军的操练

①善扑营

武艺高超，担负重则，保持长期的、高效的训练是御林军的必备功课。据《清史稿》记载：“上（皇帝）久悉鳌拜专横，特虑其多力难制，乃选侍卫拜唐阿年少有力者，为扑击之战。是日鳌拜入见，即令侍卫等掊而系之，于是有善扑营之制，以近臣领之。”[2]据《啸亭杂录》卷一记载：“选八旗勇士之精炼者，为角抵之戏，名‘善扑营’，凡大燕享皆呈其伎。或与外藩部角抵者争优劣，胜者赐茶缯以旌之。”赵翼《檐曝杂记》记载：“布库不如御前人”，对优秀者“自士卒拨至大员者”[3]。善扑营侍卫地位较高，需在镶黄、正黄和正白等上三旗中“选其中才武出众之子弟，乃执事效力人等之可任者，命之分班入直”[4]。据民国摔跤高手沈友三讲述：“摔跤，本为一种武术，在昔掼跤人，在宫中应差，名为扑户。……若来使有异，欲行刺皇上，扑户即卸下外衣，与来使搏斗。”[5]可见，善扑营的任务之一就是维护皇家荣誉，与外藩较量，以图获胜。相传清代咸丰年间，有扑户人称神力老王爷，曾与蒙古人大蒙牛、二蒙牛比赛摔跤，结果把他们摔得一败一死。善扑营定额300人，分为善扑者200名、勇射50名和骗马50名。勇射是善于拉强弓的射手，而骗马是马术高超的侍卫。不论是善扑、善射还是马术都是守卫皇帝的必备之技，同时都是古代武术的项目之一。善扑营的善扑者称为扑户，根据其技能分为头等、二等和三等，每年要举办对抗比赛，每3～4年要进行选拔赛，胜者入选善扑营侍卫，有资格进宫当差，地位和俸银丰厚，这种优胜劣汰的竞争方式迫使他们拼命训练。据《清会典》记载，善扑营设教习十六人，“平日在营锻炼身手，研究脚步，两两相搏，名曰捐弄”，训练有专门的器械如滑车、吊袋、沙袋等，“其技纯以臂、脚、腰三功为胜，其练臂功，以抖麻绳辫为工具，练脚功则以踢白木杆子为工具”。

---

［1］戚继光. 练兵实纪［M］. 北京：中国文史出版社，1999：66.

［2］赵尔巽. 清史稿：卷六圣祖本纪一［M］. 北京：中华书局，1977：177.

［3］昭梿. 啸亭杂录［M］. 北京：中华书局，1980：395.

［4］萧一山. 清代通史：一［M］. 上海：华东师范大学出版社，2005：471.

［5］柱宇. 掼跤家沈友三访问记［N］. 世界日报，1932-12-30（3）.

②冰上射箭

溜冰滑雪是人喜欢的运动，满族人世代居住在白山黑水之间，先天的冰雪给他们提供了溜冰滑雪的场所。他们在冰雪上飞驰射猎，以供生计。清代八旗官兵入关后仍然保持冰雪中飞驰射箭的技术，到了冬季，就进行溜冰练兵活动，其中有许多溜冰高手，在冰面上飞驰前进，同时可以完成很多高难动作，如童子拜佛、朝天蹬、金鸡独立、白鹤亮翅、鲤鱼跃龙门。除了在滑行中做武术动作外，还可以在滑行中射箭。冰场中心竖立着高有数丈的“翿杭”（箭靶），战士们在滑行中射箭，中靶者为胜[1]。我们可以从故宫博物院所藏乾隆年间宫廷画《冰嬉图》中领略八旗官兵的习武英姿。

努尔哈赤曾经组建了一支善于滑冰并配有冰橇、装备精良的部队，在清宫的御林军中的健锐营也有1600人的冰上部队。清代帝王十分重视冰嬉活动，每年都进行检阅，参加冰嬉的人员从八旗和前锋统领、护军统领及训练有素的士兵中挑选出来[2]。满族八旗官兵就是通过这种冰上娱乐和角逐来保持战斗力的。

3. 战火考验的军旅武艺

首都是御林军驰骋的沃土，也是各种颠覆与反颠覆皇权的前沿阵地，为御林军展示其强劲武艺提供绝佳的机会。

（1）明京师保卫战

明正统年间，瓦剌逐渐强大，多次侵犯明北疆。明英宗受太监王振的怂恿亲自带兵二十万北征，被困土木堡，导致英宗被俘。消息传到北京，京城上下惊恐，“群臣嚎哭于朝，不知所为”[3]，纷纷要求迁都。于谦坚决制止，厉声道：“如果京师一动，人心便散了，大势便去了。”以于谦为首的大臣坚持保护北京，得到皇太后的支持，另立朱祁钰为景帝，任命于谦为兵部尚书。于谦上任后，惩治宦党，坚持抵抗，激发了京师军民的抗战勇气，“上下皆倚重谦，谦亦毅然以社稷安危为己任”[4]。在于谦领导的京师保卫战中，御林军功不可没。于谦列兵二十二万于京城九门，由总兵官武清伯石亨在德胜门、提督陶瑾在安定门、广宁伯刘安在东直门、武进伯朱瑛在朝阳门、都督刘聚在西直

[1] 爱新觉罗瀛生. 老北京与满族［M］. 北京：学苑出版社，2005：264.
[2] 普权. 老北京的冰上娱乐［N］. 中国体育报，2001-03-09（7）.
[3] 项文惠. 于谦祠墓［M］. 杭州：杭州出版社，2004：14.
[4] 南炳文，汤纲. 明史：上册［M］. 上海：上海人民出版社，2014：224.

门、副总兵顾兴祖在阜成门、都指挥李端在正阳门、都督刘得新在崇文门、都指挥汤节在宣武门分别指挥。于谦指挥作战知人善任、审时度势、诱敌深入，仅用5天时间就迅速取得了京师保卫战的胜利。

（2）天理教攻打紫禁城

清代，使皇帝“椎心泣血”的事发生在1813年9月林清领导的天理教攻入紫禁城起义。据《清史稿》记载，嘉庆帝称起义为“汉唐朝之所未有”。起义的当天，恰恰嘉庆帝去木兰围场打猎。200名天理教徒攻入紫禁城东华门、西华门。当时在紫禁城的是嘉庆帝的次子曼宁，也就是后来的道光皇帝，他带领健锐营和火器营的御林军进行抵抗，最终消灭了起义军。健锐营是御林军中较为骁勇的军队，多为云梯兵，建制为2000兵士。在清朝乾隆年间，战功赫赫。在1860年的第二次鸦片战争时，英法联军进攻北京城，健锐营作为精锐之师参与京师保卫战，伤亡惨重。在明清两代，战火烧到北京城的还有1629年的袁崇焕抵御清军的进攻，1644年李自成攻占北京等。这些战争都有御林军参与防守，浴血奋战。

（三）边缘化的民间武术文化

在古代，武术对于统治阶级是安邦定国的手段，因而，历朝历代，特别是元、清两个少数民族统治的朝代对民间武术较为忌惮。普通民众只有靠参加武举考试，以达到让统治者信任。所谓“学得文武艺，卖与帝王家”就是京师民间武术的真实写照。

1. 以武入仕

“以文教佐天下，以武功戡祸乱”表明教化民众、维持社会太平的同时，通过武力消除祸乱、巩固国家政权。古代的统治者深深明白“一文一武”治理天下的道理，因而通过文武科举吸引天下英才为国效力。武举制是中国古代选拔军事人才的朝廷考试制度，始于公元702年的武则天执政的唐代，废止于清代光绪二十七年（1901年），前后历经1200年，虽然中间朝代更替，偶尔出现中断，但总体上一直在延续。武举制的建立对于民间习武之士改变命运、走向仕途意义重大，也促进了国家武术的发展。武举高中可以一步登天，据《乾隆会典则例》记载：“一甲一名武进士授为一等侍卫，二名、三名授为二等侍卫，二甲简选十名为三等侍卫，三甲简选十六名授为蓝翎侍卫，嗣后永为例。”[1]侍卫的待遇较高，在皇帝身边，随时都有迁升的可能。习武之人有这么好的出路，当然吸引更多人参与，都市的平民阶层受影响更大。《中国历代武状元》一书中记载了明清两代的武状元共计162名，其中京师人士有8名分别是明朝的杨霈、陈大猷、王来聘，清朝的金抱一、曹曰玮、缴煜章、钱治平、刘双。在杨霈高中武状元的65名同榜中，高中的武进士有京师籍占22名，分别是第八名叶继文、第九名纪瀛、十一名段崇文、十五名田佑、十九名马昂、二十名徐永、二十一名许瑒、二十三名李镗、二十七名张大继、二十八名孙承祖、三十三名蒋耀、三十四名许文学、三十六名郭俊、四十二名李钺、四十五名耿镗、五十名齐应奎、五十二名王宗武、五十三名杨天臣、五十七名单辅、五十八名剧镗、六十名王江、六十一名金淮[2]。

2. 以武谋生

以武谋生不宜，京师谋生更难。都市是全国最大的消费城市，武术可以作为商品出售，成为习武者养家糊口的手段。都市是达官贵人居住最多的城市，深宅大院需要看护，官宦子弟需要拜师学艺，为习武者提供了上岗的机会。

镖局的兴起给习武之人带来谋生之门，镖局起源较早，清朝中后期比较兴旺。“镖局者，既非殷实商家，又无充裕资本，都是几位武术家组织而成，并雇佣把式匠数十人，为之轮流保护运输车辆而已。此种人员，即名曰镖客。”[3]2镖师以武立业、以武养家，通过保障雇主的财产与生命安全，收取报酬。北京镖局中成立时间最早是兴隆镖局，据《万籁声武术汇宗》记载：“考创设标局之鼻祖，乃系清乾隆时，神力达摩王之老师，山西人神拳无敌张黑五者，请于达摩王，转奏乾隆，领圣旨，开设兴隆标局于北京顺天府前门外大街，嗣由其子怀玉，继以走镖，是为镖局之缟矢。”[3]4镖局也为习武者习练武术提供了实践的机会，吸引众多的人才投入其中。北京的镖局在全盛时期，从业者有万人以上[4]。镖师们日常必须不断习练武功才能应付走镖时遇到的各种险情，“对从业镖师进行武术强化训练，即成为镖行除去镖业务而外的主要日常活动。并且常年组织习武，以保持和不断提高镖行的实力”[5]。镖局的出现刺激

[1] 常江，李理. 清宫侍卫 [M]. 沈阳：辽宁大学出版社，1993：78.

[2] 王洪鹏. 中国历史武状元 [M]. 北京：中国人民解放军出版社，2002：175，179，200，217-218，220.

[3] 卫聚贤. 山西票号史 [M]. 北京：经济管理出版社，2008.

[4] 北京市武术运动协会. 北京市武术运动协会档案 [M]. 北京：人民体育出版社，2007：9.

[5] 曲彦斌. 中国镖行大连 [M]. 辽宁古籍出版社，1997：43.

了镖户的产生，镖户就是以走镖为生的人家。北京地区有名望的镖户有京南涿州的亮家、京东通州的邱家、京西天台山的王家和京北贯市李家[1]。另外，开办镖局必须有政府支持。

3. 以武立势

物以类聚，人以群分。人在世上，不能孤独地生存，要加入这样或那样的组织才能更好地存在世上。武术可以把人们聚在一起，可以给人们团体的力量，共同实现目标。

镖户为镖局而生，以拳艺立于江湖，是一种地方势力。北京亮家的镖路在冀中平原，邱家的镖路系穿越燕山，通往热河的山道，王家专给京西诸寺看庙，世有“天下名山僧尽占”之说，因此，王家占据“半山秋色”[1]。

清代嘉庆年间，以林青、李文成、冯克善等人在京畿和直、鲁、豫等地成立的天理教“教习义和拳脚”[2]，分别传教收徒，聚集反清力量。由京畿地区的白阳教、坎卦教与河南、山东与直隶一带的震卦、坎卦和离卦为核心的八卦教组合而成，林青自称“弥勒佛转世”[3]209-232。天理教起义发生在嘉庆十八年（1813年），虽然时间很短，仅三个月，规模仅波及直隶、山东和河南三省交界几个地区，但却震撼了朝廷。天理教以教授拳脚为手段，组织精壮青年200多人，每日舞弄枪棒，进行操练，作为攻入皇宫的后备军[4]。冯克善是天理教领袖，据《靖逆记》记载：“冯克善，河南滑县人，少猛鸷，有膂力，曾从滑县朱召村人唐恒乐习武艺，善骑射，尤精枪法。嘉庆丁巳，有山东济宁人王祥教克善拳法，克善尽得其术，徒手搏击，数十人无敢近者。”[5]冯克善是著名拳师，教徒弟众多，达300多名。[3]231-232可见，在天理教的领袖中不乏武林高手，他们以教拳为名，通过武术的传授，聚集民众，扩大势力，最终发展成为对抗朝廷的群众武装。

[1] 方彪，刘丰. 京城镖行风云录［J］. 中华遗产，2008（1）：86-100.
[2] 马勇. 中国丑史镜鉴：卷四［M］. 北京：改革出版社，1999：3402.
[3] 马西沙. 清代八卦教［M］. 北京：中国人民大学出版社，1989.
[4] 冯佐哲，李尚英. 嘉庆年间紫禁城里的一场战斗［J］. 故宫博物院院刊，1981（2）：40-43.
[5] 韩建中. 梅花桩拳大小架基本套路［M］. 北京：北京时代华文书局，2014：152.

三、古代京师武术文化的社会影响

（一）统治阶级的尚武与禁武

京师是帝王居住重地，也是多事之地，历代帝王对其治安格外重视。武术是开邦定国的利器，同时又是颠覆政权的重要依托。帝王们对自己能够控制的御林军之武术文化十分重视，而对民间武艺则严格控制，甚至禁止。

1. 元代的禁武

少数民族统治的元朝对军队习武加以规范。忽必烈多次禁令，“申严汉军军器之禁”“除侧近有的武卫军外，别个汉军每出军把军器者，回来将军器每置库纳者”。而仁宗则“敕汉人、南人、高丽人宿卫分司上都，勿给弓矢”[1]，“诸卫汉军及州县丁壮所给甲胄兵仗，皆令还官”。元朝统治者严禁民间汉民族私藏武器，规定：“分汉地及江南所收弓箭武器为三等，下等毁之，中等赐近居蒙人，上等贮于库。”并且对民间习武严加管制：“习练角抵之戏，学功刺之术者，师、弟子并杖七十七。”[2]在京城方面，元代统治者为了首都的安危，不惜解除禁卫军中汉卫武装，“是有元一代之法令，虽在若干方面皆有疏虞，而军权与武器保管之律令，则始终严厉执行者也”[3]。所以，整个元代的京师武风被压制。

2. 明代倡导京师武术

明代，发生二十多次重大战争如朱棣夺位的靖难之役、土木堡之变和于谦的京城保卫战。众多的战争需要大量的士兵，造就了重视武备，鼓励民众习武的既定国策。明初“古者寓兵于农，有事则战，无事则耕，暇则讲武。今兵争之际，当因时制宜。所定郡县民间，岂无武勇之材，宜精加简拔，编辑为伍，立民兵万户府领之。俾农时则耕，闲则练习，有事则用之。……如此则民无坐

[1] 二十五史：卷十一元史［M］. 北京：中国文史出版社，2005：114.

[2] 国家体委武术研究院. 中国武术史［M］. 北京：人民体育出版社，1997：218.

[3] 蒙思明. 元代社会阶级制度［M］. 上海：上海人民出版社，1996：53.

食之弊，国无不练之兵，以战则胜，以守则固，庶几寓兵于农之意也”[1]。这种寓兵于农的战略客观上促进武术的发展。北京据国家边塞，民众习武之风强盛，“（燕）民习弓马，地饶枣栗，悉雄蓟属”[2]。明代，在紫禁城东华门外和皇城东安门内为内市，向北延续至玄武门一带，王公贵戚及宦官为主要贸易参与者。市场繁华，有贩卖兵器者，“甚至枪刀弓箭”，形成“刀剑弓矢不禁，万众出入无忌”的局面。在京城集市，民众皆可携带武器进城，以致有些大臣建议紫禁城内加以控制，以防倭寇。万历二十年（1592年），礼科给事中马邦良上奏：“九五深邃之地，即承平犹宜慎防，况倭虏交讧乎。”当时明代正处于倭寇出兵朝鲜，朝廷救援的时期，要求罢市也属正常。但明神宗立即否决这一奏折：“内市开设已久，多事之际，只宜严稽，不须罢革。”[3]上述明代京师市场的情况和皇帝的态度说明京城是鼓励民间习武的，这与元代有本质的区别。

在明代，实行“军屯制”“卫所制”和后来的招募乡兵制度，使民间与军队之间的通道打开，将民间武勇者招编起来，集体操练，战时为军，闲时为民。明太祖说：“吾养兵百万，不费百姓一粒米。”据万历《大明会典》载：“军士三分守城，七分屯种。又有二八、四六、一九、中半等例。皆以田土肥瘠、地方冲缓为差。” 每一份屯军都得到政府拨给的屯地、种子、工具和牲畜等物质。这种制度使民间习武有了目标性，也有了动力和经济保证。为了军事需要，国家还兴办武学和实行武举制，这也一定程度上规范了民间的习武行为，使民间有了进阶社会高层的机会，对武术的发展和社会地位影响不可限量。

3. 清代限制京师武术

清代，作为少数人的满族要统治人数远远多于自己的汉族，心中时刻警惕汉族人的觉醒。清代，号称“马背上”的民族，一方面，不断弘扬为之骄傲的“弓马骑射”，鼓励八旗子弟习练骑射功夫，为此还专门制定了一系列政策；另一方面，不断打压汉族人中的习武人士，甚至禁止汉族民间练武。康熙对军官的选拔要求“以骑射娴熟、人才壮健为要”[4]。乾隆更是立碑以警示子孙，强调：“钦依祖训，凡八旗较射处，皆立卧碑以示警焉。”[5]康熙与乾隆都喜

---

[1] 梁吉充，王玉林. 明太祖治国圣训［M］. 北京：中国华侨出版社，1995：366.

[2] 白寿彝. 中国通史：（16）：第九卷［M］. 上海：上海人民出版社，2015：1023.

[3] 上海书店. 明神宗实录：卷252“万历二十年九月壬戌”条［M］. 上海：上海书店，1990：4689.

[4] 刘云柏. 中国兵家管理思想［M］. 上海：上海人民出版社，1993：1249.

[5] 昭梿. 啸亭杂录续录［M］. 上海：上海古籍出版社，2012：1.

欢去木兰围场围猎，以训练八旗官兵和子弟的骑射技艺和不畏艰险的勇气。康熙说："围猎以讲武事，必不可废。"[1]

顺治五年（1648年）清政府颁布禁武令，禁止民间习武和收藏武器。特为禁约："任事文武官员及战士外，若闲散官，富民之家，不许蓄养马匹，亦不许收藏铳炮、甲胄、枪刀、弓矢武器。有不遵禁，隐匿兵器者，是怀叛逆做贼之心、若经查获，或被首告，本人处斩，家产妻官，邻右十家长杖流。"[2]雍正五年，皇帝通告人民："向来常有演习拳棒之人，自号教师，召诱徒众，鼓惑愚民。"在皇帝看来习武之人乃是"游手好闲，不务本业之流"，甚至"以行教为名，勾引劫盗窃贼，扰累地方者"。因此下令"著各省督抚、转饬地方官，将拳棒一事，严行禁止。如有仍投前自号教师，及投师学习者，即行拏究"[3]。清初的禁武令使民间武术备受打击，被迫转入地下，或加入秘密组织。清朝后期，特别是鸦片战争以来，清政府对武术的管控能力下降，致使大批武术拳种涌入北京。

可见，统治阶级的尚武与禁武是与统治阶级的利益息息相关的。明朝尚武，是要依靠京师民众抵抗外族入侵，而元、清禁武是害怕汉族民众造反。元、明、清三代都比较重视自己的御林军的武艺，不断强化其战斗力。

（二）军旅武术与民间武术的相互促进

《孙子兵法》开篇首先强调"兵者，国之大事"，指出了战争在国家事务中的重要地位。以冷兵器为主要攻杀手段的古代战场，给予武术技术广阔的驰骋平台。首都是统治者治理国家的位置所在，历代的统治者都把首都的安全放在军事的首要位置，不惜重兵来守卫首都的安全。明朝将七八十万京营军驻扎北京，而清代则有十万八旗兵负责首都的安全。

有关学者认为军旅武术是列大阵，整体作战；而民间武术则是江湖恩怨，个体间技术的较量。两者在追求目标、技术体系、训练程序、外部环境等方面有明显的差异。因而，两者不是同一技术体系的武术，联系不是那么紧密。但笔者认为，军旅武术是民间武术的诞生源，为民间武术理念的更新、技术的丰

[1] 魏在田. 康熙治国圣训［M］. 北京：中国华侨出版社，1995：360.

[2] 刘秉国，赵明琦. 中国古代足球［M］. 济南：齐鲁书社，2008：102.

[3] 路云亭. 义和团表演：1887—1902年间华北地区的戏巫活动［M］. 上海：上海古籍出版社，2014：29.

富和招数的检验提供实践的场所。而民间武术也反过来为军旅武术提供师资、兵源和技术支撑。因而，军旅武术和民间武术是相互促进的关系，在我国古代是同根连枝，并蒂相生的两朵莲花。

明代，北方的鞑靼和瓦剌等少数民族游牧部落依然不停地骚扰北京以南的先进文明。为此，明朝统治者除了在北京周边部署了精锐的兵力，加强军旅武艺的训练外，同时提高首都周边人民的武备能力，使其精诚团结，训练武艺，装备武器，保家卫国。这样形成了军旅与民间武术共同编制的立体防御体系，共同抵制侵略，保卫京师的安全[1]。

“有武艺的人随时可能应招入伍，将其所掌握的武技带到军队，当他们退居山林时，又会将他们所掌握的技艺带回江湖。”[2]纪纲，明成祖执政时任锦衣卫指挥使，他就是从民间走向京师御林军的例证。《明史·纪纲传》记载：“纪纲，临邑人，为诸生。燕王起兵过某县，纲叩马请自效。纲善骑射，便辟诡黠，善钩人意向。”[3]由于纪纲弓马娴熟，武功不错，并善于揣摩人意，得到明成祖朱棣的喜爱。再如清代武探花杨炳就是一位武术世家出身的武林高手，运用自己家传的梅花拳而高中探花，成为绿营兵的军官。杨炳，1672—1747年，河南内黄县人，自幼习武，梅花拳重要传人之一。在康熙五十一年（1712年）参加京城会试，被钦赐“武进士杨炳探花及第”“赠招勇将军三等侍卫，兼都司佥事”。杨炳的武艺高超，每与人交手，总以胜利告终。杨炳作《习武序》载：“每与同朝比武较技，侥幸俱捷，名至美也。”年老后，回到内黄县，授徒著述，推动了梅花拳的发展[4]。

（三）武术文化对社会秩序的冲击

武术作为古代驰骋战场的利器，被统治者所利用，对外扩张疆域，对内镇压民众的反抗。民众也不是任人屠杀的羔羊，也要拿起武术这个重器，去与统治者抗争，去改变自己命运。

清军入关后，由于异族的入侵，势必引起汉族的反抗，加之剃发易服和限武令政策，致使大批有志的武林人士加入反清复明的秘密组织。社会底层民众

[1] 北京武术运动. 北京市武术运动档案［M］. 北京：人民体育出版社，2007：1.

[2] 温力. 中国古代军事对武术发展的作用［J］. 武汉体育学院学报，1999，33（4）：97-99.

[3] 查继左. 二十五别史（18-21）：明书（1-4）［M］. 济南：齐鲁书社，2000：2856.

[4] 马爱民. 武探花杨炳与梅花拳的传播［J］. 体育文化导刊，2002（2）：34-35.

为了摆脱被压迫命运，依宗教信仰为认同点，以传习武术为组织方式。在清朝中后期，随着民族矛盾的加剧，白莲教、天地会、捻军、天理教、太平天国、义和团等秘密组织异常活跃起来，对清政府的统治和社会秩序产生了极大的震动。嘉庆十八年（1813年），发生了天理教攻入紫禁城的大事。虽然，没有撼动清王朝的封建帝制，但大大震撼了统治阶级。义军攻入紫禁城时，嘉庆去热河避暑而幸免于难，感慨道："酿成汉、唐、宋、明未有之事，"[1]"我大清以前何等强盛，今乃致有此事。"以致临终前也念念不忘，告诫群臣："永不忘十八年之变。"[2]可见，武术具有凝聚民众，发展组织的功能，对社会秩序有相当程度的冲击。

四、古代京师武术文化的价值体现

价值是万物在人造世界赖以生存的标志，古代京师武术文化能够存在于京城是由其价值决定的。古代统治阶级与广大劳苦大众的利益往往是敌对的，所以统治阶级在自己掌握武术文化的同时，常常压制劳苦大众掌握武术文化，并以"武以侠犯禁"而加以禁止。在古代的京师以宫廷武术文化为核心，其次是护卫京师的御林军武术文化，而民间武术文化常常被排斥在外，得不到统治阶级的呵护。

古代的京师武术的主要功能是搏杀。宫廷武术为皇帝掌握，用于开疆扩土、宣扬武力、抵御外辱。如明成祖朱棣五次领兵亲征蒙古，明武宗朱厚照带兵攻打蒙古军，还亲自斩杀一名蒙古骑兵。清朝宫廷武术也用于拉拢蒙古权贵，康熙与乾隆等在"木兰秋狝"后进行的"塞宴四事"就是以武术为主要媒介的恩宠手段。当然，宫廷武术也可以娱乐皇室，无论在元朝、明朝，还是在清朝，都有宫廷武术娱乐活动。

京师武术的搏杀功能也是京师御林军所依赖的，明朝戚继光的《练兵实纪》强调"真可对搏斗者，不许仍学习花枪等法，徒支虚架，以徒人前美观"。在多次的京师战争中，如于谦的京师保卫战、袁崇焕的抵御清军的进攻等都有御林军的浴血奋战。善扑营是清朝特设的御林军，平时通过摔跤，赢得皇室欢心。若来使有异，欲行刺皇上，扑户即卸下外衣，与来使搏斗。

古代京师是皇帝驰骋的空间，对民间武艺加以排斥，元、清更是禁止汉

[1] 濮文起. 新编中国民间宗教辞典［M］. 福州：福建人民出版社，2015：401.

[2] 昭梿. 啸亭杂录续录［M］. 冬青，点校.上海：上海古籍出版社，2012：120.

民习武。因而，京师民间习武往往以博取功名为目的。此外，也有汉民秘密习武，以伺机聚集力量来反抗朝廷。

可见，古代京师武术的价值主要是搏杀，不论是宫廷武术、御林军武术还是民间武术都是为保护自己、进攻对手服务的。在古代京师武术的搏杀中，骑射与摔跤处于重要位置，拳脚处于次要地位。正如戚继光在《纪效新书》中所说："拳法似无预于大战之技，然活动手足，惯勤肢体，此为初学入艺之门也。"明、清两代的皇帝善武者，多以骑射见长。

本章小结

古代的京师是统治阶级的大本营，宫廷武术是统治阶级用于宣扬武力、拉拢潜在异己者权贵、培养自身防御体系的重要手段。宫廷武术文化包括帝王的武艺、宫廷娱乐武术和大内高手武术。以骑射、摔跤为主要形式，以技击搏杀为运动特征。古代帝王不乏爱好武艺者，明、清两代都有武功高强的皇帝。武术可以用于宫廷娱乐，比如射箭、摔跤、溜冰、舞蹈等都看到京师武术文化的身影。善扑营是清廷特设的既有宫廷娱乐又有防护职能的组织，水平是全国最高的，其待遇、官衔都是很高的，吸引众多好手参与。大内高手是皇帝招募的武术特殊人才，是武功最高的武士，专门负责皇帝的安全。军旅武术在京师主要是御林军，武功高强，训练极其严格，待遇也好于地方军。在京师屡次遇到危难时，御林军就冲向前方。民间武术的从业者，是为了入仕、养家和立势而习武。

古代京师武术文化的影响包括统治阶级对武术的态度主要由是否有利统治而定，因而元代禁武、明代倡武、清代限武。军旅武术和民间武术是相互促进的关系。武术在民间可以立势，在一定条件下可以发展成为与政府对抗的组织。这也是元、清两代禁武与限武的根本原因。京师拳种大多数也在清朝后期传入北京，也和统治者的禁止武术的传入有关。

第四章
近代京师武术文化的转型

近代的中国经历着“三千年未有之变局”，旧的思维、习俗、惯例、人伦关系等统统被打破。面临着新思想、新关系、新环境，原有的思想、情感、社会关系已经不能适应急剧变化的时代。在面对外界环境的极大冲击，京师武术文化也在文化急流的回旋中起舞。京师武术文化在古代以搏杀为特征，然而在枪炮隆隆的近代却面临着生存危机，迫使其进行转型，这种转型既包括武术样式也包括武术功能，更包括武术理念。为什么转型、怎样转型、向哪里转型是本章要讨论的问题。

一、近代京师武术文化转型的时代背景

1840年的鸦片战争打破中国大门，给国家带来沉重灾难。当时的中国正处于清王朝的封建统治后期，由于封建统治的局限性，导致皇帝独裁专制、狂妄自大，以“天朝上国”自居。官员贪污腐化、横征暴敛、勾结抱团、吏治崩坏。社会上下流通的渠道被堵塞，阶级固化。加之人口暴增，耕地有限，没有先进生产力开拓资源，社会矛盾加剧。这种状况下，按以往的朝代更替规律，定会出现大的农民起义来改朝换代。然而，当时西方以英法美为首的国家已经走在资本主义的大道上，处于资本扩展的上升期，在世界上到处寻找商品倾销地。而此时的清朝还在做着“上邦大国”的美梦，为了维护满族统治阶级的利益，采取了“闭关锁国”的政策，导致国人与世隔绝、自娱自乐、自我麻痹。最终，鸦片战争爆发，中国由独立自主的封建国家逐步沦落为半殖民地半封建社会的国家，被戴上“东亚病夫”的耻辱之帽。从此中国便拉开近代的序幕，走向苦难、迷茫、探索、斗争的荆棘之路。正像1872年李鸿章在《复议制造轮

船未可裁撤折》中说："此三千余年一大变局也。"

内政上，无论是清王朝还是后来的国民政府，都凌驾于人民之上，导致政治腐败，百姓税赋沉重，流离失所。重压之下，农民起义此起彼伏，从北到南，有白莲教、捻党、太平天国等组织先后起义反抗政府。这其中，太平天国运动是影响最大、破坏力最强的农民起义，也是中国历史上规模最大的农民起义。太平天国运动起于1850年的金田起义，之后在南京建都，号称"天京"，历经14年，席卷18省。太平天国运动虽然以失败告终，但它沉重打击了封建统治，强烈震撼了清政府的根基；同时也有力地打击了外国侵略者，对以后中国的革命事业有显著的影响。义和团运动是在封建统治的高压下爆发出来的，沉重打击了封建统治者，加速了它的灭亡。最后，辛亥革命给了清王朝致命一击，推翻了几千年的君主统治。辛亥革命虽然传播了民主共和理念，却没有改变中国人的悲惨境遇，没有带领民族独立，没有改变半殖民地半封建的社会性质。民国时期，军阀割据，战争连绵不断，国家始终处于动荡时期，生灵涂炭。

在外交方面，腐败孱弱的清朝政府根本没有资格同世界列强平起平坐。鸦片战争、甲午战争、八国联军侵华战争等使清廷不得不接受丧权辱国的《南京条约》《北京条约》《马关条约》《辛丑条约》等一系列不平等条约，使中国逐步跌入半殖民地的深渊。面对内忧外患的局势，统治者也不会坐以待毙，以恭亲王奕䜣，大臣曾国藩、李鸿章、左宗棠等为代表的洋务派粉墨登场，开启了轰轰烈烈的洋务运动。洋务运动并没有使中国富强，但刺激了中国资本主义的产生，给中国带来一定程度的军事和教育的近代化。和洋务派对应的是顽固派，都是为了挽救衰败的清朝。进入民国时期，西方列强纷纷支持各路军阀，日本帝国主义更是妄想独吞华夏，悍然发动侵华战争，加剧了中华民族的苦难。

在内政外交一片困局的情况下，国民经济由自给自足的自然经济逐步滑向半殖民地半封建经济的深渊。此时，西方资本主义国家疯狂向中国倾销商品，打压清政府的自然经济，国人灾难加重。洋务运动客观上刺激了民族资本主义的产生，但由于西方资本、买办资本和官僚资本的挤压、军阀官僚的压榨，使民族资本在夹缝中步履蹒跚、艰难生存。经济上受制于西方列强，政治上被一系列不平等条约制约，长期遭受战争的摧残使中国千疮百孔，百姓流离失所，国家风雨飘摇。

二、近代京师武术文化的转型历程

人是事件的基础，没有人就没有事件。京师武术文化的兴盛是由人员的迁移而来的，如大量农民涌入京城、宫廷武术的分解、秘密组织人士的滞留等。

（一）民间武术走向都市的历史必然

流民是由于天灾人祸造成的，是被迫背井离乡、远走他乡的民众。《明史·食货志》解释："年饥或避兵他徙者曰流民。"流民现象在历朝历代都存在，近代流民激增的原因如下：其一，自然经济遭到破坏，我国由自然经济占主导地位的封建社会逐步沦为半殖民地半封建社会。原本相对稳态的农业经济遭到破坏，迫使失去土地的农民进入城市谋生。就像《盛世危言》所言："自道光年间，大开海禁，西人之工于牟利者，接踵而来，操贸易之权，逐锥刀之利，民间生计，皆为其所夺。"[1]其二，洋务运动刺激了民族资本主义的产生，洋务运动和民族资本家及外国工业纷纷在中国建厂，使城市人口不断增加，也吸引众多的农民进城。清初，政府严格限制工商业者特别是破产后企图谋生于北京的流民。清中期，工商业的兴起也是推动流民产生的原因。第一次世界大战前后，北京的工业如纺织、制革、面粉、洋酒、制胰等作坊200余家。除产业工人外，北京还有一大批手工业工人，从业人员达10余万人[2]。以后，随着城市的发展，就业的增加，则允许他们在北京"自为觅食谋生"[3]148。其三，清中后期，社会动荡，国家控制力下降，使人们缺乏安全感，纷纷练拳自保，或租用保镖护卫，推进城市武术拳社和镖局的诞生。据马良记载："当时各派各门武术聚集京师者，皆多名手。有的在各军营教练外营兵士者；有立武场教授普通人民者；有在私宅传三五者，比比皆是。"[4]其四，清末到民国期间，北京城市工商业和教育事业的进一步发展，吸引大量外来人口进入北京，从1908年的761106人增长到1948年的1513529人[3]152。

在农民迁移北京的大军中有不少武林高手，使原本在农村流传的武术走向城市，加速了武术的传播。八卦掌、太极拳、形意拳等众多拳种皆由山东、河北、山西、河南等地传入，形成了当今京师武术体系。如董海川，顺天府文安县朱家坞人，来京师后，在肃王府当差。王子斌，人称"大刀王五"，沧州人，来京开办源顺镖局。唐殿卿，河南商丘人，少林石头拳传人，来京后在天

[1] 郑观应. 郑观应集：上册［M］. 夏东元，编.上海：上海人民出版社，1982：529.

[2] 袁熹. 近代北京的市民生活［M］. 北京：北京出版社，2000：20.

[3] 袁熹. 北京近百年的生活变迁（1840—1949）［M］. 北京：同心出版社，2007.

[4] 成都体育学院体育史研究所. 中国近代体育史资料［M］. 成都：四川教育出版社，1988：9.

桥卖艺。正如葛剑雄先生所说：“文化传播需要媒介，移民历来就是文化传播最活跃的主体。”[1]

（二）大内高手的历史走向

大内高手是指宫内武艺高强的侍卫，由于历史的发展，清王朝的衰亡，迫使他们走出深宫，走向民间。时代在变，空有一身武艺不服务于社会也是枉然。当西方送来枪炮的同时也送来了体育健身的思想，这些高手们纷纷加入体育行列。

赵鑫洲，近代武术家，北京顺义县人，学习家传武艺，后又投沧州“大枪”刘德宽门下，习练大枪及六合门武功。十余年后又从清廷御前四品带刀护卫孔吉泰学习剑术，孔去世后，由赵鑫洲顶职。光绪二十八年自行开办永盛镖局，足迹遍及南北。赵鑫洲身材高大，臂力过人，善使又重又厚的大砍刀，后任农业大学武术教师[2]。

宫宝田（1870—1943年），山东牟平人，跟尹福学习八卦掌，深得师爷董海川的赏识，功夫日深。1887年，被召入皇宫，封五品警堂侍卫，专司护卫光绪皇帝。八国联军进京时，保驾慈禧太后和光绪皇帝到西安。经庚子之乱后，称病辞官返乡，深居简出，后传授乡人八卦掌[3]。

杨荣本，法号福源禅师，北京人。出生于武术世家，后入太和殿当侍卫，拜史计栋为师学习八卦掌。辛亥革命后解职，去东北哈尔滨邮电局当俄文邮电员。1931年“九一八”事变后投军抗日，后出家[4]。

清朝重视摔跤，特设善扑营，培养跤手，一来保护皇帝，二来为宫廷娱乐。跤手们属于大内高手系列。中华民国（1912—1949年）建立，善扑营被取消，向来养尊处优的扑户们，除摔跤外没有其他长处，因此没有进项，生计成为大难题。平时不屑的天桥，此时成为他们养家糊口的风水宝地。杨双恩是善扑营的跤手，成为天桥摔跤的开拓者，与后来加入的沈三，共同为北京居民及来往游客献技[5]。时势造英雄，封建帝国的大内高手在全世界变革的大背景

[1] 葛剑雄. 移民与文化传播［J］. 绍兴文理学院学报：哲学社会科学版，2010（4）：1-7.

[2] 万籁声. 武林汇宗［M］. 太原：山西科学技术出版社，2006：341.

[3] 中共威海市委组织部，中共威海市委党史委. 威海著名人物［M］. 济南：山东人民出版社，1994：78-79.

[4] 游玄德. 武当游龙八卦学［M］. 北京：人民体育出版社，2013：74-75.

[5] 姜少敬. 北平时代流行在天桥的传统体育［J］. 体育文史，1989（12）：52-54.

下，只有认清自己，才能保存手中的技艺不被时代埋没。善扑营的扑户们在清朝覆灭后，有的街头卖艺养家糊口，有的休闲在家传授跤术，为京城的体育和文化事业做出了贡献。头等扑户“崔爷”，个头不高，浑身是劲，连个高块大的都不是他的对手，曾为慈禧献艺而获得奖赏。被慈禧称为“小鬼儿”，从此外人送外号“小鬼崔爷”。“崔爷”40多岁从宫中出来，在安定门和德胜门外中间开了个小酒馆，并开了跤场，虽然不盈利，但也教了几个徒弟[1]。正是封建王朝的覆灭，促使京师民间武术的兴盛。

（三）反帝反封建的京城武林英豪

武术作为历代受压迫、受剥削者反抗的利器，激励着一代代迫于改变命运的人们。每当社会矛盾达到无法调和的地步时，武术便冲在前沿，激励人们的精神，鼓舞战士的斗志。在近代的百余年间，热兵器的兴起虽然弱化了武术在战场的厮杀功能，但并未降低其精神方面的活力。中华民族是爱好和平的民族，对待冲突往往采取以德服人、以柔克刚的方法化解危机。然而，近代的中国，伴随着鸦片战争、甲午战争、抗日战争、解放战争等一系列战争，迫使我们这个爱好和平的民族不得不拿起武器去与敌人战斗。武术在历尽困难的中国，担负起强国强种的历史使命。

封建的满族统治者在清朝后期的愚昧执政，加深了中国衰败的节奏，割地、赔款、丧失主权等耻辱被一步步转加到广大人民头上，再加上西方的屡次进攻，迫使中华儿女进行了艰苦卓绝的斗争。京师儿女首当其冲，走在抗击列强和封建王朝的最前线，为全国的不屈子民充当楷模，轰轰烈烈的义和团运动闪耀着首都豪杰的身影。

学者谭华认为：“义和团运动是一场以农民为主、以传统文化特别是民间宗教和拳术为主要武器的反帝爱国斗争。”[2]由于清政府采取“剿抚兼施以抚为主、招抚和镇压三种政策”[3]，致使义和团能够打着“扶清灭洋”的旗帜进京。义和团运动蔓延到京师，气焰达到高潮。武术在这场反帝爱国的斗争中扮演吸收会员、凝聚人气的重要角色。“无如此次义和团民之起，数月之间，京

[1] 张文瑾. 说“京跤”［J］. 紫禁城，2009（7）：120-122.

[2] 谭华. 近代中国社会的变革与武术的进步［J］. 华南师范大学学报：社会学版，2003（1）：116-127.

[3] 廖一中. 论清政府与义和团的关系［J］. 历史研究，1980（3）：89-106.

城蔓延已遍，其众不下十数万，自兵民一致王公府第，处处皆是，同声与洋教为仇，势不两立。”[1]义和团是以义和拳为前身，所到之处，广设厂教拳，“随地传习，与村塾同”[2]，其中有些人能够达到“刀枪锤械各项技艺娴熟”[3]。京师的武术精英加入义和团抗击帝国侵略者的不在少数。会友镖师刘德胜，精大枪，有“大枪刘德胜”的美誉，参加义和团，攻打过北京西什库[4]。李存义（1846—1921年），河北深县人，慷慨好义，学艺于形意拳家刘奇兰，后拜董海川为师学习八卦掌。1900年八国联军入侵北京时，参加义和团，手持单刀，杀得鬼子横尸遍野，被誉为“单刀李”[5]。宋迈伦（1810—1893年），北京三皇炮捶的奠基人，后在京创办会友镖局。1860年英法联军入侵北京，宋迈伦亲自率领众弟子保护北京大栅栏商业区，还推荐弟子孙立亭、焦凤林给著名爱国铁路工程师詹天佑当保镖[6]。程廷华（1848—1900年），为董海川高足，深得八卦掌精髓，功力精纯。1900年，八国联军侵入北京，到处烧杀抢掠，京城深受其害。一日，程廷华出门遇到八国联军抢劫一老汉，程先生义愤填膺，运用八卦掌将十几个鬼子兵打翻在地。这时，另一队鬼子兵赶到，围绕程先生开枪，一代武术大师倒在八国联军的乱枪之下，令人惋惜[7]。王兰亭（1860—1926年），三皇炮捶镖师，精“夫子三拱手”，曾在北京门头沟开煤矿，遭到外国人掠夺煤窑，领导众镖师及弟子赶走掠夺者[8]。陈子正（1878—1933年），自幼习武，跟其舅父刘有成学习“岳氏鹰手”，曾在北京、上海、香港等地传授鹰爪拳，被国术馆馆长张子江先生题字“鹰爪王”。在八国联军侵京的时候，清军不抵抗而是屠杀义和团将士，发兵攻打陈子正所在保定雄县李林庄。陈子正挺身而出，率领义军打退清军[9]。宋德泉，号兰波（1878—1958年），习练家传花拳，嗜武如命，功夫深邃非凡，好打抱不平，行侠仗义，人称“燕京怪侠”。壮年时，八国联军侵京，为追杀一义和团之遗孤，将附近同龄女童掳走。宋德泉只身潜入敌营，生擒一法国军官，次日交换女童，在京城

[1] 国家档案局明清档案馆. 义和团档案史料［M］. 北京：中华书局，1959：187.
[2] 谭华. 普通高等教育“十五国家规划教材”体育史［M］. 北京：高等教育，2005：226.
[3] 中国史学会. 中国近代史资料丛刊——第九种义和团（1）［M］. 北京：神州国光社，1951：240.
[4] 北京市武术运动协会. 北京市武术运动协会档案［M］. 北京：人民体育出版社，2007：33.
[5] 武术拳种和拳家编写组. 武术拳种和拳家［M］. 上海：上海教育出版社，1985：174.
[6] 张凯. 京都会友镖局［J］. 武当，2006（6）：53-54.
[7] 刘敬儒. 八卦掌［M］. 北京：北京体育大学出版社，2007：23.
[8] 北京市武术运动协会. 北京市武术运动协会档案［M］. 北京：人民体育出版社，2007：27.
[9] 曹恭，品帅. 鹰爪王陈子正轶事［J］. 武当，2013（5）：37-38.

传为佳话[1]。可见，京师武术人士是反帝反封建的急先锋。

（四）抗击日寇的北京武士战歌

辛亥革命虽然建立中华民国，但并没有实现民族的复兴，国家依然积贫积弱，随时都有亡国的危险。1931年日本发动“九一八”事件，侵占东北三省，1937年悍然发动“七七事变”，掀开了全面侵华的序幕，使中国进一步滑入家破人亡的悲惨地步。有压迫就有反抗，中华儿女全面投入爱国抗日的战场，北京的武林志士们也义无反顾地走到抵抗日寇的最前沿。

司永亮（1915—1949年），北京人，师从杨福魁的弟子刘子侠学习太极拳，后又学习六合拳和少林弹腿。1932年，被聘请到赵登禹的二十九军传授穿手拳和四路砍刀，为二十九军砍杀日寇立下战功[2]。抗战期间，八卦掌传人何忠祺在大学学生中建立学生组织，并在解放战争中以武术为名，掩护在京西沙滩的共产党地下组织。其弟子5人参加了京西游击队，在作战中牺牲[3]。韩复光，字俊义（1909—2011年），河北深县人，1929年加入中国共产党，自幼习练戳脚翻子、形意拳等拳术。1933年与韩其昌共同组建“北平健族国术社”，以此作为职业掩护开展地下工作[4]。耿霞光（1887—1972年），自幼习武，秉承家学，习练形意拳，技术精湛。抗战期间，积极投身于抗战洪流之中，屡建奇功[5]。金恩忠，北京人，自幼习武，学习家传少林拳法及斤斗术。1929年任东北军第一旅武术总教练，其间与日本人比赛剑术和刺枪术，皆大胜。日本人屡次邀请其东渡传拳，均被拒绝[6]。单香陵（1905—1983年），山东黄县人，在北京前门大栅栏开粮店，自幼学习六合螳螂拳。21岁时到大连探亲，一人独打多名日本兵[7]。

热兵器的兴起使武术在战场的威力大大减退，甚至消失，但武术在近身肉搏时也能提供杀敌的动力。日本帝国主义侵占东北三省后，正按其既定战略进一步侵华。二十九路军是由民国初年冯玉祥领导的陆军第十六混成旅改编而

[1] 北京花拳画册编委会. 北京花拳［M］. 北京：北京体育大学出版社，2015：4.
[2] 曹满良. 追忆我的老师［J］. 中华武术，2007（5）：32-34.
[3] 刘学勃. 燕都当代武林录［M］. 北京：台海出版社，1998：355.
[4] 张力. 京城武林往事［M］. 青岛：青岛出版社，2013：223.
[5] 袁世全. 汉语大辞典［M］. 上海：汉语大词典出版社，2002：619.
[6] 北京市武术运动协会. 北京市武术运动协会档案［M］. 北京：人民体育出版社，2007：35.
[7] 张大为. 武林掌故［M］. 北京：当代中国出版社，2013：73.

来，由宋哲元任军长，遵循本军“宁为战死鬼，不做亡国奴”“有进无退，死而后已”的庄严誓言，誓死保卫祖国的军队[1]。二十九军十分重视官兵的武术训练，不少官兵具有武术功底。军长宋哲元舞起大刀片虎虎生风，第三十八师长张自忠枪刀样样精通，更善骑术。第一三二师师长赵登禹自幼习武，刀枪剑戟无所不能。二十九军是由西北军改编而来，与蒋介石的正规军没法比，装备极其简陋，连破旧的老套筒步枪也没有，只好紧急打造大量的大片刀。但二十九军官兵个个士气高昂，报国心切，抱着必死的决心，号召官兵苦练大刀，随时与敌人同归于尽，还聘请武术教官训练官兵刀法[2]。李尧臣（1876—1973年），会友镖局镖师，三皇炮捶著名传人，被副军长佟麟阁聘为二十九军武术总教官。李尧臣根据二十九军的大刀特点，结合中国传统的六合刀法，创编了“无极刀”。“无极刀”技术并没有多复杂，但比较实用。出刀时，刀身下垂，刀口朝向自己，向上撩起，刀背磕开步枪，同时刀锋向前划弧，砍向对方脖子[3]。

1933年初，日军开始向长城进攻，负责防御的二十九军在喜峰口堵截敌人。由于日寇装备先进，二十九军伤亡很大。三十七师师长冯治安和三十八师师长张自忠认为，为了取胜必须进行夜袭。最后，派一〇九旅旅长赵登禹组织500人大刀队向敌营进发。大刀队到达敌营后，以迅雷不及掩耳之势抡起大刀横砍直劈，把还在睡梦中的日寇杀的死伤多半。随后又与赶来支援的敌军短兵相接，喊杀声震撼大地，杀敌千余，参加夜袭的500名大刀队员也大部分牺牲[4]。这次喜峰口战役是“九一八”事变以来，中国军队抗日取得的首次胜利，大大鼓励了中国人民的斗志，也使傲气冲天的日寇遭到当头棒喝。二十九军的大刀队成为抗战初期中华民族抵御外辱的偶像，北平一家报刊登诗歌赞道：“杀贼何须更渡海，数万倭奴引颈待；钢腿夜眼青龙刀，扬我民魂堪奏凯。二十九军民族光，挞汝倭寇军国狂；国仇重重何日忘，誓到东海饮琼浆！”[5]日本报纸也报道：“喜峰口战斗丧尽皇军的名义，遭受六十年来未有的侮辱。”

1937年“七七事变”爆发，驻守在平津一带的二十九军继续英勇抗敌，抱着“宁为战死鬼，不做亡国奴”的决心，与日寇拼杀。官兵们肩背大片刀，腰

[1] 曲长音，栾静霞. 二十九军的成立及其走向［J］. 淮阴师专学报：哲学社会科学版，1988（4）：113-117.

[2] 杨玉文. 抗日战争前夕坐镇华北的第二十九军（上）［J］. 纵横，2003（8）：50-54.

[3] 庾莉萍. 二十九军大刀队激战喜峰口纪实［J］. 传奇（传记文学选刊），2013（9）：61-65.

[4] 徐焰. 二十九军和《大刀进行曲》［N］. 检察日报，2005-07-02（003）.

[5] 孟红. 难忘的旋律之：《大刀进行曲》是因何催生的［J］. 党史博采，2015（3）：45-48.

系手榴弹，手握钢枪，口里喊着：“战死者光荣，偷生者耻辱”，大片刀向鬼子们的头上砍去[1]。副军长佟麟阁与旅长赵登禹先后阵亡，为国捐躯。当官兵阵亡的消息传到作曲家麦新的耳朵时，麦新的心灵受到极大地震撼，抱着对二十九军的崇敬和对日寇的无比愤恨的心情，连夜奋笔完成了《大刀进行曲》[2]。歌曲创作完成后很快传播全国，极大地鼓舞了军民抗战的士气和必胜的决心。歌曲中“大刀向鬼子头上砍去”一句成为抗战的杀敌誓言，飘荡在华夏大地。

（五）尚武立国思想在京城的传播

人要更好生存必须有好的身体与心理，国家要兴旺发达必须有高素质的国民。鸦片战争、甲午海战、八国联军的屠刀正一刀刀刺向似醒非醒的雄狮，妄想把他杀掉分而食其肉。为了挽救濒临灭亡的国家，华夏儿女义无反顾地冲向前沿阵地。腐败的清政府也并非甘心做任人宰割的羔羊，在开明人士曾国藩、李鸿章、左宗棠、张之洞等倡导和亲力操办下，洋务运动开始在中国兴起。洋务运动是封建统治者开启的“自强”和“求富”运动，30多年的努力，最后以甲午中日战争中北洋海军的全军覆没而告终。甲午海战的失败刺激了在京应试的千余名举子，他们认为体制是阻碍国家前进的藩篱，联名上书光绪帝，要求推行君主立宪制，史称“戊戌变法”。以康有为、梁启超、谭嗣同为首资产阶级维新派，实力过于脆弱，在以慈禧为首的地主阶级顽固派的快速反击下，轰然倒地，最后以失败而告终，所以又称“百日维新”。戊戌变法虽然失败，但它推动了民主思想的进一步传播，也使越来越多的人认识到，封建落后的清王朝不可改良，只有推翻，才能实现国家的民主共和制度。

帝国主义的凶残和封建清王朝的腐败无能，使越来越多的人思考如何才能救中国。梁启超变法失败后流亡日本，1904年撰写《中国武士道》，主张要革新国家，先要革新国民的精神和思想，要使中国人具备尚武精神，否则就无法立国。他在《新民说·论尚武》中写道：“立国者苟无尚武之国民，铁血之主义，则虽有文明，虽有智知，虽有众民，虽有广土，必无自立于竞争剧烈之舞台。”[3]维新变法失败和义和团运动的爆发，导致八国联军的入侵，清王朝的

[1] 杨永年. 邮票上的第二次世界大战 [M]. 成都：天地出版社，2015：93.

[2] 徐忠友. 人民音乐家麦新谱写大刀进行曲 [J]. 体育文史，2014（11）：16-19.

[3] 梁启超. 梁启超文集 [M]. 北京：线装书局，2009：152-153.

顽固派受到严重的打击，迫使其不得不推行立宪。立宪运动虽实施了停止武科举考试创办“新军”，废止科举创办学堂，改革官制等行动，但也改变不了清朝摇摇欲坠的命运。1911年以孙中山为首的资产阶级革命派领导的辛亥革命终于爆发，结束了统治中国几千年的封建王朝。辛亥革命虽然没有改变中国半殖民地半封建的社会性质，没有实现民族独立，但传播了民主共和制的理念，推动了思想解放，为后来的新民主主义革命奠定了坚实的基础。

武科举的废止和热兵器的盛行使武术在战场的威力大减，但“尚武立国”思想得以弘扬，北京首当其冲。当时的国家正如毛泽东在1917年发表的《体育之研究》中写到的那样：“国力苶弱，武风不振，民族之体质日趋轻细，此甚可忧之现象也。”针对国力苶弱的局面，出现了革命救国、教育救国、实业救国及体育救国等思潮，如“不武者不足以为国民”“强国之道，体育为先”“强国必先强种，强种必先强身”“欲文明其精神，先自野蛮其体魄”。1912年北京体育研究社成立，宗旨就是开展与普及武术运动，以达到强民救国的目的，“京师各校渐向社中聘请教员，教授斯术。乃查照体操教练归程，定团体教练之法”[1]。此外，在北京先后成立北京武术体育会、中华国技武术研究社、国强武术研究社、群武社、北平市立国术馆等[2]。各武术研究社的成立使“尚武立国”思想广泛传播。另外，中国的教育家们在北京召开第一次全国教育会议。其中《定军国民教育主义案》提出：“高等小学以上应兼顾习拳术。”[3]

三、近代京师武术文化转型原因剖析

所谓转型，是指事物的结构形态、运转模型和人们观念的根本性转变过程。武术文化转型是指武术文化的价值观念、运转模式、训练方法和社会关系的转变。转型有主动转型和被动转型之分，京师武术文化是在外力和内力共同作用下进行的。在国家处于内忧外患、政局不稳、民不聊生的环境下，武术文化被迫寻找自己的发展之路。

（一）清朝灭亡是宫廷价值丧失的根本原因

在古代，京师武术文化以服务宫廷和军事用武为主，服务大众次之。无论

[1] 中国体育史学会编. 中国近代史［M］. 北京：北京体育学院出版社，1989：143.

[2] 宋卫忠. 民俗北京［M］. 北京：旅游教育出版社，2005：210.

[3] 全国体总文史资料编审委员会. 中国近代体育决议案选编［M］. 北京：人民体育出版社，1991：3.

是帝王骑射、宫廷武艺还是大内高手，武功都是为维护帝王统治服务的，京师武术的宫廷价值是核心价值。明太祖朱元璋在元末加入红巾军，从小兵做起，通过学习和苦练武功，做到身先士卒，勇敢杀敌，得到上师的赏识，逐步提升自己地位。明成祖朱棣年幼时与众弟兄受到太祖的磨炼，裹上缠腿，穿着麻鞋远足，十分之七的路骑马，十分之三的路步行，同时还要到演武场进行武备[1]。清朝一代，帝王们都要涉猎武艺。在满人入关前，主要以游猎为生，骑马射箭几乎是每个成年男子的标配。康熙射猎出众，《清圣祖实录》载："用弓矢获虎一百三十五、熊二十……其余围场内随便射获诸兽不可胜记矣。"乾隆自幼受康熙栽培，骑射勇气俱佳，《啸亭杂录》记载，乾隆在畅春园门侧匀射，"发二十矢，中者十九，侍从诸臣无不悦服"。他还多次强调"骑射"的重要性，命令刻《训守冠服骑射碑》等碑，立于紫禁城箭亭、西苑紫光阁、侍卫教场和八旗教场，"以昭朕诏述推广之意"，使诸王贝勒和八旗官兵"咸知满洲旧制，敬谨遵循，学习骑射，娴熟国语，敦崇淳朴"。秋狝是清帝们喜欢的项目，其目的是保持统治者的习武之风。嘉庆在位时，各地起义频发，但还是没有浇灭他们秋狝的热情。

《清史稿·卷十七本纪十七》记载：道光帝从小习武，十岁时跟随祖父乾隆皇帝打猎，引弓射死鹿，乾隆大喜，赐黄马褂和花翎。嘉庆十八年，天理教徒进入紫禁城，他临危不惧以鸟枪击毙两名教徒。《清史稿·杜受田传》记载，咸丰帝年少时随父亲狩猎，一箭不发，道光问为何，对曰："时方春，鸟兽孳育，不忍伤生以干天和。"道光大悦曰："此真帝者之言！"光绪帝五岁时，由御前大臣教习满语文、蒙古语文和骑射。可见，习武是清帝们儿时的功课。据《北京武林轶事》记载，光绪帝曾跟随八卦掌大师尹富学艺。可以看出，帝王们习武纯碎为自己的统治地位服务此外，清帝们还干涉民间习武。雍正帝就痛斥民间武师为"游手好闲，不务本业之流"，甚至"以行教为名，勾引劫盗窃贼，扰累地方"。因此，雍正严令禁止习武，颁布禁令："将拳棒一事，严行禁止，如有仍前自号教师，及投师学习者，即行拏究。"[2]可见，京师武术文化的宫廷功能是为以皇帝为首的封建上层集团服务的。

辛亥革命送走了清王朝，结束长达数千年的封建统治，同时也埋葬了京师武术文化的宫廷功能。从此，京师武术的重心由上层向劳苦大众转移，武术的威力也伴随着枪炮的兴起而逐渐远离战场，由持冷兵器的厮杀逐步上升为"尚

[1] 郑晓.今言：卷1［M］.北京：中华书局，1984：41.

[2] 清实录·世宗宪皇帝实录·卷之六十三［M］.北京：中华书局，1985：960-965.

武报国”精神食粮。

（二）义和团运动失败标志着军事功能的衰败

京师武术文化服务于战争，体现其军事功能，在保卫京城中发挥了应有的价值。鸦片战争后，西方列强通过一系列不平等条约勒索中国人民，同时倾销外国工业品，国内地主阶级横征暴敛，致使大批农民和手工业者纷纷破产。民族矛盾、阶级矛盾激化，迫使各地民众揭竿而起。太平天国运动就是一场声势浩大的农民起义，主要在南方发展，由其策划的北伐，给封建统治者沉重的打击。北伐的长驱直入，使北京上下震动，全城戒严，进入战备，惊恐逃亡者多达3万户。面对着太平军长驱直隶，清政府匆忙调兵遣将积极应战，围困诛杀太平军。最后，太平军领袖林凤祥、李开芳在北京被杀，北伐军全军覆没。

人们对火器的认识，开始于宋代，然而真正感受火器威力却在清代，在19世纪后半叶。当西方的坚船利炮敲打国门时，清廷军队弓马骑射也进行殊死的抵抗，战果可想而知。对先进文明的接受往往是被打疼之后，这种接受是逐步的、渐进的。第一次鸦片战争的教训惊醒了少数中国人，魏源、林则徐和龚自珍等开始睁眼看世界。魏源提出“师夷长技以制夷”的观点，主张学习西方练兵之法，造枪炮和铁船装备军队，以达到战胜列强的目的。魏源等的思想并没有警醒国人，当西方进入工业革命时期，我国还在封建社会中做帝王之梦，在政治、经济和文化等诸多领域全面落后诸强。在武术文化领域更甚，八旗军和绿营兵仍然使用装备落后的刀、弓、矢等冷兵器。虽然清朝在武举制选拔将领上、在军队日常训练中，以及京城治安、擒贼方面等处处闪烁着武术的光芒，但是当太平天国战火纷飞时，八旗兵已经威风不再，不得不倚重曾国藩为首的湘军。曾国藩的军队以武艺见长，“练武艺者，刀矛能保身，能刺人。”“学习拳棍，是操练你们的筋力。”“学习刀、矛、耙、叉，是操练你们的技艺。”“演习拳、棒、刀、矛、耙、叉，一日不可间断。”[1]

武术的武力在镇压太平军时尚且能够威风凛凛，但是在对抗洋枪洋炮时，偃旗息鼓，颜面尽失。甲午战争后，西方列强加紧了对中国人民的掠夺，加深了国家的民族危机，广大民众苦不堪言，成为义和团运动兴起的根本原因。义和团由义和拳、梅花拳、大刀会和神拳等民间组织秘密结社发展而来。义和团虽然起源于山东、直隶一代，而运动的高潮在北京。义和团领袖往往以武艺高

[1] 崔乐泉，杨向东.中国体育思想史：近代卷［M］.北京：首都师范大学出版社，2008：15.

强著称，如义和团首领赵三多擅长梅花拳，阎书勤、朱红灯、王和达等都有习拳练武的经历[1]，与敌人搏杀时往往以武艺取胜。义和团运动从开始的“反清复明”到后来的“扶清灭洋”说明民众运动的革命纲领的转变也是国家危难、民族矛盾激化的产物，是帝国主义压榨中国人民的强力反弹。义和团运动虽然英勇抵抗八国联军侵华，但最终在内外夹攻的背景下失败。在战斗中，义和团用大刀、木棍乃至赤手空拳与敌人拼杀[2]，以冷兵器对抗洋枪洋炮，简直是以卵击石。就像《拳事杂记》上记载：“联军御以洋枪，死者如风驱草。”[3]

虽然西方列强早已坚船利炮，但由于国家政府的腐败、民智愚昧和经济困顿导致国力落后，不得不装备落后的武器。伴随着第二次鸦片战争的炮火，国人感叹西式武器之威力，“火炮之精纯，子药之精细，器械之鲜明，队伍之雄整，实非中国所能及”[4]，开始从抵制到接受，举起了洋务运动之大旗。打着“自强”的口号，学习西方军事技术，以枪炮装备军队。

（三）科举制度的废止断送了民众的以武入仕之路

科举制是封建王朝统治民众的重要手段，利用功名、仕途吸引习武者。韩非子在《五蠹》中提出：“儒以文乱法，侠以武犯禁。”习武行侠者，好勇斗狠，容易形成邪恶势力，阻碍国家的法令的推行，成为五种腐蚀国家的蛀虫。封建帝王利用科举制控制习武者，规划他们走向官场的道路，利于管理和疏导。科举制始于唐代，武则天在公元702年设置。明代的武举考试分为两步，一是谋略，二是武艺。武艺内容包括骑射、步射、举重。与唐宋相比，一是重视文武兼备，二是重视官舍比武。考试遵照“以策为去留，以弓马为高下”[5]原则，先进行谋略考试，不及格者不允许参加武艺考试即“先试策论，后试弓马，策不中者不许骑射”。[6]对于官舍比武，则规定：“行卫所备查应袭官舍，年既出幼，无分已未袭职，责令卫掌印官，逐月精其射艺，通行较阅，等分别弟；各省则伸呈都司官，两直隶则呈各兵备道严加稽查，务使谙射精娴，

[1] 路云亭. 民间武术文化对直、东义和团事件的促生 [J]. 体育科学，2012，32（6）：90-97.

[2] 李成银. 武术文化对义和团运动的影响 [J]. 山东体育学院学报，1993，9（3）：78-80.

[3] 佐原笃介. 拳事杂记 [G]. 中国史学会. 义和团. 上海：神州国光社，1951：149.

[4] 李印东. 武术释义武术本质及功能价值体系阐述 [M]. 北京：北京体育大学出版社，2006：61.

[5] 沈兼士. 中国考试制度 [M]. 北京：中国和平出版社，2014：125.

[6] 中华文化通志. 续文献通考：卷三十九 · 选举上 · 中华文化通志（40）[M]. 上海：上海人民出版社，2010：241.

比试得中，方为称职。”[1]而清代的武举考试继承了明末相关政策，比较成熟和规范。据《清会典·兵部十·武库清吏司》记载：“凡武试，曰马科，曰步射，曰技勇，皆试於外场；曰武经，则於内场试焉。”与明代不同的是，清代先考武艺后试文笔。武艺分为马射、步射、技勇。技勇分为拉硬弓、舞大刀和掇重石。据《清史稿》记载，武举制得中者将授予一定的官衔，一甲进士的状元、榜眼、探花将被授予副将、参将、游击、都司等职，二、三甲进士将被授予守备、署守备等职，对考生具有极大的吸引力，对武术的发展也产生了一定的影响。

然而由于近代先进的热兵器的大量引进，使适于近战的武术威力大减，人们开始追逐火器，“弓刀石马步箭”的实用意义大大降低，有志之士纷纷上书，要求停止武科举。公元1901年，光绪帝下令：“谓武科一途，本因前明旧制，相沿已久，流弊滋多，而所习原弓、刀、石及马步射，皆与兵事无涉，施之今日，亦无所用，自应设法变通，力求实际，嗣后武生童考试及武科乡、会试，著即一律永远停止。”[2]武举制的停办使人们失去以武取仕的前途，对武术是一次重大的打击。“社会人民，凡欲以武取功名者，因科举已废，遂多改事他业。故各省各处之武学馆，亦列入天演之淘汰。”[3]

（四）秘密组织推动了京城民众习武强身

所谓秘密组织是指以下层民众为主要成分，以结盟、传教、习武等活动为凝聚方式的各种民间秘密组织[4]。

清代是满族人建立的国家，建立之初就和汉民族有民族矛盾，其推行的剃发令、逃人法等系列政策，进一步激化了这种矛盾。随后的顺治、康熙等帝采取了缓和矛盾的种种政策。清中后期逐步衰败，民族矛盾加剧。在这种情况下，隐藏在民间的秘密组织开始活跃起来，白莲教、天理教、天地会、太平天国、捻军等民间反抗组织纷纷起来反抗清廷。这其中的天理教和后来的京师义和团均发生在京师范围，都是通过习练拳脚来达到目的，客观上推动了武术文化在京师的发展。

---

[1] 王焕镳. 明孝陵志［M］. 南京：南京出版社，2006：71.
[2] 林伯源. 中国武术史［M］. 北京：北京体育大学出版社，1994：364.
[3] 成都体育学院体育史. 中国近代体育史资料［M］. 成都：四川教育出版社，1988：8–21.
[4] 周伟良. 清代秘密结社武术活动试析［J］. 成都体育学院学报，1991，17（4）：1–8.

义和团开始是秘密组织，后来是以“扶清灭洋”为口号，对抗传教士和中国基督徒的群众暴力运动。义和团运动时期，中国的主要矛盾由封建主义和人民大众的矛盾，上升为中华民族与帝国主义之间的矛盾。义和团进京使对抗帝国主义运动达到了高潮，清政府默许，义和团由秘密组织转变为“合法组织”。武术成为义和团“扶清灭洋”的主要方式，也是招募队员的手段。据周伟良先生研究，义和团所习演拳术包括少林拳、梅花拳、红拳、八步拳、六趟拳、五祖拳等，器械包括刀、枪、剑、棍、鞭、钩、拐、锏等，硬气功包括金钟罩、铁布衫及排打、排枪、排刀等[1]。许多拳家名手纷纷加入义和团抗击帝国主义侵略的队伍，如“大刀王五”、花拳名家宋德泉、会友镖师刘德胜、形意拳名家李存义等。秘密组织对武术的传播影响广泛，当义和团传播到京师时，“宫中内侍暨年老宫女等，亦习其术，不时操练拳棒，……少年亲王四人，为大阿哥之伴，一起学习拳棒。”[2]《拳事杂记》记载：“京城演习义和拳者，童子居多，无论士农工商，以至各行贸易之人，无不愿学。”“各巷设立拳厂者，不胜枚举。”[3]可见，京师义和团运动对武术传播有深远的意义。当义和团失败后，大量的团员留在北京，促使京师民间武术进一步兴盛。如宋国荣，花拳北京传人，义和团失败后留在北京以种菜为生。

（五）“尚武”“国粹”思潮带来京师武术文化价值的升华

来自西方文化的体育思想对京师武术有不小的冲击。鸦片战争送来炮火的同时也带来他们的价值理念，通过体育形态来灌输适应世界的法则。学习西方始于洋务运动，从军事着手。魏源提出：“一战舰，二火器，三养兵练兵之法。”[4]就练兵而言，训练“洋操”成为效仿西方练兵的方法。甲午海战的失利加深了对西方文化的认知，提出“强种才能强国”理论，提出改革武举制度，提倡“尚武”精神。维新人士梁启超主张以尚武强国精神来激励国人，才能使国家真正富强兴旺起来。具体措施是废绿营创办新军，建立军事学堂，开设西式兵操。同时兴办新式学堂，教授学校体育，打开了学习近代体育的大门。面对西方文化，传统文化蒙受侵袭，高举“国粹”“国学”的人士奋起反

[1] 周伟良. 义和团武术活动简论——义和团活动研究的一个新视域 [J]. 学术界，2011（8）：163-177，276.
[2] 中国史学会. 中国近代史资料丛书丛刊——义和团（一）[M]. 上海：神州国光社，1972：131.
[3] 中国史学会. 义和团 [M]. 上海：神州国光社，1953：240.
[4] 杨东梁. 左宗棠 [M]. 北京：人民文学出版社，2015：58.

击，引起了“土洋体育”的大辩论。西学东渐文化环境下，西方体育及思想的引进是国人主动寻求自强之路的行为，是具有外向型的“向外看齐”的文化自觉；而武德彰显出的爱国主义是生活于水深火热之中的广大人民“向内看齐”的发扬古已有之的爱国主义文化自觉[1]。

北京在西方体育思想和“尚武”“国粹”思想的共同影响下，武术以一种新的形式呈现在人们面前。徐一冰在1914年提出：武术能稳步伐，能固筋骨，能致手足之灵敏，全身之坚强，1914年向北洋政府教育部提出学校应添授武术项目来“保存国技之菁华，强种强国”[2]23-24。梁启超认为，中国应该好好研究中国武术，并成立一门普通学科，一旦使国人精此技术，配合新式的战争技术，则足以捍卫国土[2]17-19。在此思潮影响下，精英们纷纷创建武术组织。1912年创办“北京体育研究社”“北京剑术研究会”，1922年创办的北京“中华国技武术研究社”等25家武术机构[3]，都有自己的宗旨、目标、任务和活动，为武术的普及和开展奠定了基础。由于北京、上海、天津等大城市武术社团数量的增加，使国民政府有识之士意识到成立全国统一的武术组织成为必要。1928年春，张之江在当时的国民政府首都南京牵头成立中央国术馆，标志着中国武术加速了向体育化（项目）迈进的进程。体育项目有统一的组织、有比赛、有参与群体、有教学和训练。中央国术馆在成立期间举办了两次国术考试，建立了由中央国术馆、省市国术馆、县区国术馆到村里国术馆的全国系统，研究、教授中国武术与体育，编著关于国术及其他武术之图书，管理全国国术事宜。经费由国民政府拨给。武术家受聘到学校任教，如刘殿琛到北洋法政学校和清华学校，纪德到北京高等师范学校和医学专科学校，刘凤春到北京体育学校等。

可以看出，国民政府里的有志之士看到了武术的体育价值，也做了有益的工作，但由于国民政府的腐败和当时的政治经济环境，造就了武术的尴尬境地，就像中央国术馆的杨松山所说：国术馆名义上直隶于国民政府，但也和对待中医一样，可有可无[4]。国术馆虽然起到了增进全民健康的体育属性作用，但实质上并未从根本上改变国民孱弱的体质。

[1] 胡玉玺，安汝杰. 试论清代少林武术发展的社会环境［J］. 体育文化导刊，2014（6）：161-163.

[2] 全国体总文史资料编审委员会. 中国近代体育文选［M］. 北京：人民体育出版社，1992.

[3] 王智慧，蔡宝忠. 对我国近现代学校武术内容及活动变迁过程的研究［J］. 北京体育大学学报，2004，27（10）：1399-1401.

[4] 成都体育学院体育史研究所. 中国近代体育史资料［M］. 成都：四川教育出版社，1988：70.

四、近代京师武术文化的价值体现

近代，国家处于风雨飘渺的大环境中，作为京师首当其冲。从鸦片战争到中华人民共和国的建立，作为首都的北京，始终走在反封建反殖民主义的斗争前列。武术为封建帝制的大杀器，理应为保卫国家做出卓越的贡献。然西洋热兵器的兴盛，致使武术的威力锐减，甚至一度成为阻碍中国军事走向现代化的绊脚石。痛定思痛，迫使京师武林志士们纷纷担忧武术的前途命运。是武术本身的文化基因拯救了自己，是武术的内部张力扩展了武术的价值空间。在义和团以血肉之躯冲击帝国主义的枪炮中，是武术精神鼓舞了他们。虽然血流成河，但迸发的气势吓坏了八国联军侵略者们。正像一位外国军官所说："我曾经见到过世界各地的战斗，但从来没有见到过像对付这些未经训练过的中国人更为艰苦的战斗了。"[1]"联军御以洋枪，死者如风驱草。乃后队存区区之数，尚不畏死，倏忽间中弹而倒。"[2]在抗日战争的二十九军的大刀上，寄托着"宁为战死鬼，不做亡国奴"的铮铮誓言。可见，京师武术文化在近代中国，从抗战杀敌的重器已经上升为"保家卫国""自强图存""尚武立国"的精神食粮。同时，伴随着大量农民进城和大内高手的民间授技，也给京师民众健身提高了充足的师资，扩展了武术健身的受众。所以，近代京师武术从古代的搏杀逐步转型到搏杀、健身和鼓舞民族斗志。

本章小结

京师武术在古代以宫廷武术为核心，在近代以首都武术的形成为标志。伴随着封建帝国的衰败和消亡，宫廷武术文化也走向坟墓。恰在此时，民间武术开始兴盛。京师武术文化的转型包括宫廷武术走向民间、农村武术走向城市，这些都是在近代内忧外患的时代大背景下发生的。

近代，随着武术在战场的失宠、科举制度的废止和内忧外患的时局等，武术在战场的威力逐步下降，但是在个人攻防上依然强大，以及保持民族精神、

[1] 林华国. 义和团史事考［M］. 北京：北京大学出版社，1993：75.

[2] 中国史学会. 中国近代史学资料丛刊——义和团［M］. 上海：上海人民出版社，1957：149.

鼓舞民族斗志的作用并未减少，并且随着国家危亡的逐步加深，其作用在不断扩大。在近代的反帝爱国和近代革命中，每每能见京师武术豪杰的出现。比如义和团前赴后继地面对敌人的炮火冲杀，二十九军大刀队使敌人闻风丧胆；程廷华、陈子正、“大刀王五”、宋德泉、王兰亭等侠客义士的杀敌壮举等，传递的正是京师武术文化精神。正如梁启超在《中国武士道》所表达的那样，中国近代积贫积弱，受人欺凌的根本原因，就是武士道精神的湮灭。随着西方体育和健身理念的传入，京师武术文化也向强健人民体魄方面努力。大内高手的历史走向和农民涌向京师，促使京师民间武术的兴盛，正是体育之手向武术伸出的橄榄之枝。

京师民间武术的兴盛是近代京师武术文化的大事，为京师武术开辟了可以腾挪的空间。京师武术的价值也慢慢由搏击为主转向健身与搏击并重的时代。因而，近代京师武术文化以八卦掌、太极拳等的防身健身为主要特征。

第五章
现代京师武术文化的社会定位

今天的世界处在急剧变革的时代，走在民族复兴的重要关口。民族复兴以政治、经济的振兴为助力，特别要依据文化的力量。目前中国的主流文化，不是传统文化的延续，也不是西方强势文化的跟帖，而是在继承中华优秀传统文化的前提下，以弘扬社会主义核心价值观为核心理念的社会主义文化。在这种文化语境下，把握京师武术文化的价值取向是发展武术的关键。本章讨论现代京师武术文化的价值取向、文化内涵、社会定位等内容，确保京师武术文化为社会主义事业服务。现代京师武术文化的社会定位有三：一是体育（广义），二是教育，三是文化传播。

一、重新赋予的体育价值

武术作为安邦定国的利器，在古代的战场上发挥了应有的作用，封建的帝王们无不视其为重器加以利用，但是对民间武术的存在加以抑制，形成又“重武”又“抑武”的局面。在近代，伴随着风雨飘渺的帝王大厦的摇摆，武术给国人注入奔腾的热血，救国家于危难之中，凸显了精神力量。当代，京师武术正在体育坦途上奔跑，为增强国民的体魄添砖加瓦，成为国家体育战线的强手，是国家文化建设的重要内容。

（一）中华人民共和国成立初期的体育化改造

万物的存在依其价值为根本，武术文化作为中华文化的子系统，拥有搏杀、健身、娱乐、教育等多种功能。随着祖国迈向社会主义征程的步伐，武术及其所蕴含的文化也必须适应新时代，改变自身结构，为社会主义服务。武术以搏杀为本质属性，在古代的战场尤其突出，在近代的救死存亡的革命战争中也发挥了重要的作用。然而，在中华人民共和国成立之后，武术所扮演的角色，就不单单局限于搏杀，本质属性也发生部分质变[1]。人民的健康是极其重要的大事，体育应为之添加助力。在全国范围内，武术的体育价值被充分展现出来。

对武术的体育化改造，首先在京师北京兴起，同时在这里示范，进而推向全国。国家的最高武术管理组织在北京成立，武术发展的重大政策由其制定并实施。因而，北京的武术发展可以窥视全国的武术走向。

1. 改造原因

1949年古老的东方响起了震撼世界的声音，毛泽东主席宣布中华人民共和国成立了。从此，中国的历史掀起了崭新的一页，武术像其他文化一样迎来新的发展契机。七十多年间，武术在我国的体育、教育和文化事业中发挥了重要的作用，这与中华人民共和国成立初期所定的基调是分不开的。在民国时期（1912—1949年），武术虽然一度活跃在体育领域，但国民党的黑暗统治和国家孱弱的政治、经济环境使武术不能充分展现其体育魅力。只有在社会主义的今天，党和政府才能高瞻远瞩，充分认识到武术的体育价值，给武术展现其魅力的空间。

然而中华人民共和国成立初期的北京社会环境复杂多变，武术界更是鱼龙混杂，良莠不齐，总体呈积极向上的发展趋势，但不免有封建迷信、聚众结社、立门授徒等不良现象。如毛伯浩撰文写道：北京的某些武术团体“挂着师父化装成如来佛打坐模样”，有些以“普济众生”的广告招生，有的传授“飞檐走壁”，甚至有些反动会道门利用武术社团名义进行反动宣传[2]。北京这样，全国各地也是如此。

可见，习武者不仅仅是武艺的传承，常常还以武术为媒介，建立自己的势力，寻找自己的坐标点。武术在古代有严密的组织，依靠师徒关系维持，靠帮会制约成员间的利益冲突。然而，这些民间武术馆、社在一定时间内，处于无组织状态，发展方向不明。如果不加以正确引导，常常滑向危害祖国安全的深渊。过去的太平天国、义和团等社会组织，往往以打拳练武为依托，慢慢形成

[1] 朱君. 论武术的本质与质变［J］. 体育科学，2013，33（1）：84-88.

[2] 毛伯浩. 是“一棍子打死”吗［J］. 新体育，1957（8）：16-17.

了自己的组织，进而威胁政府。面对中华人民共和国成立初期复杂的国内外环境，首要任务是健全共产党领导下的组织，其次是确立武术发展方向。只有这样，才能使京师武术走向正轨，走向为国民身体素质服务的康庄大道。

2. 成立了京师武术组织

事业的发展需要组织的运作，组织是事业发展的保障。中华人民共和国成立初期，国人体质急需改善，而武术操作简单，健体高效且不需体育设施。1949年9月21—30日，中国人民政治协商会议第一届会议在北京召开，通过的《共同纲领》第四十八条规定“提倡国民体育”，武术作为民族传统体育，更应得到发展。1949年10月27日中华全国体育总会筹备会在北京成立，为武术的发展建立了组织保障。1950年武术工作座谈会在北京召开，武术的发展成为高层的规划内容。

当时的中国正处在从新民主主义向社会主义过渡的时期，主要任务是巩固新生政权，恢复国民经济，保护国家安全。因而，体育的职责如朱德副主席题词所说：“普及人民体育运动，为生产和国防服务。”显而易见，武术作为体育的一部分更应“为生产和国防服务”。正像荣高棠（时任秘书长）所言：“对于那些群众所熟悉和爱好的武术、摔跤、石锁等必须予以重视加以改进，去掉不科学的部分，使之成为广泛开展劳动群众的体育活动的有效形式之一。”[1]

为实现“为生产和国防服务”之目标，在国家和北京市两个层面都需建立组织，来确保目标的完成。在国家层面上，1952年国家体委成立，之后设置了民族形式体育研究会，依据“取其精华、去其糟粕，百花齐放、推陈出新”的方针，对武术等民族形式体育进行挖掘、整理、继承和推广。为此，1955年国家体委在训练竞赛四司下设武术科（后改为武术处），对武术进行治理和整顿。1958年9月，中国武术协会在北京成立，属于全国性非营利性社会组织[2]。虽然是全国性的群众组织，但具有部分行政职能，其任务是团结全国武术工作者继承、发掘、研究整理武术遗产，与国家体委武术处共同管理武术事业的发展。

由于中国武术协会的带头效应，全国各省市武术协会纷纷成立。1962年北京武术运动协会成立，李广担任主席、刘佩伟任秘书长[3]。北京武术运动协会

[1] 国家体委政策研究室. 体育运动文件选编（1949-1981）[M]. 北京：人民体育出版社，1982：167.

[2] 中国武术协会官网 [EB/OL].（2016-05-03）[2023-04-21]. http：//www.wushu.com.cn/#/.

[3] 北京市武术运动协会. 北京市武术运动协会档案 [M]. 北京：人民体育出版社，2007：8-9.

成立，得到了北京市体育委员会和中华体育总会北京市分会的支持和领导，京城武林振臂高呼，争相加入。北京武术运动协会积极执行上级领导机构下达的任务，同时团结京城全体武术人士，使武术运动逐步走向正确的方向。

3. 确立了武术发展方向

中华人民共和国成立后，百废待兴，武术也面临方向、路线和政策等一系列问题的确定。武术和体育的关系怎样，武术应为谁服务，怎样服务，由谁管理？武术是技击为主还是表演至上？谁能代表武术技术形态，是否能参与比赛，规则如何？这些都是国家体委所要着手解决的问题，京城武林人士是重要的制定者和参与者。

武术是什么，与体育的关系如何？是发展武术首先要解决的问题。张文广是著名武术家，北京体育学院（现更名为北京体育大学）教授。1949年10月26—27日，中华全国体育总会第一届代表大会在北京召开，张文广被选为常务委员会委员。在会上，张教授对武术的性质提出了自己看法："武术是我国的传统体育项目，是中华民族宝贵的文化遗产。"[1]武术的体育和文化属性被广大武术人士所共识，然武术内容庞杂，怎样继承，如何取舍成为当时武术界所要面临的问题。

国家领导人对武术的继承和发展作出了重要指示。1952年6月20—24日，中华全国体育大会第二届全国代表大会在北京召开，毛主席为大会题词："发展体育运动，增强人民体质。"成为今后体育工作的指导方针，也为武术的发展指明了方向。朱德副主席在1949年召开的中华全国体育总会筹备会议上指出："除去田径赛、打球等项以外，还要广泛地采用民间原有的许多体育形式和人民解放军所发展的体育形式。"1956年，刘少奇同志指示国家体委："要加强研究，改革武术、气功等我国传统体育项目，研究其价值，采取各种方法传授推广。"冯文斌（时任筹备会主任）在全国体育总会筹备会上说："对于国术、打拳、劈刀、刺枪、骑马、舞蹈等，必须提倡和发扬，对于旧的、不适当的，必须经过改造，加以批判选择，做到是科学的、有益于人民健康及生产国防的。"为了研究和整理民族形式体育运动，中华全国体育总会在天津召开第一届全国民族形式体育表演及竞赛大会。大会规定："凡各民族在劳动生活斗争中创造出的武术、民间体育、骑术等项目，且具有民族风格和体育价值的，

[1] 张文广. 我的武术生涯［M］. 北京：北京体育大学出版社，2002：90.

都可报名参加表演。”[1]在这次大会上，贺龙主任提出“发掘、整理、提高、推广”作为武术发展的指导方针。

为此，在1955年全国体育工作会议上，体委副主任蔡树藩指出：“武术工作根据主观力量和客观情况，目前只能进行一些整理和研究工作。”贸然提倡会“引起各地聚众结社、开堂授徒，发展会道门，隐藏反革命，造成严重混乱现象”[2]。对于武术工作采取“整顿、收缩”的方针，取消了对抗形式的武术比赛，把套路确定为武术的主要内容[3]。这与中华人民共和国成立初期我国所面临的复杂的国内外环境是分不开的，反霸剿匪、镇压反革命、保护新生政权是当时国家的首要责任。武术的民间开展无疑会延续旧中国的封建余毒，必要的“整顿、收缩”是必需的。此外，武术的“击”和“舞”两项基本功能，哪个为主，着重发展谁，引起了学者们的讨论。围绕这一话题出现了“技击”论者，“击舞”论者等。最终，“击舞”论者占据了上风，学者认为：“武术是技击与体育的有机结合，坚持体用兼备，以体为主，以用为辅，不能偏于一方，否则会失掉武术本质。”[4]这也符合当时的国家大环境。

随着国家对武术的“整顿、收缩”，确立了武术的发展方向，并且对武术进行规范。使武术套路一度成为武术的“代名词”，武术之“打”被搁置。为此，国家体委逐步编制统一的教材，对太极拳和长拳进行大力改革，推出简化太极拳、甲乙组、初级长拳等系列拳械套路。1957年，武术被列为国家竞赛项目，次年制定了第一部《武术竞赛规则》，进而引导武术技术的发展。在国家整理的太极拳和长拳套路的编排和武术竞赛规则的制定方面，北京武术人士鼎力相助，积极配合。李天骥（1914—1996年），武术家，精于少林、形意、太极拳等武技。1955年调到国家体委武术研究室工作，执笔编写了《简化太极拳》一书，并配上亲自演练的动作照片，为太极拳在国内的普及做出了贡献。此后，他还参与《甲组武术套路》《武术规则》的编写。毛伯浩（1917—1995年），新中国武术运动开拓者，1954年起先后任国家体委武术科长、处长，中国武术协会秘书长等职，先后组织专家创编了长拳、太极拳、南拳，以及甲组、乙组和初级规定套路等，为中华人民共和国成立初期武术的发展和前进方

[1] 1953年全国民族形式体育表演及竞赛大会秩序册（内部资料）.

[2] 温力. 中国武术概论［M］. 北京：人民体育出版社，2005：502.

[3] 袁青，张爱红. 新中国成立初期武术学术讨论的历史审视［J］. 体育文化导刊，2014（3）：177-180.

[4] 座谈会议记录. 关于武术性质问题的讨论［J］. 体育文丛，1957：21-24.

向做出了不朽的贡献。王金声等也参与国家规定套路的编排工作。1957年12月11日上午，《体育文丛》杂志社邀请何坚、刘玉华、温敬铭、白振东、张登魁、常振芳、蓝素贞、王新泉、李天骥、马文广、康绍远、李浩、马贤达、陈盛甫14人举行了武术技术改革问题座谈会[1]。座谈会对武术的技术发展有启迪作用，其中常振芳、李天骥、马文广为北京武坛人士，彰显出首都武术英杰的魅力。

（二）京师武术成为全国的领头羊

武术的体育价值被认可，发展方向被指明，建立了同一的组织，这为武术在京师乃至全国蓬勃发展奠定了坚实的基础。建国七十多年了，京师的武林志士们在老一辈武术家的引领下，始终走在全国武术发展的前列，成为全国武术的领头羊。

1. 群英荟萃，开创武术新局面

中华人民共和国成立初期的首都北京像祖国各地一样焕发了青春，在武术发展方面比其他地方着手更早，行动更加迅速，给国家武术的发展指出了方向，并作为带头雁引领大家奔向前方。京师的武术人士纷纷走向社会，加入为人民健康服务的行列。这些武术家们在民国政府期间，未能施展自己的抱负。来到新时代，心态放松，纷纷重开原有馆社，或者新创馆社，展示才华，服务人民。

骆兴武（1891—1969年），八卦掌、形意拳高手，曾任张学良将军卫队营上校武术教官。1949年在北京宣武区临湘会馆成立兴武国术社，教授众多弟子[2]57。吴斌楼（1898—1977年），精通戳脚、翻子拳械，有“花鞭吴斌楼”的美称。中华人民共和国成立后，设场授徒，先后从教于“四民武术社”“健身武术总社”[2]56。崔毅士（1892—1970年），杨式太极拳名家。20世纪50年代初期创建“北京永年太极拳社”，治学严谨，培养出一大批当今社会有影响的武术人才[2]54-55。李尧臣（1876—1973年），京都会友镖局镖师，三皇炮捶传人。多次带领弟子到工厂、机关、文化馆等地义演[2]59。其他拳师如李子鸣、常振芳、杨禹廷、吴子珍、唐凤亭等，纷纷兴办拳社，为首都人民送健康。我们可以从中华人民共和国成立前后创办的民间武术馆社，洞察京师武术风采（表5-1）。

[1] 杨祥全. 根基乍立 新中国武术史之一［J］. 少林与太极（中州体育），2012（3）：1-7.

[2] 北京市武术运动协会. 北京市武术运动协会档案［M］. 北京：人民体育出版社，2007.

表5-1 建国前后的民间武术社团一览表[1]

创办年代	馆社名称	社长或创办者	所授拳种	社址
一二十年代	四民武术研究社	耿继善、邓云峰	形意、八卦、六合	地安门外火神庙
	北平体育研究社	许禹生	各类武术	西四北大街
	行健会	马邻翼	各类武术	中山公园社稷坛东南隅
	北京体育讲习所	许禹生	培训武术教师	西单北四斜街路北
	北平国术体育社	胡子高	形意、翼德枪、龙形剑	北京吉祥寺
	天桥武术茶社	李尧臣	三皇炮捶	天桥市场街
	中州会馆拳场	陈发科	陈式太极拳	骡马市中州会馆
	河北国术馆	许兰州	少林拳、太极拳	创立天津后迁北京
	北平国术馆	许禹生	各类武术	西单北西斜街内
三十年代	北平私立民仪武术传习所	何世珍	各类武术	东华门外普渡寺前巷6号
	正义国术研究社	高濂璋	各类武术	东城大佛寺西大街65号
	胜利国术研究社	崔通达	炮锤为主	北京宣武门外
	艺林国术研究社	吴斌楼	戳脚翻子	西单皮库胡同
	健族国术研究社	韩其昌	梅花拳	西单辟才胡同王爷佛堂
	荣胜国术研究社	刘德胜	炮捶、八卦	东城东总布胡同
	中华太极拳社	高紫云	龙形太极、杨式太极	鼓楼前辛寺胡同
	中国武术社	武田熙	软硬功夫	北京西堂子胡同16号
	太极拳术研究社	吴修源	太极拳	冰渣胡同1号
	太极拳研究会	王厚斋	太极拳	西单民生胡同1号
	国强国术研究社	刘月亭	通臂拳	东四十条68号
	民艺国术研究社	王福泉	三皇炮捶	前门外水厂胡同
	普育国术研究社	陈月舫	少林、太极、太极五星	东直门大街124号
	通背拳社	刘子川	通背拳	前门外珠市口26号
	第三教育国术研究会	宋春韶	各类武术	朝阳门大方家胡同52号
	北平健民国术传习所	商诚麟	各类武术	前门西大街50号
	北平健民国术传习所分所	杨宝旺	白猿门武术	崇文门大街69号

[1] 笔者根据2007版《北京市武术运动协会档案》11–13页绘制.

（续表）

创办年代	馆社名称	社长或创办者	所授拳种	社址
三十年代	普光国术传习所	邢殿一	各类武术	交道口东慈寿寺内
	东华国术传习所	赵中裕	各类武术	西四小旃坛寺内
	中国通背拳社	贺振芳	通背拳	前门西河沿201号
	大兴第一至八国术社	武丕卿、李尧臣	形意、三皇炮捶、八卦	西花市大街30号火神庙
四十年代	健康武术社	陈子江	形意拳械	北京雍和宫外
	太极形意拳社	邢金台	太极拳、形意拳	护国寺街37号
	杨家将武术社	杨仲玉	外家拳功夫	东城东板桥织染局胡同
	尚武武术社	周尚武	少林拳、太祖拳	东单
	健身武术总社	赫寿岩	杨式老架、少林拳械	和平门帘子胡同吕祖庙
	汇通国术研究社	高瑞周	李瑞东式太极拳等	什刹海西海北岸汇通祠
五十年代	兴武国术研究社	骆兴武	少林、八卦、形意拳械	宣武区延寿寺街100号
	健身武术一分社	宋兰坡、宋志平	花拳、翻子、八卦	东华门大街33号
	健身武术二分社	吴长印	少林拳、太极拳	木樨地外北蜂窝
	健身武术三分社	王金声、陈彦龄	八极、岳家拳、太极拳	宣武门外路西车子营
	北京永年太极拳社	崔毅士	杨式太极拳	朝内南小街
	首都武术社	陈发科、胡耀贞	陈式太极拳、形意拳	宣外上斜街
	金受之武术社	金受之	查拳、太极拳	朝内南小街新鲜胡同
	群众武术社	王培生	吴式太极拳、弹腿	崇文区板厂胡同火神庙
	建国武术社	白瑾	八卦、炮捶	朝阳门外路南

除以上馆社授徒外，北京武林人士还在公园、体育场、河边、广场草坪等地带领群众习武健身，在景山公园内有吴斌楼、雷慕尼、孙枫秋、郑时敏、吉良臣、马全福；在中山公园内有杨禹廷、奇云和尚、单香陵；郭古民在北海公园；王侠林在东华门；张文平在天坛；王金声在什刹海；许小鲁在广安门外；鲍玉藻在筒子河；高子英在五机床厂；乔秀川在东单公园；葛馨吾在积水潭；徐致一在清华园；程全宝在美术馆小花园等[1]。

此外，北京市游园大联欢和北京市及全国运动会等多项活动的举办，积极展现武术技艺，扩大武术文化影响力。1951年5月4日，北京八万三千余名青年在劳动人民文化宫举行游园大联欢，国术表演为其中一项。馆社学员和北京体

[1] 北京市武术运动协会. 北京市武术运动协会档案 [M]. 北京：人民体育出版社，2007：11.

育学院武术系学生组成北京武术代表队分别参加1959年和1965年的第一、二届全国运动会。中华人民共和国成立以来举行的第一届全运会在北京工人体育场召开，门惠丰、齐谋业、杨僧宝、谢志奎、王金声、成传锐、李秉慈、刘高明8名运动员代表北京队，在教练员刘佩玮的带领下参加了太极拳、短器械、长器械和团体武术比赛，取得了不错的成绩[1]。

2. 成绩卓著，竞技武术结硕果

武术群体“大致由作为标志性文化符号的竞技武术和主要依托民间习武群体的传统武术两大结构所组成”[2]。在京师老一辈武术家发光发热的同时，北京武术队茁壮成长起来。从中华人民共和国成立初期到改革开放四十多年的今天，一直处于风向标的位置，为祖国的武术发展增光添彩。

（1）北京武术队

在北京武术队成立之前，北京武术主要以民间习武群体主导武术发展方向。各个馆社踊跃带领群众习武，并积极配合北京市体委和武术协会投身于各类联欢、全国运动会、北京市运动会。国家和北京市对武术的“整顿、压缩”，使民间习武群体以国家的政策导向为准绳，协助北京市体委进行武术的发掘、整理工作。

1958年北京市为了参加全国第一届全运会，组建北京武术集训队，刘佩伟任教练兼领队，比赛结束，成立了北京市武术学校（现为北京市什刹海体育运动学校），刘佩伟任校长。1963年吴彬到武术学校任教练，作为北京体育学院毕业的本科生，给武术学校带来了勃勃生机。从成立后至“文革”前的1966年，学校进行系统的、科学的、有计划的训练，多次组建北京代表队参加全国及北京市的比赛，取得了好成绩。“文革”开始，一切体育活动都处于中止状态，学校不敢公开训练，但队伍冲破阻力，默默地进行“地下”训练，恰恰是这几年，为以后的辉煌打下了坚实的基础[3]。

“文革”后期，由于国家政治外交的需要，对武术的禁令开始松动，1972

[1] 北京市体育文史工作委员会. 北京体育文史：第二辑［M］. 北京：人民体育出版社，1986：300-301，320.

[2] 周伟良. 文化安全视野下中华武术的继承与发展：试论当代武术的文化迷失与重构［J］. 学术界，2007（1）：59-78.

[3] 王悦. 北京武术队辉煌三十年［J］. 中华武术，2003（2）：12-14.

年正式组建了体校武术班。由于吴彬、李俊峰等教练的严格管理和运动员的刻苦训练，在1974年的全国武术比赛中，武术班成员夺得了少年组团体冠军。同年，以武术班优秀队员为主体的中国少年武术代表团组织访问美国，受到尼克松总统的称赞。1974年11月，北京市体委批准，以吴彬、李俊峰、程慧琨担任教练员，武术班优秀队员为班底的北京武术队正式成立。运动员25人，男12人，女13人。包括男队员李连杰、王群、李金恒、李志洲、董洪林、孙建明、崔亚辉、王建军、喻少文、严平、唐来伟、杨永利，女队员有李霞、戈春艳、郝致华、黄秋燕、回旭娜、张桂凤、王秀萍、张宏梅、吕燕、周京萍、张德华、黄小凤、米金蓓[1]。

（2）成绩辉煌

谈到北京武术队，人们就想到李连杰、吴京、王群等众多武打影视明星，可见影视对武术的宣传效果显著，但这显著的效果背后是北京武术队多年辛勤的汗水和泪水浇灌而来的。

从1974年北京武术队成立时起到2014年的四十年间，北京武术队参加全国武术邀请赛、表演赛、全运会武术比赛等，取得辉煌战绩（表5-2）。仅第一届至第十二届全运会武术比赛就取得金牌36枚，比第二名山西队的16枚多了20枚。在1974年至1985年间，各类比赛共获单项奖牌358枚，其中金牌81枚[2]。北京武术队一直致力推广中国武术，身在首都，有对外交流的便利条件。1974年6月，中国武术代表团出访墨西哥、美国，在一行44人中就有北京队的李连杰、吕燕和崔亚辉，受到尼克松总统的接见[3]。之后，先后出访过英国、日本、西班牙、泰国、菲律宾、缅甸、爱尔兰、澳大利亚、意大利、土耳其、罗马尼亚、摩洛哥、阿尔巴尼亚、法国、埃及、越南、突尼斯等国[4]。从1995年起，由美国武术培训中心陈志中先生邀请，北京武术队每年去美国边冬训边传播中国武术。冬训在洛杉矶附近的海边上，早晨训练，晚上和周末辅导美国学生，既提高队员的能力，又推广中国武术。北京队的威名吸引了众多金发碧眼的慕名者，有的甚至驱车几百公里前来学习[5]。

[1] 刘学勃. 燕都当代武林录［M］. 北京：台海出版社，1998：341.

[2] 金汕. 当代北京体育史话［M］. 北京：当代中国出版社，2008：167-169.

[3] 孟涛. 跨文化背景下中华武术在美国传播的研究［D］. 上海：上海体育学院，2013：57.

[4] 王悦. 北京武术队辉煌三十年［J］. 中华武术，2003（2）：12-14.

[5] 王友唐. 享誉中外的北京武术队［J］. 中华武术，2001（12）：52-54.

表5-2 北京武术队（套路）在全运会比赛中获得奖牌数量一览表[1]

届次	时间	地点	设项	北京队获奖牌数
第一届	1959年	北京	4	1银2铜
第二届	1965年	北京	表演项目	表演项目
第三届	1975年	北京	13	5金4银4铜
第四届	1979年	北京	21	9金6银5铜
第五届	1983年	上海	32	14金7银8铜
第六届	1987年	广东	16	1银1铜
第七届	1993年	北京	6	1银
第八届	1997年	上海	12	3金2银3铜
第九届	2001年	广东	12	2金4银2铜
第十届	2005年	江苏	12	1金2银1铜
第十一届	2009年	山东	12	1金2银
第十二届	2013年	辽宁	7	1金
第十三届	2017年	天津	7	1铜
第十四届	2021年	陕西	7	1铜

北京武术队成绩优异，教练吴彬居功至伟。吴彬，1937年生，浙江省吴兴市人，1963年北京体育学院本科毕业，同年分配到北京武术学校，从事武术教学训练工作。1974年北京武术队成立，吴彬是第一位教练，也是第一批队员的领航者。在教学训练上，科学管理，严格要求，求高、求精、求细、求全。在1964年观看全国武术比赛后，吴彬感到北京队当时的技术明显不如其他省市。心想，北京有那么多武术名家，又是文化中心，不能在武术方面低人一等，一定要培养一批武术苗子，为北京争光[2]。在“文革”期间，吴彬并没有像其他人那样消沉，而是暗暗训练。1970年，他开始组建小武术队，为了挑选队员，几乎跑遍什刹海附近的学校。为了挑选协调性和柔韧性较好的学生，还亲自家访，了解遗传基因。最后，选出了李连杰、李霞、王群、李志洲、王建军、吕燕、郝志华等二十余人，为今后北京队的辉煌打下了坚实的基础[3]。

[1] 笔者根据网络信息绘制。

[2] 刘建伟. 一个富有民族自信心的教练——记北京武术队教练吴彬［J］. 北京博览，1982（4）：7-9.

[3] 王悦. 北京武术队辉煌三十年［J］. 中华武术，2003（2）：12-14.

在训练方面，吴彬做到严格要求，一视同仁。一次，名将江邦军晚归半个小时。正当他蹑手蹑脚溜到宿舍时，却发现教练吴彬在其床边，顿时感到“罪责难逃”。除了严格训练，吴彬的独具慧眼和点石成金也是北京队成功的基础。刘清华成功前为辽宁队队员，被吴彬以16万“赌金”引进北京队。当时她的成绩仅为全国第4名，还有肾炎和韧带拉伤等疾病。经过吴彬4年的调教，成为“打遍天下无敌手”的佼佼者[1]。吴彬能够针对每个队员特点进行专门训练。吴彬认为：“这些小队员是初生牛犊不怕虎，难度多大的动作都敢试一试，教练要根据队员本身的条件进行提高，而不是把他们教练成一个模式。”[2]

北京武术队成绩优异也得益于首都位置，作为首都自然吸引全国各地的武术名手来此交流，给了北京队前往求教的机会。名手们把求教的队员当成自己的学生，十分耐心地辅导，使他们技术突飞猛进[3]。此外，北京队还经常深入工厂、机关、农村和部队演出，还在首都体育馆、工人体育场、人民大会堂、工人体育馆等处表演，提高心理素质[4]。

队内团结是取得好成绩的重要原因。队内没有发生内耗，也没有复杂的人际关系，大家都认为，队里有成绩，大家都光荣。退役队员都能由队里负责安排顺心的工作，不是去大学继续深造，就是出国任教。队员不以取得的成绩而沾沾自喜，常常铭记20世纪70年代的艰苦环境[5]。

（3）全国的楷模

北京武术队的优异表现得到全国的认可，也是各省市纷纷模仿的对象。影视扩大了武术的影响力，而武术也提高了功夫片的知名度，影视与武术是相互影响，双赢共利的传播模式。国内功夫片热在20世纪80年代可谓是万人空巷，1983年《少林寺》影片的热播，当时全国观众达5亿人次，可谓天文数字[6]。北京武术队队员和教练员先后多次参与影视业合作，拍摄影视片，如教练吴彬、李俊峰、李金恒和队员李连杰、王珏、王群、张宏梅、吴京、戈春燕、黄秋燕、严平、崔亚辉、寇占文、薛建、孙建明等，特别是李连杰，截至2021年共拍影片五六十部。

---

［1］王友唐. 享誉中外的北京武术队［J］. 中华武术，2001（12）：52-54.

［2］刘建伟. 一个富有民族自信心的教练——记北京武术队教练吴彬［J］. 北京博览，1982（4）：7-9.

［3］北京体育文史办公室编. 北京体育文史（六）［M］. 北京：人民体育出版社，1993：212-213.

［4］王悦. 北京武术队辉煌三十年［J］. 中华武术，2003（2）：12-14.

［5］王友唐. 享誉中外的北京武术队［J］. 中华武术，2001（12）：52-54.

［6］陈甘露. 从5亿人次看《少林寺》的辉煌到票房破十亿［N］. 华西都市报，2014-12-29.

另一个影视巨星甄子丹也曾在北京武术队训练，1981年3月来北京武术队训练三个月，之后又在九月份来到北京队学习一年多。这对他以后的事业是一次很好的磨炼[1]。除了影视拍摄以外，北京武术队队员也出国任教，形成了庞大的“海外兵团”。日本、新加坡、芬兰、美国、澳大利亚、波兰等都有北京武术队员的身影，李霞和孔建明长期在日本任教，张桂凤、郝志华、张宏梅等在美国任教，唐来伟在澳大利亚等。

武术以搏杀而起，同时兼有强身健体、娱乐文教等诸多功能。然而，从中华人民共和国成立开始，由于特殊的历史原因，我国一直没有重视武术的技击功能。改革开放以来，武术发展进入正常轨道，开始注重散打的发展，并将其积极推向国际赛场。1978年，成立武术散手调研组，编写《关于开展武术散手运动的报告》。1979年以后，国家体委分别在北京体育学院、武汉体育学院和浙江省体委进行散打试点训练。在1982年12月，全国武术工作会议在京召开，《团结起来，共同奋斗，开创武术新局面》的报告，提出“积极稳步地向外推广，使武术逐步走向世界”的设想。经过10年的试验探索，1989年散打被国家体委列为正式比赛项目。梅惠志先生是北京散打队的开创者，在20世纪70年代梅惠志先生就率先在什刹海体校尝试散打运动的技战术，并不断探求散打运动项目的训练和技术理念[2]。1978年夏天，在吴彬教练的提议下，经体校领导的同意，由梅惠志和李宝如教练正式成立北京第一支什刹海体校武术散打队。张兴正、杜振高、汤尔民、张德群、雷西安等都是武术散打队成员，他们后来大部分都成为北京乃至全国著名的散打教练[2]103–105。由于当时全国各省市尚未积极投入和组队，这支散打队在北京乃至全国是较为优秀的队伍，在80年代中期正式代表北京队，分别在河南嵩山、湖北武当山、湖南长沙、河北沧州和广州江门等地组织的全国武术散打擂台赛、挑战赛、争霸赛上成绩突出，为全国散打事业做出贡献[2]107。到了20世纪90年代后期，武术进入快速发展阶段，与市场经济相适应，商业比赛成为重头戏。1998年5月，全国武术经济会议在京郊召开，提出经济开发的总体思路和组建武术集团公司的设想，并成立了中国武术协会经济开发委员会。在2000年3月，中国武术散打争霸赛在京举行，拉开了武术竞赛体制改革和走向市场的重要一步。至此，由政府主导的商业比赛纷纷登台。仅以2016年为例，举办的商业比赛就有中国真功夫武术散打争霸赛、中国

[1] 张海影. 武者中国动作大揭秘 [M]. 北京：人民体育出版社，2012：66.

[2] 韩贺仙，武之魂：记中国散打创始人之一梅惠志先生的风雨人生 [M]. 北京：人民体育出版社，2013.

武术散打职业联赛、中国武术散打俱乐部超级联赛等。2015—2019年，国内四大搏击赛昆仑决、武林风、勇士的荣耀和峨眉传奇风起云涌，燃爆观众眼球。其中昆仑决是在2013年由昆尚传媒创建于北京，是世界较年轻的自由搏击推广组织[1]。勇士的荣耀是北京万名扬传媒与深圳卫视联手打造的搏斗比赛，较有震撼力，燃爆观众激情。许多传统的散打学校开始向职业搏击俱乐部转变。2020年国内著名的十大搏击职业俱乐部郑州大东翔搏击俱乐部、深圳盛力人和搏击俱乐部、潍坊CSK中成王格斗俱乐部、郑州顺远搏击俱乐部、辽宁创新搏击俱乐部、都江堰传奇格斗俱乐部、北京一龙奥宇搏击俱乐部、成都白鲨格斗俱乐部、北京涛搏格斗俱乐部、唐山光辉搏击俱乐部。这里面就有两家北京的搏击俱乐部。

可见，北京武术队从"文革"结束就一直引领武术界一路向前，不论是武术套路，还是后来兴盛的散打，成绩优异，战功卓著，成为全国的楷模。

3. 热情高涨，全民健身斗志扬

武术是北京群众喜闻乐见的运动项目，中华人民共和国成立初期各武术流派纷纷走向群众，引领大家走向体育健身的行列。"文革"十年，一度停滞，人们只有偷偷进行练习。改革开放以后，京师的武术摆脱了"文革"思想的束缚，大步跨入全民健身的行列。在各大公园内、社区居民楼的空地、河道边、草地等处可以看到人们习武的身影。时代在前进，经济在腾飞，武术的脚步也矫健迈入经济的大潮，与时代共舞。

（1）积极的个体

个人是社会的基础，只要每个人都有好的素质，社会才会祥和安宁。在政府的积极倡导下，在北京市的大街小巷、广场到处可以寻觅到习武者的身影。通过对习武者的采访和观察，可以了解他们的习武目的、方式、拜师，对武术的理解、心得体会等情况。笔者在2015年3—5月期间，分别去双秀公园、地坛公园、陶然亭公园、天坛公园、朝阳公园、中山公园、紫竹院公园、十五所社区、蓟门里社区等调研，寻找习武者的足迹。市民练武的目的就是强身健体、展现自我和成为生活方式的一部分。

①强身健体

京城市民参加武术活动的目的，主要是强身健体。当前，健身活动项目比较多，比如广场舞、球类项目、游泳、长跑、散步等。但武术有其优势，比

[1] 昆仑决官网[EB/OL].[2023-04-06]. https://www.kunlunjue.com/home.

如对场地器材要求较低、男女老少皆宜、锻炼身体较全面、活动量可自我控制等，比较吸引中老年人喜爱。笔者对京师的习武者采访，也印证了上述观点。

傅景龙，男，大约50岁，年轻时爱好拳击、散打，八九年前感到后背有问题，就在双秀公园习练陈式太极拳，目的就是强身健体。他认为："通过九年的练习，肩周炎、颈椎问题，现在好多了。"

钱匀，女，中科院研究生院退休职工，七十多岁，经常在十五所社区练习杨式太极拳，师从杨式太极拳第六代、北京陈式太极拳第四代传人白淑萍。作为社会体育指导员，她经常义务指导本社区成员练习太极拳。她表示："从十四五年前退休后，开始习练太极拳。当时全身都有病，先是跳广场舞，后来感觉太剧烈，就学太极。先从光盘上学，最后跟着老师学。多年的习练使得身体健康。"

林猛，男，35岁左右，习练通背拳，师承祁家通背拳第六代传人，北京市通背拳研究会第三届会长贺国栋先生，经常在家或公园内习练桩法和通背拳。他表示："我练通背首先是锻炼身体，其次是提高自信。"

於迎春，男，40岁左右，北京外国语大学教师，习练陈式太极拳。他认为："练武目的就是健身，以前身体不好，上楼腿都是沉的。爬五台山到半山，累到下不来。这几年练太极，身体好多了。一年前，我去少林寺爬嵩山，非常轻松。我们同事两个小姑娘，和我一起爬山，都赶不上我。"

②展现自我

参加武术活动，展现自我风采也是京城市民习武的目的之一。北京武术运动协会在2015年共举办各类比赛12次，得到京城市民的大力支持，仅"李天骥杯"太极拳锦标赛就有921人参赛、"鸣生亮杯"传统武术锦标赛有649人参赛。另外，北京市民配合武术院及后来成立的社会体育管理中心，先后在天安门、居庸关长城、中华世纪坛、天坛公园和明长城遗址公园等北京市标志性地区举行了万人太极拳表演[1]。京城市民参加这些表演与比赛，是为了展现自身的风采，展现京师武术的博大精深。就如於迎春所说："有个比赛，参加就是为了看看自己怎么样，哪个地方好，哪个地方差。如果自己打，瞎比划，没有意思。跟师父好好学，参加比赛有对手，就有动力。"

③成为生活方式的一部分

生活方式有广义和狭义之分，狭义的生活方式是指日常生活领域的活动形

[1] 北京市武术运动协会. 北京市武术运动协会档案 [M]. 北京：人民体育出版社，2007：8.

式与行为特征[1]。健康是人人都追求的，健康与生活方式息息相关。世界卫生组织对影响健康的因素进行总结认为：健康=60%生活方式+15%遗传因素+10%社会因素+8%医疗因素+7%气候因素[2]。可见，培养健康积极的生活方式是获得健康的必要条件。许多京城居民把武术锻炼当成生活的一部分，长久坚持使之成为生活方式的重要内容。如傅景龙每天早晨六点至七点锻炼，坚持了八九年。钱匀已经坚持武术锻炼十四五年，从新手变成太极名手。於迎春练习太极拳四年，练武成为他生活的一部分。

（2）活跃的健身团体

人在社会生活需要群体，在武术锻炼方面也需要集体的力量。笔者通过调研，得知北京在天坛公园、奥林匹克公园、朝阳公园、景山公园、陶然亭公园、元大都公园、朝阳公园、地坛公园、双秀公园、中山公园等几十个公园都有武术锻炼人群。

在双秀公园里活跃着几支太极拳队，由董连勋老师带领的队伍平时有三四十人，年龄大都在55岁以上。董连勋，男，1936年生，国家级社会体育指导员，师承杨式太极拳第五代传人曹彦章先生，为杨式太极拳第六代传人。20多年来一直在双秀公园义务传授杨式太极拳，已教授1000多学员，学员有多人获得北京市各种级别比赛的金、银、铜牌。笔者在2015年3月29日采访董老师及其学生，获知绝大多数学员都是为了健康才走到一起。除此之外，交往的需要也是学员参加集体锻炼的目的。就像於迎春所说："主要是建立个朋友圈，大家打打拳，一起玩，不能总是吃吃喝喝。"

2015年3月28日，去石景山体育馆观看北京"李天骥杯"武术太极拳锦标赛，偶遇一位参加比赛的学员，通过采访了解了其学武和参加比赛的有关信息。她叫黎晓眯，茶艺公司会计，大约25岁。师承陈式太极拳第十二代传人梁翠平老师，梁翠平是武术大师马虹的弟子。她学习太极拳两年，每天6—8点练习太极拳，然后去上班，下午再找地方练习。她今天来参加两场比赛，上午太极剑，下午太极拳。

通过以上资料和调研可知，北京的民众习武有天然的优势。第一，习武得到政府的支持，配备了大量的辅导员，并且组织各种武术活动。第二，群众习武比较方便，各个公园都有武术辅导站。第三，北京有众多的武术名家，技术

[1] 龙红主. 设计概念 [M]. 北京：机械工业出版社，2011：99.

[2] 段广慧. 文化修养与文明生活 [M]. 北京：中国言实出版社，2015：322.

比较高超。第四，可以参加各种武术比赛，检查自己的习武水平。北京的群众习武热情高涨，成为全国学习的榜样。

（3）国民健身的引领者

京师的全民健身，引领各个民间武术组织积极投身于全民健身活动。首先，建立武术辅导站，传播本拳种的技术。如心意拳研究会在中国人民大学、奥林匹克森林公园、朝阳区司法局、外交人员服务局、东方社区服务中心、工人体育馆、朝阳区平房乡桃家园村等地设有武术辅导站。永年太极拳社在中山公园、北海公园、地坛公园、奥体中心等地设立辅导站。戳脚翻子拳研究会因地制宜地在东单公园、东城武术馆、天坛公园、玉渊潭公园、育英学校、宽街小学等地先后举办30个戳脚翻子拳培训班，扩大了影响力。

其次，参加北京市各级武术比赛，提高知名度。如六合拳研究会派会员参加2012年的“第九届北京市国际武术邀请赛”，取得好成绩。陈式太极拳研究会自2007年以来，多次参加国际、国内，包括北京市举办的武术比赛，获得金牌96枚。戳脚翻子拳研究会每年都组队参加北京市武术运动协会举办的武术比赛，参加17次，参赛人员有280多人次，获前三名共123人次。大悲拳研究会在2010—2013年，共获金牌5枚、银牌2枚、铜牌1枚。

近年来，北京主办的武术赛事很多，包括北京市国际武术邀请赛、武魂武道（北京）国际武术邀请赛、北京市武术太极拳锦标赛、北京市武术综合搏击对抗赛、北京市传统武术锦标赛、北京市线上社区武术比赛、北京市全运会武术比赛、北京市武术散打冠军赛、北京市武术散打比赛。这些武术比赛刺激了京师民众走向武术赛场，走进武术运动中，为全国武术的普及做出了榜样。如2018年举办的第四届北京国际武术文化节暨第十二届北京国际武术邀请赛，就吸引了十余个国家和国内80支代表队，上千名选手参赛，大大宣扬了武术[1]。

（三）坐镇首都指引武术前行

京师武术文化能够成为全国武术的领头羊，有赖于政府的引导，这包括国家层面的引导和北京市层面的引导。国家对竞技武术进行了较为有效的管理，包括成立武术队、建全竞赛机制，举办各级别、形式的比赛，组织代表团出国

[1] 王灿. 第十二届北京国际武术邀请赛——以武会友促交流［N］. 中国体育报，2018-11-23（7）.

访问演出等。北京市体委和北京武术运动协会响应国家体委的号召，积极组建武术队参加比赛、访问演出，展现首都风采。

1. 制定竞赛规则，确保武术竞赛顺利进行

中华人民共和国成立之初，由于历史背景，国家取消了对抗形式的武术比赛，首先发展武术套路政策。1956年4月，通过《中华人民共和国运动竞赛制度暂行规定（草案）》，把武术列为表演项目，次年把武术列为国家竞赛项目。1957年11月，在京举行的十二个单位武术表演大会上，首次试行打分办法。1959年公布实施了第一部《武术竞赛规则》，使武术的发展向“质量高、难度大、形象美”的艺术方向发展[1]。1986年，全国武术训练工作座谈会在北京召开，提出“突出项目特点，加强攻防技能，严格动作规格”的武术技术训练发展方向，正式将太极拳、剑、推手列为全国正式比赛项目，每年举行一次。为了向奥运会靠拢，强调“高、难、美、新”，使武术套路向艺术化方向发展。随着当代经济的发展，竞技武术套路正积极探索发展之路，对武术比赛的场地、服装、器械、音乐等都做了有益的修改，增强了比赛的观赏性。制定的竞赛规则有：武术套路竞赛规则、武术散打竞赛规则、武术套路竞赛裁判法、武术散打竞赛裁判法、综合格斗竞赛规则、武术兵道（短兵）竞赛规则等。

国家体育总局武术管理中心坐镇北京，制定政策，举办各类武术比赛，引领竞技武术发展方向，举办的国际级比赛，如世界武术锦标赛、洲际武术锦标赛、世界传统武术锦标赛、世界杯武术比赛等，国家级别的有全国武术套路锦标赛、全国武术散打锦标赛、全国武术冠军赛、全国武术运动大会等。

2. 编制统一的教材，规范武术技术

1954年，国家体委运动司主持创编了24式简化太极拳，成为我国简化太极拳种之始。1956年2月，《简化太极拳》由人民体育出版社出版。国家体委逐步编制统一的教材、规范武术技术，对太极拳和长拳进行大力改革，推出简化太极拳、甲乙组、初级长拳等系列拳械套路。1989年，审定通过长拳、南拳、太极拳、刀、枪、剑、棍七个竞赛项目作为亚运会和国际武术比赛项目。在1999年创编了包括长拳、剑术、刀术、棍术和枪术五套国际武术竞赛套路，还在2001年出版了五套武术套路的图书。2007年10月，召开了“全国武术段位制工作会议”，段位评定由套段转为考段。为此，国家体育总局武术研究院相

[1] 余剑，郑兵，李鸿亮，等. 建国60周年我国武术的回顾与展望［J］. 运动，2010（6）：24-26.

继聘请了一百多位有代表的民间武术传人和专家、学者，编写了《中国武术段位制系列教程》，包括长拳、少林拳、太极拳、形意拳、八卦掌等12个拳种的教程。教程的编写对制定统一的考评标准、规范技术、推广武术运动、段位制的顺利实施等都有重要意义。从2008年起，中国武术协会和国家体育总局武术研究院负责教学指导用书的编写。《中国武术段位制系列教程》规定了段位的考试内容和等级标准，包括《武德与武术礼仪》《中国武术史》《武术概论》《长拳》《少林拳》《陈式太极拳》《武术功法》《自卫防身术》《咏春拳》《五祖拳》《八卦掌》《形意拳》等27种教程。段位制工作的开展扩大了武术在国内外的普及，进一步促进了武术走向民间[1]。在2014年制定了《武术段位制推广十年规划》，为提高武术段位制的社会参与率和规范民间习武行为，提供了政策支持。

3. 引导民间武术健康发展

1984年，在北京召开首次“千名武术优秀辅导员”表彰奖励大会。1990年11月，首届全国老革命根据地武术比赛在江西井冈山市举行。1991年12月，国家体委下发《关于开展全国“武术之乡”评选活动的通知》，首次命名35个“全国武术之乡”。1995年12月，首次公布“中华武术百杰”评选结果。1996年12月，首批“全国先进武术馆校”评出。1997年12月，国家体委颁布了《中国武术段位制》。1998年4月，全国段位制工作召开，制定了《武术段位组织管理暂行办法》《武术段位制晋级考评办法》。1998年10月，为了纪念邓小平题词“太极拳好”发表十周年，以及庆祝中国武术协会四十周年，在北京举办了天安门万人太极拳表演及大型武术文艺晚会《武颂》。积极引导习武人士参加各种比赛，如在2016年就举办了太极拳比赛、国际太极拳运动大会比赛、太极拳公开赛、全国传统武术比赛、全国武术之乡武术比赛、武术节比赛、“黄山论剑”国际武术大赛等。

二、国民教育的新载体

中华人民共和国成立后，党和政府一直重视我国的教育事业，积极推动我国教育事业的发展。教学内容是教育的重要因素，选择好教学内容是发展教育

[1] 国家体育总局武术研究院. 中国武术段位制系列教程——长拳［M］. 北京：高等教育出版社，2010：6-7.

的关键。武术作为教育内容在古代也有，但只有在新中国才能发挥武术的最大效益。

（一）政府主导武术进入教育行列

青少年是国家的未来，世界发达国家无不重视青少年的教育，我国更是把青少年教育放在国家发展的重要位置。学校武术是以学校为传播范围，以教育、传承和普及为目的的武术活动[1]。传承的基点是青少年，没有青少年的参与，将会导致根系断裂。在中华人民共和国成立前，多数孩子都上不了学，客观上给武术提供了后备人群。中华人民共和国成立后，大多数儿童走进学堂，因此，在教育中寻找武术的基点尤其重要。

中华人民共和国成立后，武术作为优秀的民族文化遗产加以继承和提高，从根本上改变了过去任其自流的局面。国家第一代领导人对武术的继承和发展作出过重要指示。毛主席在1963年提出："凡是能够做到的，都要提倡，做体操、打球类、跑跑步、爬山、游泳、打太极拳及各种各样的体育活动。"[2]中华人民共和国成立初期，周恩来总理曾饶有兴趣地观看八极拳表演，我们可以在留存下来的照片中看到他的武术情节[3]。周恩来总理在青年时代就跟韩慕侠学习过八卦掌、形意拳功夫[4]。在1959年周恩来总理提出："太极拳是一项极好的健身运动，可以陶冶情操，可以延年益寿。"[5]1954年刘少奇曾学练太极拳[6]，并在1956年指示国家体委："要加强研究，改革武术、气功等我国传统体育项目，研究其价值，采取各种方法传授推广。"[7]在天津召开第一届全国民族形式体育表演及竞赛大会上，贺龙主任提出"发掘、整理、提高、推广"作为武术发展的指导方针。1978年，邓小平同志在会见日本的访华代表团时，特为代表团赠送了"太极拳好"的至理名言[8]。

---

[1] 蔡刚，丁丽萍. 中国武术的分类［J］. 上海体育学院学报，2007，31（5）：66-68.

[2] 申伟华，尹华丁，彭光辉. 毛泽东体育思想概论［M］. 长沙：湖南人民出版社，2009：111.

[3] 国家体育总局武术研究院. 武术研究散打专辑［M］. 北京：人民体育出版社，2011：288.

[4] 常家树. 周恩来的武术教师——韩慕侠［J］. 党史纵横，2015（9）：34-38.

[5] 王玉林，马勇志，郭慧珍. 太极文化教与学［M］. 北京：北京体育大学出版社，2016：14.

[6] 顾英奇. 红色保健［M］. 北京：华龄出版社，2003：197.

[7] 傅砚农. 中国体育通史：第五卷（1949—1979）［M］. 北京：人民体育出版社，2008：146.

[8] 余功保. 中国太极拳大百科（图文版）［M］. 北京：人民体育出版社，2011：372.

1956年教育部编定了全国统一的《小学体育教学大纲》和《中学体育教学大纲》，其中包含了武术含义的内容“对抗和角力”。1957年2月，国家体委和教育部在北京、武汉、成都等体育学院提出了“将武术列为选修课”的要求。1961年制订了《小学体育教材》和《中学体育教材》，其中的“体育教学大纲”规定了武术教学内容，以及学期应安排6～8学时的武术教材内容。此后，在1978年、1987年、1990年、1992年、2000年等制订的教学大纲中，都把武术摆在重要位置，列为传统体育中唯一的必修内容。从列举的内容看，小学所学内容主要是初级拳、少年拳，初中为少年拳二套、青年拳，高中为器械。从整体看，内容逐步趋于合理。

高校普通体育课也是按教学大纲制定教学进度。1954年，我国教育部制定了《一般高等学校体育课试行教学大纲》。1961年7月，教育部颁布了第二部有关体育教学的发展纲要，北京各高校按此教材纲要贯彻施行。1979年1月制定了《高等学校普通体育课程教学大纲》，北京市高教局对体育教学明确要求，指出“体育课是高等学校学生的必修课程，是体育教学的基本组织形式。”“有条件的学校应在三年级以上的年级继续开设体育课。”1987年，在北京市高教局的主持下，制定《北京市高校普通体育课教学大纲》，内容为：武术基本知识、基本功、青年拳攻防对练或初级长拳；初级剑术或简化太极拳等。2003年全国所有普通高等学校实施了《全国普通高等学校体育课程教学指导纲要》。

比赛是检验武术水平的标尺，中国武术协会、北京市武术运动协会、北京市大学生体育协会、中国青少年宫协会、北京市中小学体育运动协会、北京市体育局等在北京分别主办了各种形式的比赛。如北京市青少年武术散打锦标赛、北京市中小学武术比赛、北京市少儿（幼儿）武术比赛、北京市中小学生集体项目（武术健身操）比赛、北京市中小学生武术公开赛、北京市中小学武术冠军赛、北京阳光武道功夫达人赛、北京市学生高水平精英赛、北京市体育传统项目学校武术套路比赛、首都高等学校武术比赛。2021年首都高校武术比赛中，共有来自北京航空航天大学、中国人民大学、北京中医药大学等33所高校的280名大学生参加角逐，北邮、人大、北理工名列团体前三[1]。在2022年北京市青少年武术套路锦标赛上，获得女子甲组42式太极拳冠军的北京市西城区选手唐思汀对自己的发挥十分满意，“这个冠军是我坚持和努力的成果，未来我们继续冲击更高的目标。武术运动博大精深，对我们青少年强身健体、形

[1] 马洪政. 2021年首都高校武术比赛［EB/OL］.（2021-06-09）［2023-04-02］. https://www.sohu.com/a/471321287_121124317.

成良好的性格和素养都有很大帮助”[1]。

（二）中小学对京师武术文化的重视

京师中小学包括体育传统项目学校、普通中小学、武术学校。京师的中小学对武术比较重视，建立了武术队、组织学生业余训练、参加各类武术比赛，为京师武术的发展做出了贡献。

1. 体育传统项目学校

体育传统项目学校是体育和教育行政部门联合命名，在普通中小学和中等职业学校实施，能够有效实施素质教育，学生体育活动具有特色，且有体育项目形成传统的学校[2]。1979年，教育部开始在全国中小学实施体育传统项目学校制度，北京是国家最早一批建立体育传统学校的地区之一。体育传统项目学校分为国家级、省市区和区县级。据有关学者调查，在2011年前国家命名的400所国家级体育传统学校中，北京以21所高居全国之首。在这400所国家级体育传统学校中，有7所是武术项目学校，北京占据两席[3]。现在北京的国家级体育传统项目学校分别为中国人民大学附属中学和北京市第二十二中学。

体育传统项目学校被评审为国家级，必须进行系统的课余训练，且校代表队具有训练计划，并保证每周训练3次以上，每次训练不少于90分钟。运动成绩在本省市体育项目比赛中名列前茅，在全国及国际比赛中成绩优秀[4]。在7所国家级武术项目学校中有2所是北京的中小学，足以说明北京中小学对武术项目的重视。从北京市2012年、2014年和2016年的体育传统项目学校名单中，发现武术项目学校是逐渐递增的。省市级的武术项目学校里，2012年是14所，2014年为15所，到2016年为16所。区县级的武术项目学校，2012年是18所，而2014年是23所。从北京市体育局官方网站上可以查到，截至2023年北京市有国家级体育传统项目学校25所，其中有两所武术项目学校，分别是中国人民大学附属

[1] 武林高手展风采2022年北京市青少年武术套路锦标赛落幕［N］. 北京日报，2022-09-18（7）.

[2] 理清体育教师职责［EB/OL］.（2014-01-24）［2023-04-02］. https：//www.sport.gov.cn/n20001280/n20745751/n20767239/c21868700/content.html.

[3] 惠陈隆，冯连世，胡利军，等. 国家级体育传统项目学校现状调查与发展对策研究［J］. 中国体育科技，2016，52（1）：53-59.

[4] 国家体育总局-附件［EB/OL］.（2021-05-21）［2023-04-03］. https：//www.sport.gov.cn/qss/n5015/c639696/part/357322.doc.

中学北京市第二十二中学。有省市级体育传统项目学校223所，其中武术项目学校上升到23所[1]。有区县级体育传统项目学校320所，武术项目学校则上升到39所。武术项目学校的逐年增加说明首都中小学越来越重视武术项目。

（1）区县级体育传统项目学校

双榆树第一小学是北京市区县级体育项目学校，始创于1981年9月，坐落在海淀区中关村科技园区和海淀学区优质教育的密集区，占地近5000平方米。学校要求学生有一项体育特长、一项科技特长和一项艺术特长。学校在2010年成立武术校队，同时成为海淀区传统体育项目学校。虽然建队年限不长，但进步不小，2014年获得国际武术邀请赛集体项目第一名，2014年北京市中小学生武术公开赛团体总分第二名，2015年北京市中小学武术操第一名。在2021年北京市中小学武术公开赛上获小学组第一名。高菲老师认为，在疫情期间学校组织武术队停训不停练，用录制了丰富的教学内容进行线上训练，同时鼓励和倡导家长和学生共同参与武术运动[2]。校长丁凤良十分重视武术建设，他表示："武术是学校的品牌，武术进校园不仅是一门课程，更是校园文化不可或缺的组成部分。"在对待武术与文化课的关系上，认为："武术和学习文化可以互为助推，不管学生将来选择的社会身份是什么，有良好的形象、丰富的知识底蕴，都是美好生活和事业发展的基础。"[3]现在，每名学生都会做2～3套学校自编的武术操，可做八式太极拳，还学习了武术短兵器等内容。

（2）省市级体育传统项目学校

首都师范大学附属回龙观育新学校是北京市省市级体育传统项目学校，学校位于北京市昌平区文华路龙锦苑三区，是一所十二年制公办学校，占地70余亩，建筑面积3万多平方米。学校的办学目标是努力把学校办成一所"学生信服、家长认可、教师信赖、社会赞誉、党和国家放心"及人民满意的优质示范学校。武术是该校的传统体育项目，学校专门成立了校武术队，每周训练3～4次。还在2014年暑假进行了为期15天的暑假培训，有13名学生，最小的7岁，最大的12岁，在教练宗华丽、刘旭和张亚威的带领下进行。整个培训比较顺利，学生没有中途离开的，所有的事情都能独立完成，突出了"顽强拼搏、展现自

[1] 北京市体育局[EB/OL].（2023-01-23）[2023-04-02]. http：//tyj.beijing.gov.cn/.

[2] 新华网. 京城少年大比武——2021年北京市中小学武术公开赛[EB/OL].（2021-09-25）[2023-04-08]. https：//baijiahao.baidu.com/s?id=1711883393067135509&wfr=spider&for=pc.

[2] 双榆树第一小学[EB/OL].（2016-06-14）[2023-04-07]. https：//sysyx.bjhdedu.cn/xyfc/zygg.

我”的主体。武术队成绩优异，屡创佳绩，在2014年的北京市中小学生武术公开赛上荣获五个第一名，两个第二名，三个第三名，两个第四名，若干前八名的好成绩。在2015年北京中小学武术公开赛上，育新学校取得了两个前三，一个第四、一个第五、一个第六、两个第七、一个第八的优异成绩，为育新学校赢得了荣誉[1]。

2. 普通中小学

北京市普通学校也比较重视武术项目，笔者调研了北京三里屯小学、北京民族小学。

（1）三里屯小学

北京市朝阳区三里屯小学是一所具有50年历史的学校，学校始建于1963年9月，现有29个教学班，学生745人，教师71人。学校有两校区，三里屯校区位于北京市朝阳区三里屯东街4号。学校的办学思路是教学和谐，面向全体，突出个性，发展能力。学校比较重视学生技能的培养，专门聘请校外教练辅导学生学习武术、跆拳道、健美操、足球等技能。笔者通过调研三里屯小学教师孟老师和外聘教练张强，对学校开展武术兴趣班有了进一步了解。每周一次课，周一下午3：30—4：30，人数30人左右。教学内容为基本功、基本技术和初级长拳。

调研记录如下：

时间：2015年3月23日下午3：00—5：00，周一。
地点：三里屯小学操场。
访谈对象：三里屯小学教师孟天成、外聘教练张强。
情景描述：3：30分学校放学，由孟老师带兴趣班到操场，教练张强带队练习武术。

笔者：三里屯小学领导支持不支持学生习练武术，采取什么措施？

孟：校长比较重视学生技能的培养，每天放学都有各种兴趣班，比如绘画班、书法班。体育方面有武术班、足球班、篮球班、跆拳道和健美操班。

笔者：费用由谁出，学生兴趣如何？

[1] 回龙观育新学校-武术比赛荣誉展示［EB/OL］.（2014-10-25）［2023-04-08］. http：//www.hlgyx.com.cn/201712/379.html.

孟：费用由学校负责，学生根据自己兴趣选择。

笔者：学生怎样学练武术，对武术的兴趣如何？

孟：喜欢武术的学生可以放学后参加兴趣班，也有的学生去校外学习。参加兴趣班的同学除了上兴趣班训练以外，其他时间在家训练。

笔者：去校外怎样学习和练习武术，花不花钱，去学习的多不多？

孟：去校外学习的学生当然要花钱了，但人数不多。

笔者：武术兴趣班教练是贵校老师吗？

孟：我们学校没有专门的老师，是聘请的高校学生。

笔者：贵校有什么队？其他兴趣班人数多少？

孟：有足球队、篮球队。其他兴趣班如跆拳道大约30人，健美操有30多人。

笔者：都是什么时间训练？

孟：足球每周一 、二、三，篮球每周四下午3：30—4：30，一个小时。以后足球进校园就是主修课了，学校比较重视。

下午4：30，兴趣班下课后，采访张强。

笔者：上课比较认真，累不累？

张：有点累，还好。

笔者：你哪里毕业？

张：我是首都体育学院一年级武术硕士研究生。

笔者：为什么要出来打工？

张：主要是锻炼自己，再一个是了解小学学生情况。

笔者：上课吃力吗？小孩是不是爱捣蛋？

张：不太容易，有点吃力，北京孩子比较活跃。

笔者：班级学生有多少？

张：有30名学生。

笔者：你现在教什么内容？

张：他们组队不久，现在主要教授基本功，如拳型和步型，以后再教一段拳。

（2）民族小学

北京市海淀区民族小学成立于1890年，距今已有130多年的历史。学校环境优美，古色古香，雕梁画栋，楹联石刻，洋溢着浓郁的民族文化气息。学校位于北京市海淀区马甸后黑寺甲1号，两个校区占地面积近3万平方米。现有39个教学班，1337名学生。学校秉承“和而不同，快乐成长”的办学理念，注重特色发展，倡导学生学习中华传统文化。学校与首都体育学院、首都师范大学、中国音乐学院和北京外国语大学建立了手拉手关系，4所大学支持民族小学的办学，为学校开设了武术、足球、国际象棋、民乐、合唱、书法等课程。笔者在2015年3月30日上午8：00—11：00，对民族小学教师孙老师、外聘教练张曙光、体育组组长马宏分别进行调研，得知学校把小学一年级的体育课分成男、女两个班，男生练习足球，女生练习武术，每周一次课。另外，还成立了武术兴趣班，每周3次课，人数50人左右。时间为下午放学后3：30—5：30。学校从去年下半年开始重视武术教育，通过一年的努力，决定参加北京市举办的中小学武术比赛。

调研记录好下：

时间：2015年3月30日上午8：00—11：00，周一。

地点：民族小学训练馆、体育组办公室。

访谈对象：民族小学教师孙老师、外聘教练张曙光、体育组组长马宏。

情景描述：在学校与孙老师交谈。在张曙光上武术课的同时与老师交谈，下课后到体育组办公室与组长马宏交谈，了解学校武术发展状况。

笔者：孙老师，这是一年级？

孙：对。

笔者：一年级有几个班，都练武术吗？

孙：一年级有7个班，都是女生练武术，男生踢足球。一个班女生20多个，男生20多个。下午放学后，每周3次练武术，3：30—5：30。

笔者：兴趣班有多少人？什么时间开始的？

孙：通常有30～40人，从去年下半年开始的。

笔者：是不是国家规定武术进校园？

孙：足球是国家规定的，下发了文件，武术不是，因为我们学校是以传统文化为重，因此领导比较重视武术。

笔者：这样影响不影响学习文化课？

孙：不影响。

笔者：以前有没有参加比赛？

孙：没有，以前没有武术，连兴趣班也没有。我们领导比较重视与高校合作。从去年与首都体育学院合作，他们派老师来。如果下半年有比赛，就准备参加。

笔者：二年级、三年级练不练武术？

孙：二、三年级没有，但有兴趣班。高年级报的比较少，他们有其他兴趣，和这个冲突了。低年级报的多。

笔者：一年级一周几次课？

孙：一周4次课。一、二年级四次，三、四、五、六年级3次。除了武术还有三个特色课程，网球、跆拳道、健美操。

这时，张曙光下课。

笔者：上课辛苦了，好不好上课？

张：还行，小孩上课，话说的多些。

笔者：为什么找你代课，他们自己没有老师吗？

张：有，但是没有武术教师，学校招聘的是体育教师，而不是武术专业的老师。他们干不了专业武术训练，再者，他们工作量大，都满课。这样，如果再有什么武术活动，老师就参加不了。

笔者：学校重视武术吗？

张：原来不重视，现在重视了，但缺武术教师。

笔者：学校怎样？学生好不好管理？

张：是重点学校。学生一般。我们来学校是老师指派下来的，我是首都体育学院的一年级研究生。这个学校和首都体育学院合作，帮助小学生提高体育成绩，我的导师就派我来了。

笔者：教什么内容，是不是段位制一段套路？

张：由老师自己决定，一段也行，一路也行，基本功也行，我教的是一段内容。

笔者：他们也没有考段的要求？一周几次课？

张：没有要求。一周一次课，他们还有其他项目。

与张曙光交谈后，在孙老师的带领下会见了体育组组长马宏老师。

笔者：马老师您好！咱们体育组有几位教师？有没有武术教师？

马：有8位教师，没有武术专业的教师。

笔者：有没有专门的文件规定武术进校园。

马：没有，但要求推广武术操。海淀区也比较重视，专门创编了一套操，也要求我们去培训，然后教学生。

笔者：专门成立武术队了吗？每周训练几次？有多少人，什么时间开始的？

马：成立了兴趣班，每周练3次，下午放学后3：00—5：30。总共有六七十人，每次来上课的大约40人。一、二年级低年级的报名多。大约从2014年11月开始的。

笔者：家长有没有反对学生练武，害怕影响学习文化课的？

马：几乎没有，体育课是教委规定的课程。兴趣班是根据学生喜好报名。如果与他们报的奥数、外语等文化课有冲突，就以文化课为主了。

笔者：你们学校支不支持习练武术？

马：校长支持，也比较重视武术，专门与首都体育学院合作，要求他们助学，有武术、足球、健美操、跆拳道、篮球五项，另外我们学校有自己的田径与网球项目。但是由于学校场地有限，和首都体育学院合作的五项，相互有冲突，比如既喜欢武术，又喜欢足球，可能会因为场地拥挤，没办法满足。

笔者：学校体育课多不多？与兴趣班有冲突吗？

马：1～2年级每周4次体育课，3～6年级每周3次体育课。体育课大多数在三四节。兴趣班是下午放学之后，由校外聘请的教练上课，每周下午3次课必须上两次，每次课时间长2小时30分钟。

笔者：原来有没有练武术的学生？

马：从去年11月份才开始。原来如果想练，都是自己去外面练且人数也不多，只有2个练武术的。

笔者：贵校有跆拳道兴趣班，武术与跆拳道相比，哪项人数多一些？

马：跆拳道相对多一些，跆拳道有段位，兴奋点高。

笔者：报武术兴趣班的人，哪个年级人数多？

马：普遍是低年级练的多，高年级家长不支持，文化课一多，武术就练得少了。再者，高年级孩子懒，不愿动了。

笔者：贵校学生考初中上什么学校？

马：对应4所初中，很多人想上师大附中，因为是名校。

笔者：你和家长谈过吗？有没有喜欢武术的孩子，占多少？

马：有 1%～2%，像我们学校1000人有10个人真的喜欢，跟着别人练的比较多。家长有个群，有喜欢的就组织起来一起练。中国的家长普遍认为，孩子学习好就行了，其他不去考虑。国民素质普遍不行，比如扎马步，高年级害怕累，就不愿练了。

3. 武术馆校

武术馆校是伴随着20世纪80年代初“武术热”的兴起而兴起的。1983年和1995年，国家体委出台了《关于对群众自办武术馆和私人教拳加强管理的意见》和《经营性武术组织管理规定》，使民间办学有了依据。

（1）概况

在20世纪80—90年代一度有近百所武术馆校。经过30多年的发展，目前北京武术馆校有30多家，但仅有10多所还有办学的实力，其余的转向以培训机构为主体。具有办学能力的学校发展规模也是参差不齐，有的前景广阔，如北京少林武术学校、北京贵仁武术学校和北京房山少林寺武术学校，在校学生达千人以上。其他学校均不足200人，更小的只有50多人。民办武术学校以市场为导向，大的武术学校具有较强的抵御危机的能力，而小的武校随时都有毁灭的危险[1]。

（2）北京少林武术学校

北京少林武术学校是全国著名的武术学校，校长傅彪，硕士学位，联合国友好使者。学校始于1991年，规模不断扩大，现已发展成12所分校，分别在北京、上海、德州、淄博、南京、无锡。国外的分校在韩国首尔、泰国普吉岛、英国伦敦、美国达拉斯、旧金山、俄罗斯联邦巴尔瑙尔市和俄罗斯莫斯科。校总部位于北京德外西三旗回龙观昌平路386号，教学一区位于北京德外西三旗回龙观昌平路396号，大兴武术院位于北京市大兴区青云店镇开发区15号。学校是实施小学、初中、职业高中三个学段12年学历教育的现代化新型武术学校。

开设课程除按国家教学大纲规定开设小学、初中和高中所有课程外，还开设武术套路、武术散打、武术太极、跆拳道、自由搏击等课程。教学内容包括：武术基本功、基本技术，少林罗汉拳、通臂拳、小洪拳、大洪拳等少林拳系列，国家规定长拳、南拳、太极拳、器械等系列，地躺拳、螳螂拳、鹰爪拳、醉拳、翻子拳、形意拳等传统拳系列，三节棍、朴刀、九节鞭、春秋大刀、双钩、双鞭等传统器械，散打、格斗、女子防身术系列，跆拳道和硬气功系列。武术教练均毕业于全国著名武术院校武术系，本科学历，专业知识丰富，技术过硬，具有国家一级教练员资质。外地户籍的学生可直接到各大体育

---

［1］杨洪岭，郭庆国，张建. 北京市民办武术学校发展前景展望［J］. 武魂，2013（9）：70.

院校报考。自1991年办学以来，成绩优异者可入选校表演团或留校任教，另外学生可以报考北京体育大学、首都体育学院等大学。

现有武术班29个，文化班33个。在2016年有37名学生被高校录取，以后每年递增。到2021年的高考，有51人通过体育单招进入高等学府。刘庆缘被北京体育大学录取，梁橙等4人被首都体育学院录取，武汉体育学院、西安体育学院、郑州大学、广州体育学院、天津体育学院、南京体育学院、成都体育学院等体育院校也有考取的本校学子。另外，中国海洋大学、郑州大学、苏州大学、北京邮电大学等国内知名学府也看好本校学子，纷纷招录麾下[1]。

学校还依托在校师生组建学校艺术团，成立于1994年，现有在编人员200余名。经过20多年的努力创编了《上下五千年——中国功夫剧》《奥运中国》《中国龙》《中国功夫》《男儿当自强》《武林骄子》《猴哥，猴哥》《美猴王大闹天宫》等武术节目。艺术团在成立以来，多次出访欧美、东南亚等国家和地区，在国内外重大场合频频亮相，多次出演央视春节联欢晚会，出演2008年奥运会开幕式《丝绸之路》，随国家领导人出访外国等。艺术团的演出不仅表现了少林武功的高超，而且弘扬了中国传统武术文化，促进了国际交流[2]。

（3）北京贵仁武术学院

北京贵仁武术学院始建于1998年，校长为祁暄女士，北京体育大学硕士学历。学校一院为北京贵仁武术院，一校为黄村校区，三部为北京大兴亦庄贵仁搏击健身俱乐部、河南新乡贵仁搏击健身俱乐部、山东青岛贵仁搏击健身俱乐部。学校能在强手如林的京城站稳脚跟，得益于“仁本主义”的校园文化建设和“文武双修，德才兼备”的教学目标。学校把握机遇，及时调整发展策略，加强教师队伍建设，目前有博士研究生1人，硕士研究生3人，高级教练5人等四五十人的实力强劲的教师、教练队伍。教学训练方面，除完成教育部门规定的任务外，开设“武术套路”“武术散打”“影视特技”“跆拳道”等课程。在学生教育管理方面，采用军事化管理、亲情化管理和德育化管理。学校开设幼儿园、小学、初中、高中四部教学。开设专业为武术套路、武术散打、影视表演、拳击、舞龙、舞狮和体育舞蹈等。建校以来，学校取得了优异的成绩，在2013年的香港国际武术节获得5金、5银、11铜，在2013年全国武术馆校比赛获得男子长拳全能第二名和男子太极拳全能第六名等成绩。在2014年北京市第

[1] 北京少林武术学校教育成果［EB/OL］.（2022-09-25）［2023-04-07］. http：//www.bjslwx.com/rczp/rczp.htm.

[2] 北京少林武术学校艺术团风采［EB/OL］.［2023-04-08］. http：//www.bjslwx.com/bytfc/bytfc.htm.

十四届运动会武术散打比赛中获男甲75公斤季军。近年来，贵仁学校有6人被成都体育学院录取，3人被首都体育学院录取，2人被北京体育大学录取，1人被中国特警学院录取，还有3人被沈阳体育学院录取[1]。

从以上资料和访谈记录可以看出，北京市的中小学比较重视学生的武术教育。学校对武术的重视程度与校领导的支持力度是分不开的，学校重视，武术就好开展。其次，国家的教育政策是学校武术发展的重要依据。再次，学生是否喜欢，家长是否支持也很关键。

（三）高校对京师武术文化的重视

武术作为体育项目是否重要，取决于人们的生活习惯和对其认识程度。高校聚拢全国最优秀的年轻人，需要武术去强健体格、充实思想。在全国范围内，首都高校比较重视武术运动，处于领先地位。

1. 普通高校

2022年教育部公布北京高校93所（含民办16所），其中211学校26所，985学校8所，处于全国首位。北京高校有武术协会和武术课，有些高校还有武术队。由于立足首都，名家众多，高校受指导的机会明显高于其他省市。

（1）武术协会

高校武术协会是大学团委领导下的学生社团，是由热爱中国武术和传统文化的学生武术爱好者自愿组成的非营利性体育类社团。武术协会发展状况一定程度上反映武术开展的情况，有必要对其进行研究。目前首都高校大都有武术协会，有的学校不但有武术协会，而且拥有太极拳协会、散打协会。比如清华大学、北京邮电大学、北京中医药大学、北京科技大学等高校拥有武术协会和太极拳协会，说明其武术运动开展良好。武术协会成立的目的是提高学生身体素质、传承民族精神、弘扬民族优秀文化。招收会员、组织训练、组队参赛、邀请名家讲课等是首都高校武术协会要经常进行的活动。

组队参加北京市乃至全国的各类武术比赛是武术协会的职责，既能锻炼队伍，又能提高学校的知名度。如北京建筑大学武术协会在2011—2015年组队代表学校参加首都高校武术比赛，取得了优异的成绩，彰显北京建筑学学子的

[1] 北京贵仁武术学院[EB/OL].[2023-04-08].www.china guiren.com.

精神面貌。举办各高校之间的联谊活动也是武术协会的常设项目。2014年6月9日，第四届北京高校武术交流晚会在北京体育大学地下报告厅举办，此前已经举办了三届。会上各个兄弟院校之间相互交流、学习，气氛愉悦，推动了北京高校武术类社团的发展。

（2）体育课

首都高校的体育课是按照1990年国务院发布实施的《学校体育工作条例》和2002年教育部颁布的《全国普通高等学校体育课程教学指导纲领》，结合本校实际情况来制定的体育教学大纲的要求，进行体育课的教学。各高校一般规定高校体育课程为4学分，学生必须修完，否则影响学位。体育必修学分包括体育课程、课外体育锻炼和健康测试。武术是体育必修课程的重要一项，多数学校根据师资情况安排教学内容与进度。

北京大学的体育课为必修课程，4学分128学时，每学期1学分，是获得学位的必要条件之一。体育课分为必修课和选修课，必修课包括游泳、太极拳（男生）、健美操（女生）和39项兴趣课程，就是说学生特别是男生必须学习太极拳课程，在39门兴趣课程里还包括少林棍术、峨嵋剑术、武术、搏击擒拿术、散打等武术课程。太极拳课程为北大的特色课程，现有彭芳等10位老师授课，是北大体育课中授课教师人数最多的课程。课程以24式简化太极拳的理论与技术为主要内容，要求学生能够熟练地演练24式技术，掌握基本理论，体会传统武术文化。

北京工业大学比较重视武术的习练，规定大一、大二学生必须每周上一节体育课，课程在武术、足球、篮球、排球、网球、乒乓球、羽毛球和健美操课程中任选一项，每学期32学时。全体学生必须进行课外锻炼，包括每天早操晨练30分钟，进行课外体育锻炼（如跑步、武术、舞蹈或球类活动）和体育竞赛等活动。要求学生学业结束前必须掌握以下四项中的一项：游泳200米、熟练掌握24式简化太极拳、熟练掌握一套健美操或男生1500米跑达到5分4秒、女生1000米跑达到5分的水平[1]。其他高校也比较重视武术课程的教学，一些学校把武术课作为所选课程的重要一门。

（3）武术队

高校武术队由学生组成，代表学校在武术方面的最高水平。武术队由学校

[1] 谢伦立，邓雪震，郑剑晖. 北京工业大学体育课程模式重构 [J]. 运动精品，2011（2）：23.

领导支持，代表学校参加比赛，进行武术表演，常年坚持科学系统的训练。通过调研，可知首都高校有北京语言大学、北京邮电大学、北京航空航天大学、北京理工大学、中国人民大学、北京中医药大学、清华大学等学校拥有运动队。其中中国人民大学、北京邮电大学、北京理工大学、北京中医药大学是教育部批准的具有招收高水平武术运动员的学校。

北京邮电大学的武术队成绩更加突出，成立于1995年，开始由几个普通学生组成。该队刻苦训练，努力拼搏，技术不断提高，被教育部批准，具备招收高水平武术运动员的资格。此后，每年招收高水平运动员，在2017年计划招收20名。北邮武术队在教练方志新、王迪的带领下积极备战，科学训练，最终在2021年度中国大学生武术套路锦标赛比赛中共获得金牌8枚、银牌6枚、铜牌8枚的优异成绩，方志新老师获得了“优秀教练员”称号，北邮武术队也获得了“体育道德风尚奖，优秀运动队”称号[1]。在首都高等学校武术比赛上，从2009年起到2021年，北京邮电大学已连续13年蝉联团体总分第一[2]。

北京理工大学每年要招收高水平武术运动员6人，考试项目为自选拳械、自选太极拳、自选南拳和传统拳械类等。北京理工大学武术队成绩优异，在2011年荣获首都高校武术比赛团体总分第二名，在2012年荣获男、女团体第二名，在2013年荣获女子团体第一名、男子团体第二名。在2014年荣获团体总分第三名。在2014年和2015年荣获男、女团体第二名。在2016年荣获团体总分第二名的优异成绩。2017年获集体项目第二名。2018年获男女团体第二名。2021年荣获团体第三名[3]。

北京语言大学武术队由普通学生组成，成立于2011年11月，旨在宣传武术、推广武术、传承武术，以弘扬中华民族传统武术文化为己任。队员大部分没有基础，从头开始，踏踏实实地学练武术，为了为学校争得名次，并且通过比赛锻炼意志品质和心理素质，认真准备每一场比赛。北京航空航天大学虽然没有高水平运动队，但其队伍实力不可小觑。该队在2012年6月10—13日参加全国大学生武术锦标赛，荣获九节鞭第一名、形意拳第三名的优异成绩。在2012年4月28日的“首都高校武术比赛”上获得13个单项冠军，充分展示了笃

[1] 北邮武术队全国武术比赛佳绩［EB/OL］.（2021-07-06）［2023-04-05］. https://ped.bupt.edu.cn/info/1013/1518.htm.

[2] 北邮武术队团体冠军［EB/OL］.（2021-06-08）［2023-04-05］. https://ped.bupt.edu.cn/info/1013/1512.htm.

[3] 北理工［EB/OL］.（2018-11-09）［2023-04-02］. https://www.bit.edu.cn/gbxxgk/gbgljg/gbxysz2/tyb53/a161700.htm.

学明志、尚武修身的“北航武魂”精神。截至2018年5月，北语武术队在首都高校比赛中共获得41枚金牌、35枚银牌、51枚铜牌、180个第四至第八名的好成绩[1]。

清华大学武术队注重太极拳和养生气功的修炼，多次在“首都高校传统养生体育比赛”中取得优异成绩。2011年11月20日在北京建筑工程学院举办的“首都高校第十二届传统养生体育比赛”上荣获女子42式竞赛套路太极拳第一名、女子42式竞赛套路太极剑第三名的好成绩。在2016年7月25—28日参加全国高等院校健身气功比赛，荣获八段锦集体项目第一名和个人八段锦单项第一名。自2010年参加首届全国高等院校健身气功比赛以来，获得两次集体项目一等奖和四次个人单项的第一名。2020年11月21日，首都高等学校第二十一届传统养生体育比赛在线上顺利举行，清华大学武术队在此次比赛中共斩获六项冠军、一项亚军、六项季军，以总分109分获得团体总分亚军的优异成绩[2]。

（4）武术比赛

武术比赛是武术运动发展的风向标，能够检查武术发展状况，培养优秀后备人才，促进参赛队之间相互交流，扩大学校的影响力和知名度，推动高校武术运动的发展。目前，首都高校参加的比赛有全国大学生武术锦标赛、首都高校武术比赛、校际间武术比赛、全球华人武术大赛、首都高校健身气功比赛等。

首都高校武术比赛是北京高校中最高级别的比赛，每年举办一次。比赛项目为套路、推手和中国功夫对抗等。从首都高校武术比赛一览表中可以看出，武术比赛队数量近几年是逐步增加的，参赛人数也是逐年递增的，比赛项目逐步合理。参赛人数从2011年的230人到2021年的280人，能够从一个侧面反映首都高校近几年是比较重视武术事业的[3]。

全国大学生武术锦标赛是由国家教育部大学生体育协会主办的全国高校武术运动项目最高规格的比赛。该项赛事从1994年开始，每年一次，已成为我国大学生体协的传统赛事。首都高校中国人民大学、北京航空航天大学、北京邮电大学、北京理工大学、北京语言大学、北京中医药大学等均参加过比赛，取

［1］北京语言大学体育教学部［EB/OL］.（2020-08-23）［2023-04-01］. http://tyb.blcu.edu.cn/info/1055/1079.htm.

［2］比赛佳绩［EB/OL］.（2020-12-25）［2023-04-02］. https://www.thsports.tsinghua.edu.cn/info/1119/1495.htm.

［3］2021年首都高校武术比赛.［EB/OL］.（2021-06-02）［2023-04-02］. https://baijiahao.baidu.com/s?id=1701732315070167800&wfr=spider&for=pc.

得了不错的战绩。2016年中国大学生武术套路锦标赛在兰州大学举办，全国有78所院校的81支武术队，队员有657名。项目有拳术、器械、对练项目、段位制系列套路等27个大项，1681个单项，争夺183金牌。在这次比赛中北京邮电大学获得男子甲组和女子甲组团体总分第二名的好成绩。北京体育大学获得男子乙组和女子乙组团体总分第二名的好成绩[1]。在2022年的中国大学生武术套路锦标赛中，北京体育大学、清华大学、中国人民大学参加，取得不错战绩。北京体育大学荣获男子丁组团体和女子丁组团体双料第一名；中国人民大学荣获女子丙B组团体第一名[2]。中国大学生武术锦标赛成绩能够说明首都高校的武术水平是全国一流的，也为首都高校武术的对外交流提供了平台。

除了上面提到的两项重要赛事外，高校还可以参加诸如“世界太极拳锦标赛”“全球华人武术大赛”等比赛。2016年10月30日，北大和清华两校进行散打友谊赛，采用两局赛制，每局2分钟，局间休息1分钟，共进行20局比赛。比赛使两校收获了友谊，提高了技术水平。

（5）名师指导

首善之地，名家众多。各高校根据情况聘请名家来校讲课、指导和传授是比较便利的事情。北京航空航天大学在2007年12月2日晚7点邀请武术运动管理中心康戈武教授做“太极运动观”的讲座，吸引了众多武术爱好者。康教授从技击、健身、中国传统文化等方面入手，为大家讲述了中国武术的广博和精神，展示了武术魅力[3]。2005年11月20日晚，中国政法大学武术协会邀请中国武术专家李士信老师、知识产权专家李祖明博士，讲述传统武术与现代法治文明之间的关系，学子们受益匪浅[4]。北京大学的太极拳教师们除了备课、上课、自行锻炼太极拳外，还经常聘请名家到校辅导，提高自身太极拳修养，2015年9月1—7日聘请国家体育总局武术研究院秘书长康戈武教授、国家级武术教练吴彬、功夫明星徐向东博士、北京体育大学武冬教授、杨式太极拳名家崔仲三、北京体育大学黄康辉副教授等来校进行太极拳理论和技术的培训。2015

[1] 2016年中国大学生武术锦标赛［EB/OL］.（2016-07-23）［2023-04-03］. https：//news.lzu.edu.cn/c/201607/40566.html.

[2] 2022年中国大学生武术套路锦标赛（丙组、丁组）在安陆闭幕［EB/OL］.（2023-04-06）［2023-04-08］. https：//baijiahao.baidu.com/s?id=1762435799485068932&wfr=spider&for=pc.

[3] 新闻网. 北航武术文化周开幕［EB/OL］.（2007-12-03）［2023-04-03］. https：//news.buaa.edu.cn.

[4] 中国政法大学.［EB/OL］.（2005-11-21）［2023-04-03］. https：//news.cupl.edu.cn.

年9月5—7日，北大太极拳教学组还专程去河南陈家沟进行实地考察学习，收获颇丰。2016年9月2—5日，北大太极拳教学组前往天津蓟县训练基地进行为期3天的太极拳教学培训活动，受到世界太极拳冠军邱慧芳老师的指导[1]。

2. 体育院校

北京体育大学和首都体育学院是两家专门从事体育人才培养的高校，专门设立武术系院，培养武术方面的本科生、硕士研究生和博士研究生。体育学为教育学的一级学科，下设4个二级学科，包括体育人文社会学、运动人体科学、体育教育训练学和民族传统体育学。武术作为民族传统体育学的重要内容，一直被体育院校所重视。

（1）北京体育大学

1953年夏，中央决定在北京创建中央体育学院，1956年更名为北京体育学院，1993年更名为北京体育大学。北京体育大学是唯一一所“211工程”体育院校，为我国培养了众多的体育人才。

专业是指高等学校或中等专业学校根据社会专业分工的需要设立的学业类别。专业都设有独立的教学计划，以实现专业的培养目标和要求。北京体育大学下设体育与健康学部、人文社科学部、奥林匹克运动学部、体育工程学部4个学部。学校设有运动训练、体育经济与管理、英语、运动人体科学、公共事业管理、武术与民族传统体育、体育教育等41个本科专业[2]，拥有一级学科博士学位授予权。从学校所设的学院和专业来看，中国武术学院隶属体育与健康学部，下设四个教研室，分别是套路教研室、散打教研室、养生教研室、民族民间体育教研室。武术学院创建于1958年8月，2018年12月更名为中国武术学院，成立60多年，在教学、训练和科研等方面取得了丰硕的成果。

①武术教学科研成果

武术学院成立以来，出现众多国内外武术界著名的教授，如张文广、成传锐、张广德、夏柏华、翟金生、门惠丰、吴彬、张山、曾乃梁、阚桂香、朱瑞琪、徐伟军、杨柏龙等。张文广教授在1936年曾代表中国参加第十一届柏林奥

[1] 北京大学体育教研部［EB/OL］.（2016-12-18）［2023-04-02］. https://pe.pku.edu.cn/info/1020/1310.htm.

[2] 北京体育大学·学校概况［EB/OL］.（2022-12-08）［2023-04-05］. https://www.bsu.edu.cn/xxgk/xxjj/index.htm.

运会的武术表演，为我国争得荣誉。学院在60多年的教学、训练中，培养出世界及亚洲冠军18人次，全国冠军176人次。世界冠军如下：在第二届世界武术锦标赛上，冯旷获得65公斤散打冠军，王世英获得52公斤散打冠军。左娟在1997年第四届武术锦标赛上获得自选刀术冠军。范雪萍在第六届世界武术锦标赛上获太极拳冠军。在1999年第五届世界武术锦标赛上，郑坤友获56公斤散打冠军，刘晓蕾获刀术冠军。在2001年第六届世界武术锦标赛上，苑玉宝获75公斤散打冠军，范雪萍获太极拳冠军。在2002年第一届武术散打世界杯比赛上，李杰获70公斤散打冠军，李必金获75公斤散打冠军。在2003年第七届世界武术锦标赛上，韩静获剑术和对练冠军。在2004年第二届武术散打世界杯的比赛上，李必金和吴松录获得冠军。在2005年第八届世界武术锦标赛上，张继东获枪术冠军。在2006年第三届武术散打世界杯比赛上，杨明明获90公斤冠军。在2007年第二届国际武术搏击争霸上，黄磊获85公斤冠军。在2007年第九届世界武术锦标赛上，黑志宏获枪术冠军。在2010年首届武博会上，马兰获长拳冠军。民族民间体育部主持参与完成国家级重点科研项目12项，并获奖12项。2018年，民族传统体育运动项目代表队在国际、国内比赛中共获金牌73枚，世界比赛金牌16枚。并培养了大批武术与民族传统体育专业本科生、硕博研究生、留学生和高水平运动员[1]。

②武术表演活动

北京体育大学武术艺术团是校艺术团的分支，校艺术团成立于2005年12月，武术艺术团是其重要组成部分[2]。多次参与国际交流、重要会议展演，包括亚洲文明对话大会、国庆70周年、2022年北京冬奥会。成立以来，足迹遍及五大洲22个国家和地区。2012年11月2日在张强强院长带领下，与来访的台湾武坛两岸文化参访团进行交流。学院龙狮代表队带来雄伟壮观的龙狮表演，而套路代表队进行了儒雅的太极拳展示和武术套路展示等。2012年11月17日上午，武术学院第一届武术竞艺大赛成功举办。2013年沙特“杰纳第利亚遗产文化节”于当地时间4月3日在沙特首都利雅得正式拉开序幕。武术学院艺术团的武术队、龙狮队和柔力球队在院长张强强和教练段全纬的带领下，参加了本次活动，展现武术的独特魅力。武术学院在2013年4月12日下午，为了欢迎比利时参

[1] 中国武术学院［EB/OL］.（2021-02-21）［2023-04-03］. https：//wushu.bsu.edu.cn/xygk/xyjj/dfe7943921434eca88974c3bbccdc4cb.htm.

[2] 大学生艺术团简介［EB/OL］.（2017-04-23）［2023-04-02］. https：//tuanwei.bsu.edu.cn/dxsyzt/2741.htm.

观团，在北武术馆表演武术，带来了一场震撼的视觉盛宴，加强了两国之间的武术文化交流，推动了中华武术的发展。在俄罗斯时间2014年2月9日，武术学院派6名学生在党总支书记许声宏带领下，远赴索契冬奥会“中国之家”，参与中俄友好交流年——中俄体育专场交流活动。2017年世博会在哈萨克斯坦首都举办，北京体育大学艺术团代表队8人进行了舞狮和太极拳表演，赢得各国友人一致好评[1]。

（2）首都体育学院

首都体育学院创建于1956年，原名“北京体育学校”，1960年改建为“北京体育师范学院”，2000年更名为“首都体育学院”。学校有本部校区、北校区和凤凰岭校区。武术一直是该校的重要学科。

首都体育学院现有武术与表演学院、运动科学与健康学院、管理与传播学院、体育教育训练学院、休闲与社会体育学院、冰雪运动学院、继续教育学院、国际教育学院、马克思主义学院9个二级学院。学校设有15个本科专业，包括体育教育、武术与民族传统体育、休闲体育、舞蹈表演、公共事业管理、新闻学、体育经济与管理学、运动训练、社会体育指导与管理、运动康复、运动人体科学、体能训练、体育旅游、冰雪运动、电子运动竞技与管理。在研究生培养方面，学校设置了民族传统体育学、运动人体科学、体育人文社会学、体育教育训练学、运动康复学、应用心理学6个学科硕士和两个专业学位硕士，专业有30个研究方向。学校还与福建师范大学联合培养博士，从2012年学校通过国家特殊需要博士人才培训项目审核，开始独立招收博士学位研究生。学校还可以招收访问学者和外国留学生。目前，各类在校生5000余名，建校60多年来，已为国家和北京市培养10余万名高层次体育人才[2]。

①武术教学科研

首都体育学院武术与表演学院成立于2012年1月，由民族传统体育系和运动训练系的体育表演专业合并而成，现在有武术专业本科学生400多人和硕士研究生30多人[3]。

[1] 北京体育大学武术艺术团介绍［EB/OL］.（2018-09-25）［2023-04-02］. https：//wushu.bsu.edu.cn/gjjl/wsyst/9596574f72334128b5a98927adb3ca73.htm.

[2] 首都体育学院简介［EB/OL］.https：//www.cupes.edu.cn/xxgk/xxjj/index.htm.2023-01-12.

[3] 首都体育学院与表演学院简介［EB/OL］.（2021-06-09）［2023-04-03］. https：//sdma.cupes.edu.cn/xyjs/xygk/61e48660e52845afb179ccf0e5d6c871.htm.

②武术表演活动

武术表演学院积极参与武术展演和武术交流活动，近年来取得不错的成绩。2012年4月28日首都体育学院代表队参加北京高校武术比赛，取得了9个单项冠军的成绩，同时荣获女子团体总分第二名和体育道德风尚奖。2012年6月10日，在上海华东理工大学举办了全国大学生武术锦标赛暨首届全国大学生竞艺武术大赛，首都体育学院武术队9名运动员参赛，最终获得了一个单项冠军、一个第三名的好成绩。2013年8月5—7日，第八届香港国际武术比赛在香港九龙湾国际展贸中心举行，首都体育学院有9名队员参加，最终获得套路赛12枚金牌、2枚银牌、太极推手2枚金牌的优异成绩。2014年9月27日，应国家汉办孔子学院总部邀请，首都体育学院武术与表演学院院长周之华教授带领2012级学生彭祥慧及留学生飞往国家汉办——孔子学院总院，庆祝孔子学院10周年纪念活动。2014年10月23—29日，第六届世界传统武术锦标赛在安徽九华山举行，首都体育学院派7名学生参加，与来自中国、美国、加拿大、德国、俄罗斯、日本等45个国家和地区的2000多名选手同场竞技。2016年7月参加中国大学生武术锦标赛，获1枚金牌，3枚银牌和1枚铜牌。2017年6月在首都高校武术比赛中，共获5枚金牌、6枚银牌和5枚铜牌。2019年4月参加全国武术套路冠军赛，获得第三名1次，第五名3次和第八名1次[1]。

三、传播文化的时代责任

当代，地球人生活的如此之近，便捷的交通、四通八达的网络、内容繁杂的信息、全球一体化的经济，使我们大家都成为地球村的一员。科技的发达促使物质丰富，但不能充实我们的心灵。面对世界出现的信仰危机、贫富差距增大、大气污染、环境破坏、宗教冲突、恐怖组织袭击、人口增长过快等问题，仅仅依靠科技的力量是远远不够的，必须拿起文化这把利刃。西方文化大行其通，给我们带来科技、物质、生活的便利，但也带来上述所说的大部分问题。因而，地球村不能再由西方的“快餐式”文化唱独角戏，必须有东方的“和合”文化参与发展。

[1] 首都体育学院新闻中心［EB/OL］.（2021-07-20）［2023-04-05］. https：//news.cupes.edu.cn/zhxw/index.htm.

（一）社团组织对京师武术文化的促进

传播中国文化不但是政府的责任，更应该是中华儿女应尽的义务，在这一点上，京师武林人士走在全国的前列。

1. 众多的民间武术组织

京师民间武术组织是在中国武术协会和北京市武术运动协会的支持下，由众多的武术名家倡导，为振兴武术事业、传承民族文化而成立的组织。它的成立标志着民间的武术力量被调动起来了，武林界的仁人志士也有了自己的家。大家心往一块想，劲向一块使，共同筑起京师武术大厦。在2013年，在北京武术运动协会注册成立的民间武术组织达62家。2019年，北京武术运动协会严格执行会员入会标准，对会员要求提高，第一批注册成立的民间武术组织达49家[1]。

2. 武术组织的发展特征

（1）宗旨

民间武术组织成立的目的是促进武术运动的普及和技术水平的提高，是为全民健身和传承民族文化服务的。如北京市永泉太极拳研究会的宗旨是加强太极拳理论研究、交流、推广和发展，弘扬中华传统文化，提高健康水平，促进社会和谐[2]。北京许武尚德体育研究社以“研究体育、提倡国术、振兴尚武精神、增进民众健康、养成健全国民、助力民族复兴”为宗旨[3]。传统太极拳健身推手研究会办社宗旨是继承中华民族的优秀文化遗产和太极文化艺术，发扬老一辈拳家的高尚武道和精湛拳艺，为广大人民群众的健康服务。四民武术研究会成立于1900年，取名“四民”是该社要面向“士、农、工、商”等各阶层广大群众之意。在民族危亡之际，四民弟子参与抗日战争。1994年8月10日正式复社，继续为北京市民的健康服务[4]。吴式太极拳研究会于1984年5月26日，

[1] 单位会员［EB/OL］.（2019-02-22）［2023-04-02］. https：//baijiahao.baidu.com/s?id=1626131994702188223&wfr=spider&for=pc.

[2] 北京市永泉太极拳研究会［EB/OL］.（2020-12-14）［2023-04-02］. http：//www.yqyjh.org/bencandy.php?fid=10&id=226.

[3] 北京许武尚德体育研究社［EB/OL］.（2020-09-05）［2023-04-02］. https：//www.ximalaya.com/album/42025355.

[4] 北京市武术运动协会. 北京市武术运动协会档案［M］. 北京：人民体育出版社，2007：357-358.

举办“吴式太极拳义演大会”，将所得收入全部捐献给中国儿童基金会。同德武术研究会在天坛公园、紫竹院公园、玉渊潭公园等处建立武术辅导站，为全民健身贡献自己的力量[1]。

（2）组织特征

以八卦掌研究会为例，一般设会长、副会长、秘书长、副秘书长、监事长、副监事长、监事、顾问委员会主任、副主任等职位。其他组织与八卦掌研究会组织结构类似，人数根据需要而设，如副会长一职可设数名。八卦掌研究会还设宣传组、组织工作组、财务组、网站信息组、竞训组和外联活动组。八卦掌研究会的组织制度是会长领导下的委员会负责制，委员由选举产生，每届任期四年。八卦掌研究会是北京也是全国第一个成立的单拳种研究会，为全国同类民间组织成立带了个好头。

（3）队伍不断壮大

从表5-3中可以看出，民间武术组织从1982年5月23日的八卦掌研究会成立起，到2013年7月的心意拳研究会的成立，队伍不断增加。从表中看出，80年代有17家民间组织，90年代有22家，本世纪有23家。会员人数不断增加，如六合拳研究会在刚成立时会员有二三十人，到今天的200人。陈式太极拳研究会会员由成立之初的400人，发展到现在的1000多人和众多的太极拳习练者[2]。

表5-3　北京市拳种研究会一览表[3]

序号	组织	成立时间	序号	组织	成立时间
1	八卦掌研究会	1982年4月	8	六合拳研究会	2004年1月
2	八极拳研究会	2004年11月	9	东岳太极拳研究会	2004年11月
3	意拳研究会	1984年10月	10	陈式太极拳研究会	1983年6月
4	吴式太极拳研究会	1984年1月	11	技击研究会	1986年10月
5	三皇炮捶研究会	1982年3月	12	陈照奎太极拳社	2004年12月
6	武术理论文史研究会	1996年12月	13	少儿武术研究会	2004年7月
7	同德武术研究会	1990年7月	14	查拳研究会	2004年10月

[1] 北京市武术运动协会. 北京市武术运动协会档案［M］. 北京：人民体育出版社，2007：264.

[2] 陈式太极拳网站［EB/OL］.（2023-02-17）［2023-04-05］. https：//bjtaijiquan.kuaizhan.com/.

[3] 笔者根据北京武术运动协会官网信息绘制。

（续表）

序号	组织	成立时间	序号	组织	成立时间
15	戳脚翻子拳研究会	1984年11月	39	京港搏击会	1992年6月
16	大悲拳研究会	1986年4月	40	华城武术社	2003年8月
17	花拳研究会	1994年5月	41	绵掌武术社	1996年9月
18	李式太极拳研究会	2004年9月	42	民族武术社	1994年8月
19	梅花桩研究会	1984年6月	43	永年太极拳社	1992年4月
20	少林八法研究会	1992年6月	44	兴武武术社	2006年5月
21	少林五形八法拳研究会	1990年10月	45	鲍氏武术社	1992年11月
22	孙式太极拳研究会	1983年10月	46	临清潭腿研究社	1989年3月
23	螳螂拳研究会	1994年7月	47	中意武馆	1993年3月
24	通背拳研究会	1984年4月	48	宗勋武馆	1994年3月
25	武当太乙神剑门功法研究会	1993年6月	49	京华武馆	1986年11月
26	武式太极拳研究会	2004年11月	50	志强武馆	1986年4月
27	形意拳研究会	1983年3月	51	国林武术馆	1989年7月
28	杨式太极拳研究会	1991年8月	52	九翻武道研究会	2007年1月
29	永泉太极拳研究会	2006年8月	53	少林拳研究会	2006年9月
30	庆洲太极拳推手研究会	2006年12月	54	武术实战技术研究会	2006年6月
31	吴图南武术思想研究社	1990年5月	55	鹰手拳研究会	2008年1月
32	传统太极拳健身推手研究社	1994年6月	56	蛇鹤太极拳研究会	2007年11月
33	航天一院神箭武术协会	1991年5月	57	太极养生研究会	2009年6月
34	八极武术社	1995年9月	58	锦八手拳研究会	2010年5月
35	兴华武术社	1994年3月	59	太祖拳研究会	2010年5月
36	团结湖武术培训中心	1987年11月	60	剑道研究会	2012年8月
37	四民武术研究社	1994年8月	61	赵氏擒拿研究会	2012年5月
38	龙潭武术社	1996年4月	62	心意拳研究会	2013年7月

3. 传播文化

（1）参与武术科研

民间组织中高手云集，不乏文笔妙手，通过笔墨更容易传播民族文化。如意拳研究会姚宗勋在1986年编著的《中国实战拳学》，影响较广。2004年吴式太极拳研究会李秉慈会长在《武魂》上发表的6篇关于“缠丝劲”的论文，对习练吴式太极拳有较大的帮助。戳脚翻子拳研究会会长刘学勃根据自己几十年的习武体会，在1984年发表了《戳脚翻子拳概论》《戳脚与技击》《超绝腿功戳脚翻子拳》等论文，对了解戳脚翻子拳的特点及拳理有一定帮助。2012年李式太极拳研究会马金龙出版了武学专著《太极五星捶》《太极拳养生内功心法》等书籍。1999年6月，孙氏太极拳研究会孙剑云在众弟子的协助下，编辑出版了武学经典著作《形意拳学》《八卦拳学》《太极拳学》《拳意述真》《八卦剑学》，以及《孙禄堂武学录》，有较大反响。吴氏太极拳名家王培生，编著有《吴氏太极剑》《吴式太极拳诠真》《太极功与推手精要》等著作。陈式太极拳名家冯志强主编了《精练陈式太极拳》《陈式太极拳入门》等著作。

（2）参加文艺演出

民间组织来自民间也为民间服务，社团经常参加文艺演出，积极传播武术文化。六合拳研究会曾参加北京大学武术研究会成立30周年庆祝大会，曹凤岐表演了六合养生拳，赵辉表演了六合双钩。绵掌武术社成立之后，积极参加北京市开展的各种体育活动，受到了社会各界人士的关注。绵掌武术社社长乔秀川多次受中央电视台的邀请，先后录制了《大悲拳》《首都练武人》等节目，1998年11月，乔秀川作为中央电视台《康乐年华》节目组的特邀嘉宾，对传统武术进行了全面阐述并演练。2001年1月，梅花桩研究会承办了“全国梅花桩联谊会”，来自全国16个地区的300多位代表云集首都，增进感情，交流了技艺。北京鸣生亮武学研究会在2019年9月派出25名辅导员到学校、机关、社区进行吴式太极拳的普及推广活动，使500余名练习者受益。2019年7月应邀请参加了天水首届“伏羲卦台杯”太极拳邀请赛，在活动中进行了吴式太极拳表演[1]。2018年2月陈式太极拳研究会组队在北京电视台科技频道春节大联欢晚会上，同机器人一起献技舞台，达成了传统文化与尖端科研的完美组合[2]。

（3）对外传播文化

西风东渐，带来了精华同时也带来了糟粕，自觉抵制糟粕的同时还要提高民族免疫力。面对当前复杂的国内外形势，民间组织更应该带头走向前列，用武术文化去展现民族自信。

［1］鸣生亮武学研究会成果丰富［EB/OL］.（2020-01-18）［2023-04-05］. https：//www.sohu.com/a/367591221_164390.

［2］陈式太极拳展演［EB/OL］.（2018-02-03）［2023-04-03］. https：//bjtaijiquan.kuaizhan.com/.

在对外传播文化方面，民间组织往往当仁不让。陈式太极拳研究会本着弘扬民族文化的宗旨，常常出访欧美、亚非等地传播太极拳文化。会长冯志强多次应邀赴北美、南美、欧洲和亚洲等多国访问讲学，传播武术并获得广泛的赞誉，使陈式太极拳这一中国传播文化瑰宝造福全人类。六合拳研究会常常招待来自荷兰、瑞士、美国等国家的武术爱好者学习拳法和器械。会长曹凤岐先后两次去瑞士、一次去巴林传艺。2017年7月22日六合拳研究会与台湾中华少林洪拳总会进行联谊交流，增进两岸友谊[1]。

（二）国家层面的传播

国家是民众意志的体现，政府是国家行使权力的部门。传播武术是民间的义务，更是政府的责任。

这里所指的国家层面，是指管理武术事务的中国武术协会和武术运动管理中心。因为他们的行动一定意义上代表着国家意志。中国武术协会和武术运动管理中心的地理位置在北京，故而所进行的行动，也多由北京发出指令，这也属于京师武术文化研究的范畴。

1. 武术运动管理中心职能及职能部门

国家体育总局武术运动管理中心作为中国武术协会常设办事机构，带有部分行政职能，负责武术运动项目的全面管理，直属国家体育总局。1986年武术研究院成立，1987年国家体委把训练竞赛四司武术处与武术研究院合并，行使全国武术的行政管理职能。1994年国家体委设立武术运动管理中心，这样就形成了武术运动管理中心与武术研究院为一套班子、两块牌子又兼中国武术协会的常设办事机构。中国武术协会、武术运动管理中心和武术研究院、北京武术运动协会坐落于北京，属于京师武术文化范畴系列，对首都武术事业的发展极为有利。

主要职责包括：建全全国武术管理的组织体系；制定政策规范性文件，规范武术管理；代表中国参加国际武术活动；负责竞技武术、社会武术和武术与全民健身活动的管理；通过推动科研、宣传、市场开发和武术的国际化等工作进行管理；通过中国武术协会“实体化”和实现会员制度、段位制，以社团

[1] 北京六合拳研究会[EB/OL].（2017-07-22）[2023-04-02]. https://www.jianshu.com/p/eee7c21418c2.

形式组织开展全国武术工作。主要职能部门包括：综合办公室、武术套路部、武术搏击部、社会活动部、国际推广部、会员服务和活动监管部、青少年活动部、武术研究和反兴奋剂部、传统武术和产业发展、财务部。

武术套路部：负责武术套路发展规划和管理制度的制订；指导全国武术套路的训练、竞赛和运动队伍的建设发展工作；组织重大国际武术套路比赛备战和参赛工作；组织协调国内运动会武术套路的竞赛工作；组织开展联赛工作；抓好武术套路项目赛风赛纪、反兴奋剂工作的教育、管理和监督工作。

武术搏击部：职责与竞赛一部类似，主要负责武术散打项目。

国际推广部：负责国际武联秘书处的工作；负责中心外事工作；组织开展与国家体育组织和各国（地区）间的武术交流与合作。

社会活动部：制定传统武术和群众性武术工作发展规划草案；指导开展群众性武术活动；推行社会武术体育指导员工作；组织开展武术表演的相关工作。

青少年活动部：拟订青少年武术发展规划草案、青少年业余训练管理制度；指导武术走进校园工作的实施和全国武术馆校、青少年俱乐部的建设工作；指导开展青少年业余训练及相关活动，组织指导青少年国际武术比赛参赛工作和国际交流活动。

2. 传播内容

国家层面对武术文化的传播是全方位的，包括对伦理武德的传播、武术美学的传播、武术进取的传播、武术健身的传播等方面。我们结合武术运动管理中心2022年工作开展情况进行分析说明。

第一，伦理武德方面。武德即武术道德，是习武者在从事武术活动时要求做到的行为规范。武德是武者在学武、练武和用武的过程中逐渐养成的习惯，是由外在表现的礼仪动作到内心认可，最终达到自觉行为的过程。武德的内容丰富，主要有尚武崇德、尊师重道、学武志坚、舍己从人、见义勇为、杀身取义、爱国为民等。《太极拳论》讲："学太极不可满，满则招损"，武术谚语有："冬练三九，夏练三伏""学艺先学礼，习武先习性""拳以德立，无德无拳"等。在2022年1月，发布了治理裁判员技术等级及执裁行为的函。依法治理目前市场上出现违规办赛、非法约架、跨项执裁、违规培训等行为。2022年3月16日，国家散打队一行75人到"白沙起义第一枪遗址纪念园"进行红色主题教育活动，希望运动员以先烈为榜样，发扬反抗强暴、不怕牺牲的斗争精神。2022年10月27日，武管中心学习宣传贯彻党的二十大精神会议，提出"办人民满意的武术”作为衡量标准，推动武术事业高质量发展[1]。

第二，武术美学方面。武术的美首先表现为姿态美，其次表现为动作美，最后表现为气质美，是从内到外、浑然一体的整体武美，如长拳的“十二形”所说动如涛、静如岳、起于猿、落如鹊、立如鸡、站如松、转如轮、折如弓、轻如叶、重如铁、缓如鹰、快如风。1957年6月在北京召开的关于武术学术问题的座谈会上，大家达成共识：在保存武术的技击特点的前提下发展武术事业[2]。因而，武术的美是技击美，那些很美但无技击意识的动作统统被抛弃。武术运动管理中心出台的《武术套路竞赛规则》就以“高、难、美、新”为出发点，去评判动作质量，以“美”去规范动作，以“美”去评价动作。

第三，武术进取方面。在套路方面，鼓励创新。“高、难、美、新”的“新”就是鼓励创新。《武术套路竞赛规则》的第十九条就是“创新难度的申报”，是对“创新难度”的规范。对在散打比赛上，要求敢打敢拼、意志坚强、斗志昂扬、为国争光，胜不骄、败不馁。在2022年进行的武术比赛中，有4月举办的亚运会武术散打队选拔赛。7月组队参加世界运动会，勇夺4金。8月组队参加金砖国家武术套路锦标赛。8月24日在漯河举办全国武术散打锦标赛。由于疫情，特意安排了网络比赛，如全国青少年社会武术俱乐部大赛、全国传统武术拳种展演网络大赛、全国少儿武术锦标赛网络大赛。这些比赛的成功举办锻炼了队伍的技术，同时传播了中国的对抗比赛的理念和积极拼搏的精神[3]。

第四，武术健身方面。武术本身就具有健身功能，我们的先人在创造武术时就特别注重修身强体。“内练一口气，外练筋骨皮”，要求内外兼修，才能达到强身健体的目的，而不是单纯追求外在的强悍。“药补不如食补，食补不如练武”“打拳壮筋骨，踢腿活四肢”等说明武术是强健体魄的运动。武术运动管理中心积极从事全民健身服务，在2022年安排的167项活动中，有多项活动与全民健身有关，如举办武术散打项目裁判员执裁行为安全教育培训班、武术兵道项目走进校园活动、举办全国武术兵道（短兵）教练员和裁判员培训班、组织国家青年武术散打教练员岗位竞聘工作、开展“全民健身日”主题活动、

[1] 武术管理中心. 信息发布［EB/OL］.（2023-01-22）［2023-04-05］. http：//www.wushu.com.cn/#/inform.

[2] 朱成. 关于武术性质问题的讨论（座谈会记录）体育文丛［M］. 北京：人民体育出版社，1957：5.

[3] 武术管理中心. 信息发布［EB/OL］.（2023-01-12）［2023-04-05］. http：//www.wushu.com.cn/#/inform.

举办在华留学生武术训练营等多项工作与全民健身工作相关[1]。

3. 对外交流，传播武术

武术作为优秀传统文化，对外交流，可以传播中华文明，提高民族自信心。1959年10月1日，国庆十周年，日本友人来华访问，周恩来总理会见并介绍太极拳的健身效果。李天骥被指派传授24式太极拳，此为中华人民共和国成立以来，太极拳正式传入日本。1960年应捷克斯洛伐克共和国邀请，我国成立了第一支国家武术队，成员包括邵善康、严广才、韩明南、徐其成、于天堂、王常凯、于立光、王金宝、张植滨、杨僧宝、李福妹、张玲梅、蒲祥珠、张海凤、赵识德、翁积秀、武元梅、汪佩琴、穆秀杰19人[2]。1960年，中国青年武术队赴捷克斯洛伐克访问，揭开了武术对外交流的序幕。同年，中国武术队随周恩来总理访问缅甸。1974年，中国武术代表团应邀访问美国，美国总统尼克松在白宫广场会见代表团。1982年，首次召开的全国武术工作会议提出“积极稳步地向外推广，使武术逐步走向世界”的设想。1987年9月，亚洲武术联合会成立。在1990年10月，武术被列为第十一届亚运会的正式比赛项目。同年，国际武术联合会在北京正式成立。1991年，第一届世界武术锦标赛在北京举行。直至2022年12月，国际武术联合会已有成员协会142个。洲际联合会包括亚洲、欧洲、美洲、非洲、大洋洲五个洲际武术联合会，已举办世界武术锦标赛15次。国际武术联合会的成立和世界武术锦标赛的举办，大大加快了武术走向世界的步伐，把中国精神传遍全世界。孔子学院是传播中国文化的窗口，2020年有160多个国家建立550多所孔子学院，武术是重要组成部分。韩国首尔经济圈3所孔子学院就有一千多人参与武术练习[3]。

四、现代京师武术的价值体现

现代京师武术文化的社会定位为体育（广义）、教育和文化传播。所以说现代京师武术的价值首先体现为强身健体，其次为教育和文化功能。

---

[1] 武术管理中心. 信息发布 [EB/OL]. (2023-01-18) [2023-04-05]. http: //www.wushu.com.cn/#/inform.

[2] 吴兆祥. 体育百科大全20 [M]. 合肥：安徽人民出版社，1998：78.

[3] 黎镇鹏，等. 中国武术文化传播的历史回溯与展望 [J]. 武术研究，2021 (12)：24-27.

当然，武术的本质是技击，但技击本质也会随时代的不同而发生部分质变。在古代，京师武术主要用于搏杀。在近代，动乱的社会环境使武术的技击价值得以保持，但强身健体价值也越来越重要。中华人民共和国成立后，我国的国内环境基本处于和平状态，人们对武术的技击功能要求不是那么强烈，反而追求健身功能。另外，在中华人民共和国成立初期，国家也引导武术走套路道路，致使今天的武术，特别是传统武术，在健身和传承民族文化道路上迈进。

本章小结

中华人民共和国成立后，京师武术向体育（广义）、教育和文化传播三个方向发展。

北京，作为国家的首都，首先兴起武术的体育化改造，同时在这里示范，进而推向全国。因而，北京的武术发展可以窥视全国的武术走向。国家的最高武术管理组织在北京成立，武术发展的重大政策由其制定并实施。武术在漫长的发展道路上，以其技击为人们所熟知，其体育功能的显现、发挥功效是近代的事。在近代，武术为国人拼搏在救国图存的大义中注入爱国激情。然而其体育价值未有更好地呈现。在国民政府执政的民国时期（1912—1949年），武术一度活跃在体育领域，但国民党的黑暗统治和国家孱弱的政治、经济环境使武术不能充分展现其体育魅力。只有在社会主义的今天，党和政府才能高瞻远瞩，充分认识到武术的体育价值，给武术展现其魅力的空间。

国家体委对武术的“整顿、收缩”是与中华人民共和国成立初期，我国所面临的复杂的国内外环境分不开的，反霸剿匪、镇压反革命、保护新生政权是当时国家的首要责任。武术的民间开展，无疑会延续封建余毒。因此，武术技击没有展现在世人面前，武术主要以套路的形式出现，一度“武术套路”成为武术的代名词，使得武术的发展受到一定的限制。其后，“文革”到来，武术成为重灾区。改革开放以来，武术发展进入了快车道。

京师武术一直走在祖国前列，北京武术队一度各项成绩遥遥领先，成为全国的领头羊，不但武术套路队成绩优异，散打队也名列前茅。1979年，教育部开始在全国中小学实现体育传统项目学校制度，北京是国家最早一批建立体育传统学校的地区之一。在全国7所国家级武术项目学校中，有2所是北京的中小学，足以说明北京中小学对武术项目的重视。高校方面，发展也比较好，北京大学规定太极拳为必需内容，清华大学武术队成绩优异，中国人民大学、北京邮电大学、北京理工大学、北京中医药大学是教育部批准的具有招收高水平武术运动员的学校。在武术文化传播方面，首都也走在全国前列，包括民间传播和国家层面的传播。

第六章
丰富多彩的京师武术文化

京师武术文化是指在首都以武术为载体存在的武术活动，以及一切与武术活动相关的物质产品、精神产品及其创造过程的总和。京师武术文化可谓丰富多彩，本章意在围绕京师武术文化的技术层面、理论层面和精神价值层面三个文化层面内涵进行分析。

一、恢弘大气：京师武术本体文化通览

文化以武术为本，武术为文化奠基，京师武术文化以本体文化为根，才能枝叶茂盛。武术以拳种为基础，通过对拳种的整理，才能洞察武术的奥妙。

（一）京师武术拳种特征

通过实地考察，并对首都拳种进行分析，结合《北京武术协会档案》《中国武术拳械录》《中国武术百科全书》《北京市武术拳械录》等文献资料，对首都武术拳种进行梳理。北京作为首都吸引众多的武林高手，也使得高手故乡的拳种在北京开花结果。经过大浪淘沙，留下了61个拳种与器械，其中拳、械、对练和技击套路等1005套。我们从北京各拳种、器械源流与分布一览表（表6-1）可以分析京师武术的分布、源流和传入北京的情况。

表6-1　北京各拳种、器械源流及分布[1]

序号	拳种	分布区县	源流	传入北京时间及人物
1	八卦掌	宣武、东城、朝阳、西城、通县、平谷	清末北京董海川	清末北京董海川
2	内八卦	东城	民国北京张长祯	20世纪二三十年代北京
3	形意拳	东城、西城、海淀、宣武、丰台、崇文	明末清初山西姬际可	光绪年间郭云深
4	太极拳	各区县	明末河南温县陈家沟	清末河北杨福魁
5	查拳	各区县	清雍正山东冠县沙亮	清代北京刘昆
6	查滑拳	大兴县	沧州兴起	资料待查
7	花拳	东城	清雍正年间甘凤池	义和团宋国荣传入
8	三皇炮捶	宣武、崇文、西城、丰台	明代普照僧	清末宋迈伦
9	大洪拳	崇文	明代朱元璋	资料待查
10	少林拳	各区县	河南少林寺	资料待查
11	少林八法	各区县	唐代河南少林寺	20世纪20年代任正芳
12	弹腿	东城、西城、崇文、顺义、怀柔、通县	唐末山东临清	资料待查
13	六合拳	各区县	清末沧州	清末沧州刘德宽
14	八极拳	东城、西城、丰台、海淀、大兴	明朝洪武	清光绪王中泉
15	通臂拳	崇文、宣武、东城、西城、房山	清末浙江人祈信	清末浙江人祈信
16	劈挂拳	东城、平谷县	清代乾隆年间河北	清代左氏家族
17	翻子拳	各区县	宋代形成	清末河北冯克善
18	戳脚	各区县	宋代形成	清末河北冯克善
19	戳脚翻子	各区县	河北蠡县、饶阳县	20世纪20年代吴斌楼
20	地躺拳	各区县	河北威县张从富	资料待查
21	梅花桩	西城、宣武、海淀	清康熙年间杨丙	韩其昌
22	清拳	东城、西城、海淀	清末京西潭柘寺	清末京西潭柘寺
23	陆合拳	西城	沧州曹三把	资料待查

[1] 笔者根据《北京市武术拳械录》绘制。

（续表）

序号	拳种	分布区县	源流	传入北京时间及人物
24	心意拳	东城	河南马学礼	资料待查
25	鹰手翻子拳	西城	民国陈子正	民国陈子正
26	短拳	石景山、房山	河南少林寺	资料待查
27	无极拳	门头沟	北京昌平刘振邦	北京昌平县刘振邦
28	绵掌	各区县	河北罗氏家传	1919年徐明德
29	白猿拳	怀柔、密云	相传由达摩	张富传与北京
30	螳螂拳	平谷、房山	明末山东即墨人王郎	民国陈云涛单香陵
31	猴拳	宣武	西汉形成	资料待查
32	罗汉拳	通县、顺义、怀柔、平谷	河南少林寺	资料待查
33	小红拳	大兴县	河南少林寺	资料待查
34	梅花拳	东城、海淀、通县、平谷	河南少林寺	资料待查
35	二郎拳	怀柔	明末清初少林寺	山东赵云峰
36	太祖拳	西城、燕山	宋太祖赵匡胤	资料待查
37	迷踪拳	宣武	相传起源于唐朝	资料待查
38	米祖拳	各区县	明代赵必	建国后北京刘佩伟
39	长拳	平谷	北京石祥	北京石祥
40	南拳	平谷、大兴、燕山	中国南方	资料待查
41	意拳	西城	20年代北京王芗斋	北京王芗斋
42	燕青拳	燕山、平谷	河南少林寺	资料待查
43	华拳	宣武、平谷	唐代华山蔡茂	资料待查
44	地龙拳	各区县	明代白莲庵	资料待查
45	武子拳	京西	东周末期孙武	清朝王文辉
46	转拳	东城	来源白猿通背拳	资料待查
47	顺手拳	海淀	清末林剑仙	清末林剑仙
48	弥宗连手拳	各区县	资料待查	资料待查
49	大悲拳	宣武	北京奇云和尚	20世纪50年代奇云和尚
50	功力拳	宣武、西城	一指灵和尚	资料待查
51	唐拳	西城	唐朝李渊	资料待查

（续表）

序号	拳种	分布区县	源流	传入北京时间及人物
52	醉拳	各区县	资料待查	南平县佟老株传入
53	鹰爪拳	各区县	河南少林寺	资料待查
54	五龙通花炮	石景山	河北武清县李瑞东	高玉传入
55	蛇拳	朝阳	雁荡山僧人	资料待查
56	孙膑拳	海淀	战国孙膑	资料待查
57	中华新武术	各区县	30年代马良	资料待查
58	24式拳	各区县	1938年许笑羽	民国北京许笑羽
59	意剑	平谷	资料待查	资料待查
60	武当对剑	各区县	李天骥	李天骥
61	飘摇刀	大兴	资料待查	资料待查

1. 以北方拳种为主

所谓“学得文武艺，卖与帝王家”，京师正是武术豪杰“决战紫禁之巅”的地方，引来八方英雄。从表6-1中可以看出，北京当前拥有本土拳种并不多，仅有八卦掌、内八卦、清拳、意拳、长拳、大悲拳六种，加之后来从陈式太极拳分门别派而来的杨式太极拳、吴式太极拳和孙式太极拳等皆为北京本土拳种，约占总数的10%左右，其他皆为外来拳种。在众多外来拳种中，以河北人传入的最多，有三皇炮捶、六合拳、劈挂拳、翻子拳、戳脚、戳脚翻子、陆合拳、五龙通花拳、绵拳、米祖拳、鹰爪拳、八极拳、鹰手翻子拳等；其次为山东与河南，由山东人传入的有查拳、查滑拳、花拳、弹腿、华拳、螳螂拳等；由河南人传入的有心意拳、太极拳、少林拳、少林八法拳、小红拳等。河北离北京最近，且围绕着北京，山东、河南离北京也不远，加之都是平原地带，风土人情相近，为北方拳种流行提供了地理优势。拳种、器械除南拳、蛇拳和武当对剑等少数为南方拳种、器械外，皆为北方拳种、器械。从传入时间看，多为清代后期。这与清代的“禁武令”和近代复杂多变的政治、经济与文化背景有关。

2. 摒弃“门户之见”，形成拳种体系

北京的首都地位招揽了天下诸拳种汇聚此地，京师的博大胸怀使来京的拳家也心胸坦荡，摒弃“门户之见”，形成众多的拳种体系。京城有多数武术名家一生学过好几种拳种，如尹福学过花拳、罗汉拳和八卦掌；刘德宽学过六合

拳、八卦掌和岳氏鹰手；金启亮学过通背拳、戳脚和临清潭腿；“大刀王五”王子斌学过六合拳、通背拳和八极拳；张敌寒学过清拳、形意拳、八卦掌、太极拳等；许禹生学过八卦掌、太极拳；孙禄堂学过形意拳、八卦掌、太极拳；韩慕侠学过形意拳、八卦掌；吴斌楼学过戳脚、翻子拳；成传锐学过少林拳、通背拳、醉拳；韩其昌学过戳脚、翻子拳、梅花桩拳。这么多拳师能够学到多种拳术得益于京师名家众多，更得益于首都有容乃大的胸怀，只有首都才能使这么多名拳融合在一起，构成光彩夺目的拳种体系。

许多默默无闻的拳种，有成为参天大树的基因，都能在京师沃土的培育下生根发芽，开花结果。太极拳最早主要在河南温县陈家沟流传。杨福魁三下陈家沟学习才修得真艺，后来京传艺，在其带领下，逐渐形成杨、吴、武、孙等流派，加之后来进京的陈发科传授的陈式太极拳，形成五大太极拳争艳的局面。可以说，北京是太极拳的发祥地。与太极拳扬名京城相比，形意拳在地方也小有名气，然而这种名气不能与扬名京城进而传播海内外相提并论。形意拳发源于山西，为明末清初姬际可所创，后传到河北深县人李洛能，刘奇兰、郭云深、车毅斋等皆为李洛能的弟子。京师的巨大魅力吸引着郭云深、刘奇兰等，为了进京增长见识，交流技艺，形意拳在北京得以传授。这样，太极拳、形意拳和原来就在北京发展的八卦掌三大名拳齐聚首都，共同开辟美好明天。

与太极拳、八卦掌广泛在上层的宫殿、王府传播相比，三皇炮捶、戳脚翻子、通背、梅花、螳螂拳等都是走劳苦大众的下层路线。据传，三皇炮捶起源比较久远，奉轩辕黄帝为始祖。在清后期，河北人宋迈伦携三皇炮捶进“神机营”，比武皆胜，人称“神拳宋迈伦”。后宋迈伦在京创办“京都会友镖局”，使三皇炮捶广泛传播。北京的戳脚翻子拳是在20世纪20年代由河北人吴斌楼传入的，且发扬光大。在北京牛街流行白猿通背拳和祁氏通背拳，两种通背拳是否同源，有待考证。白猿通背拳由山东人石鸿翔传入，后在牛街开展。而祁氏通背拳的开拓者是清末河北固安县的祁信，传入北京后兴旺起来。梅花桩拳的传入归功“坨南侠”韩其昌，此前以家传的方式流行于山东、河南、河北等地。螳螂拳多在山东传播，是山东人王郎所创，后由陈云涛和单香陵在北京广泛传播。

可以看出，无论何种拳种，只要有发展的内因，北京就能够提供茁壮发展的地理空间。

3. 展现大气磅礴的首都气概

京师的拳种与地方拳种有千丝万缕的联系，但存在差异，主要是气质的不同。北京肥沃的土壤，使一些原来默默生长在田间地头的“小家碧玉”，出落成光彩照人的“大家闺秀”。

太极拳、八卦掌、形意拳被称为三大名拳，不仅是习练人口最多的三大拳种，而且受京师文化的熏陶，展现出厚重的文化底蕴。比较而言，形意拳主刚，要求整劲。北京武术运动协会形意拳研究会创始人之一邸国勇认为，“气势宏伟”是北京形意拳的总体特征。而太极拳被杨福魁带到北京后，针对弟子多为王公大臣、贝勒贵族，身体素质多孱弱的特点，有意将太极拳原有的蹿蹦跳跃、架低发力等难度动作简化，适合具有文化修养又想修身养性的子弟学练，后经其子孙的修改，逐步形成杨式太极拳的骨架。杨式太极拳的问世是京师文化孕育的结果。杨式太极拳的柔和缓慢、舒展大方、架美势稳、速度均匀的特点，特别适合京师文化人习练。而土生土长的八卦掌更是在京城皇家文化的洗涤下成长起来的，天生就具备威而不怒、气宇轩昂的气质。

京师的魅力深受高手的喜爱，三皇炮捶、八极拳、戳脚翻子拳、劈挂拳、螳螂拳等武林高手纷纷来到帝王之都，感受皇家气息，检测自家拳法的优劣。在首都立根并且能够开花结果的都是优秀拳种。经过几十年甚至上百年的磨砺，每个拳种都焕发出新的风貌，与过去有不同程度的区别，帝王之都的豪迈造就了京师武术拳种的王者之气和大气磅礴的首都气概。

（二）当代京师武术拳种发展状况

笔者调研得知，当代北京拳种有了新的变化。

1. 太极拳是京师习练最多的拳种

比赛能够反映拳种发展状况，从2015年3月28日进行的“北京市‘李天骥杯’武术太极拳锦标赛”秩序册中可知，报名人数男子409人，女子512人，共计921人。而在2015年4月11日进行的“北京市‘鸣生亮杯’传统武术锦标赛”中，男491人，女158人，共计649人。

两个比赛比较可知，太极拳是北京市习练最多的拳种，有921人参加比赛，而传统武术比赛有649人。在太极拳大的门派下又分为陈、杨、吴、孙、武、李等种类，太极拳比赛分为规定套路和传统套路。按组别分为五组，分别为少年组（18岁以下）、青年组（19～35岁）、中年乙组（36～49岁）、中年甲组（50～59岁）、老年组（60岁以上）。由表6-2分析可知，男子少年有29人次参加比赛，女子少年有13人次参加比赛。男子青年有109人次参加比赛，女子青年有41人次参加比赛。男子中年乙组有218人次参加比赛，女子中年乙组有175人次参加比赛。男子中年甲组有140人次参加比赛，女子中年甲组有386人次参加比赛。男子老年组有255人次参加比赛，女子老年组有353人次参加比赛。

表 6-2 太极拳比赛参赛人次[1]

男子		女子	
组别	人次	组别	人次
少年组（18岁以下）	29	少年组	13
青年组（19～35岁）	109	青年组	41
中年乙组（36～49岁）	218	中年乙组	175
中年甲组（50～59岁）	140	中年甲组	386
老年组（60岁以上）	255	老年组	353
合计	751		968

比较可知女子中年甲组习练太极拳人数为386人次，排第一，其次为老年组女子353人次排第二，老年组男子255人次排第三，中年乙组男子218人次排第四，中年乙组女子175人次排第五，中年甲组男子140人次排第六，青年男子109人次排第七，青年女子41人次排第八，少年男29人次排第九，少年女13人次排在最后。（运动员能够参与多项比赛，所以参加人次比参加人数多）

在太极拳习练种类方面，以女子中年甲组为统计对象，由表 6-3分析可知。参加规定套路的有竞赛48式太极拳9人，42式太极拳32人，24式太极拳32人，共计73人次。参加竞赛杨式太极拳的有24人，传统杨式太极拳有25人，共计49人次；参加竞赛陈式太极拳的有19人次，传统陈式太极拳的有18人次，共计37人次；参加竞赛吴式太极拳的有20人次，传统吴式太极拳的12人次，共计32人次；参加竞赛武式太极拳的有4人次，传统武式太极拳的有7人次，共计11人次；参加传统孙式太极拳的有7人次；参加传统李式太极拳的有4人次。

表 6-3 女子中年甲组参赛情况

拳种	人次	拳种	人次
竞赛48式太极拳	9	竞赛吴式太极拳	20
42式太极拳	32	传统吴式太极拳	12

[1] 笔者根据“北京市‘李天骥杯’武术太极拳锦标赛”秩序册绘制。

（续表）

拳种	人次	拳种	人次
24式太极拳	32	竞赛武式太极拳	4
竞赛杨式太极拳	24	传统武式太极拳	7
传统杨式太极拳	25	传统孙式太极拳	7
竞赛陈式太极拳	19	传统李式太极拳	4
传统陈式太极拳	18		

以男子老年组为统计对象，从表6-4分析可知。参加42式太极拳的有26人次，24式太极拳的有19人次，共计45人次。参加竞赛杨式太极拳的有12人次，传统杨式太极拳的有20人次，共计32人次；参加竞赛陈式太极拳的有16人次，传统陈式太极拳的有24人次，共计40人次；参加竞赛吴式太极拳的有11人次，传统吴式太极拳的有4人次，共计15人次；参加传统武式太极拳的有6人次；参加竞赛孙式、武式、48式太极拳的有9人次；参加传统李式太极拳、其他太极拳的有10人次。

表6-4　男子老年组参赛情况

拳种	人次	拳种	人次
42式太极拳	26	竞赛吴式太极拳	11
24式太极拳	19	传统吴式太极拳	4
竞赛杨式太极拳	12	传统武式太极拳	6
传统杨式太极拳	20	竞赛孙、武、48式太极拳	9
竞赛陈式太极拳	16	传统李式、其他太极拳	10
传统陈式太极拳	24		

从表6-3分析可知，国家规定太极拳是女子习练最多的套路，包括48式、42式和24式，第二是杨式太极拳，第三是陈式太极拳，第四是吴式太极拳，第五是武式太极拳，第六位孙式太极拳，第七为李式太极拳。从表6-4可知，男子则是国家规定套路为第一，第二是陈式太极拳，第三是杨式太极拳，第四是吴式太极拳，第五是武式太极拳，第六是其他太极拳。

2. 传统武术发展有喜有忧

从2015年4月11日进行的“北京市‘鸣生亮杯’传统武术锦标赛”秩序册

中可知，报名人数男子491人，女子158人，共计649人。按组别分为五组，分别为儿童组（12岁以下）、少年组（13～17岁）、青年组（18～40）、成年组（41～59）、老年组（60岁以上）。

从表6-5分析可知，男子儿童有288人次参加比赛，女子儿童有85人次参加比赛。男子少年有158人次参加比赛，女子少年有28人次参加比赛。男子青年有146人次参加比赛，女子青年有38人次参加比赛。男子成年有162人次参加比赛，女子成年有71人次参加比赛。男子老年组有37人次参加比赛，女子老年组有16人次参加比赛。

表6-5 传统武术参赛人次[1]

男子		女子	
组别	人次	组别	人次
儿童组（12岁以下）	288	儿童组	85
少年组（13～17岁）	158	少年组	28
青年组（18～40岁）	146	青年组	38
成年组（41～59岁）	162	成年组	71
老年组（60岁以上）	37	老年组	16
合计	791		238

比较可知，男子儿童参加比赛人数为第一，288人次；第二是男子成人，162人次；第三是男子少年，158人次；第四是男子青年，146人次；第五是女子儿童，85人次；第六是女子成人，71人次；第七是女子青年，38人次；第八是男子老年，37人次；第九是女子少年，28人次；而女子老年是16人次，排最后。

从表6-6分析可知，以拳种来分析，八卦掌是习练最多的人群，109人参赛；第二是形意拳，78人参赛；第三是八极拳，66人参赛；第四是少林拳，63人参赛；第五是查拳，41人参赛；第六是翻子拳，36人参赛；第七是通背拳，35人参赛；第八是劈挂拳，25人参赛；第九是华拳，24人参赛；第十是潭腿，23人参赛；第十一是花拳，15人参赛；第十二是象形拳，14人参赛；第十三是炮捶，12人参赛；第十四是地躺拳，9人参赛；第十五是南拳，3人参赛。

[1] 笔者根据“北京市‘鸣生亮杯’传统武术锦标赛”秩序册绘制。

表6-6　参赛传统拳种人次

拳种	人数	拳种	人数	拳种	人数
八卦掌	109	翻子拳	36	花拳	15
形意拳	78	通背拳	35	象形	14
八极拳	66	劈挂拳	25	炮捶	12
少林拳	63	华拳	24	地躺拳	9
查拳	41	潭腿	23	南拳	3

通过2015年北京进行的两次比赛，用数据来分析当代京师武术拳种发展状况。武术比赛是武术发展的一面镜子，可以了解武术的发展状况。当然不能用一次比赛来说明问题，通过近几年的比赛情况来看，太极拳参与人数遥遥领先其他拳种。这说明京师的群众喜爱太极拳。当然，参与太极拳大多数是中老年人，说明太极拳健身理念深入人心。参加传统拳种人数，少年儿童是第一位，说明传统拳种后继有人。与其他拳种相比，八卦掌、形意拳、八极拳、少林拳等的习练人数是多的。“忧”的是有的拳种就没有队员参赛，如清拳。

3. 京师武术以“健康第一，技击第二”为习练理念

从以上比赛资料来看，太极拳是京师习练最多的拳种，但习练目的大都是健康。当然，武术的本质是技击，但随着时代的发展，武术发生了质变[1]，在一定情况下，健身可能上升为主要功能。从参赛者来看，50～59岁女子占多数，大多是武术爱好者，习武健身当然是首要选择。在从八卦掌、太极拳和其他拳种的入门弟子的访谈中，也能得到上述观点。

董连勋，男，1936年生，国家级社会体育指导员。师承杨式太极拳第五代传人曹彦章先生，为杨式太极拳第六代传人。20多年来一直在双秀公园义务传授杨式太极拳，已教授1000多学员，学员有多人获得北京市各种级别的金、银、铜牌。

笔者在2015年3月29日8点采访董老师及其学生。

采访地点：双秀公园。

笔者：董老师，您带领他们练完了。

[1] 朱君. 论武术的本质与质变 [J]. 体育科学，2013，33（1）：84-88.

董：练了几遍了。

笔者：昨天的太极拳比赛您看了吗？

董：看了一天，你也去了？

笔者：去了，咱们队水平怎么样？

董：还可以。有9名学员参加比赛，4人获得名次。

笔者：不错。您的太极拳队年纪有多大？

董：大多数在50岁以上吧，也有年轻人，小陈年纪就小。

笔者：陈老师您的名字，多大岁数，什么职业，您跟董老师学习多少年了？

陈：我叫陈静奇，27岁，刚学几个月，我是搞软件的。

笔者：这几位老师叫什么名字？

学员：我是刘宁，他叫冯鹏飞。

笔者：董老师，咱们太极拳队收费吗？

董：象征性的收点会员费，纯义务教学。你看，大多数会员都是离退休职工，平均年龄在60多岁。

笔者：他们从事什么职业？

董：干什么的都有，有做生意的、有退休教师、有营业员、有干部等。

笔者：这个公园都是练什么拳种？

董：练太极拳的有好几拨，其他如通背拳、大悲拳都是自己练。

林猛，男，35岁左右，习练通背拳，师承祁家通背拳第六代传人，北京市通背拳研究会第三届会长贺国栋先生。经常在家或公园内习练桩法和通背拳。

采访地点：马甸南村小区。

时间：2015年3月29日早8：30。

笔者：现在通背拳的发展状况如何？

林：情况一般，年轻人不多。

笔者：小孩练的多不多。

林：不多，后备军不足。现在学习任务重，小孩没有时间。过去没事干，放学后，就练武，现在孩子玩得可多了。

笔者：您老师是谁？

林：我老师是会长。

笔者：你练通背拳多少年了？

林：十来年吧。你要是想出成绩，必须有时间，“穷文富武”。可是现代人哪有时间，整天忙忙碌碌。如果你有钱，也喜欢这个，你能玩出点名堂。

笔者：现在学通背拳的多吗？

林：不算多。过去是徒弟找师父学，现在快断代了。

笔者：你认为你的功夫如何？

林：一般。功夫分刚和柔，不能光柔，人家光揍你。但是刚与柔的分寸不好把握。我现在还是在武术门口转悠。刚柔就像你扔石块，太刚容易僵硬，太柔发不出力。我化刚用了三年，但还是不明白刚柔的把握度。

笔者：通背拳的要领在哪里？

林：如果想学功夫，就先站桩，所有的东西都是从桩中来。

笔者：为什么学习通背拳？

林：我练通背首先是锻炼身体，其次是提高自信。

在2015年3月28日，笔者去石景山体育馆观看北京“李天骥杯”武术太极拳锦标赛，恰巧偶遇一位参加比赛的学员，通过采访了解了其学武和参加比赛的有关信息。她叫黎晓眯，茶艺公司会计，大约25岁。师承陈式太极拳第十二代传人梁翠平老师，梁翠平是武术大师马虹的弟子。

采访地点：北京石景山体育馆。

采访时间：2015年3月28日上午8：00。

笔者：你好，请问您的名字？

黎：黎晓眯，黎明的黎，春晓的晓，笑眯眯的眯。

笔者：你参加几场比赛？

黎：两场，上午太极剑，下午太极拳。

笔者：你的老师是谁？

黎：梁翠平老师，是马虹老师的亲传弟子。

笔者：你们参加比赛的人多吗？

黎：十几个人，有高君明、於迎春、傅育红、王淑敏等。

笔者：你学太极多少年了？

黎：大约4年。

笔者：正式拜师了吗？

黎：正式拜师了，是正规弟子。

笔者：你们每天都练吗？

黎：基本上每天都练。

笔者：大约有多少人跟梁老师练拳？

黎：经常去的有十三四个。

笔者：梁老师教学怎样？

黎：教的比较认真，我能遇到梁老师，比较荣幸。

笔者：你每天几点练习？

黎：每天6—8点，练完后去上班。下午自己找地方练习。

笔者：你们在什么地方学习太极拳，公园内练什么武术的多？

黎：鼓楼北滨河公园，多数是练太极拳的。

笔者：学习太极拳的目的是什么？

黎：强身健体，防身自卫。

（三）京师武术技术及理论要点分析

京师武术的各大拳种在京城内数十年甚至上百年的相互交融中，相互取长补短，共同发展，呈现出一些共性的东西值得我们去分析。

1. 以哲理而创的拳

笔者从拳种的习练方法、外在形式和技术要点等方面进行分析，利于对拳种的掌握。

（1）创拳理论皆来源于古代哲学

太极拳是以太极阴阳理论为根本，阴阳相互转换规律为动作依据而创编的拳术。就像王宗岳《太极拳论》所言："太极者，无极而生，动静之机，阴阳之母也。"陈鑫认为："动则生阳，静则生阴，一动一静，互为其根。"[1]八卦掌则是依据八卦学说创编的拳术。就像《周易》所说："易生两仪，两仪生四象，四象生八卦。"八卦掌就是在走转中变化招式，伺机进攻。形意拳是按照阴阳五行学说为理论创编的拳术。五行相生相克，循环往复，变化多端。无论是太极、八卦，还是形意拳，都是依据我国古代哲学为理论依据，具有理论的同源性。王宗岳在《太极拳释名》中所论："十三势者，掤、捋、挤、按、

[1] 李福刚，徐琳琳. 陈式太极拳初级教程［M］. 杭州：浙江大学出版社，2015：206.

采、挒、肘、靠、进、退、顾、盼、定也。掤、捋、挤、按，即坎、离、震、兑，四正方也；采、挒、肘、靠，即四斜角也，此八卦也。进步、退步、左顾、右盼、中定，即金、木、水、火、土也，此五行也。”[1]点明了太极拳的基本技术与五行、八卦的关系。八卦掌的推、托、带、拎、搬、扣、刁、钻基本八掌对应乾、坎、艮、震、巽、坤、离、兑八个方位。而形意拳的劈、崩、钻、炮、横五种拳法，与金、木、水、火、土五行一一对应。孙禄堂先生先跟郭云深学习形意拳，再跟程廷华学习八卦掌，最后跟郝为真学习太极拳，在总结三家拳法精华的基础上，创出孙氏太极拳。孙禄堂认为：“形意地也，八卦天也，太极人也。天地人三才合为一体，浑然一气，实无区分。”孙禄堂创编孙氏太极拳恰恰说明太极拳、八卦掌和形意拳的内理相通性。无论是太极、八卦、五行，皆为古代中国人对自然的看法，是一种朴素的自然观。太极一词最早出现在《易传·系辞上》，认为原始的混沌状态因太极运动而分出阴阳。“五行”一词最早出现在《尚书》中，指金、木、水、火、土，认为大自然由五种要素所构成，五种要素循环相生相克、周而复始。太极拳、八卦掌和形意拳以阴阳五行八卦为拳理，其训练、技击、修身等也以此为理论根据，说明此类拳是以中华文化为根基创编而来的。

（2）都遵循“后发先至”的技击原则

“后发先至”是指双方在实际的争斗过程中，一方先进攻，另一方在对方未击打自己之前，已通晓对方意图，采用合理有效的招式化解并击打对方的过程。“后发先至”并不是一种招式，而是一种本能，是靠长期训练而形成的人体自动的条件反射。三大拳均讲究“后发先至”，这也是与其他拳的根本区别。形意拳要求“不招不架，只是一下”，是指形意拳在搏击中，对方先行进攻，我方不用招架，后发制人。能够做到“一下”制敌，没有无意识的本能反射，是根本做不到的。李洛能论述：“拳无拳，意无意，无意之中有真意。”[2]这是武功已经到达上乘才能做到的，做到出手即是招，无需大脑的思维，是本能反应。八卦掌在对敌时，要求：“不招不架走让空，引动对方失机势，后发先至见真功。”[3]太极拳更是要求符合“后发先至”的技击原则，王宗岳论述道：“彼不动，己不动；彼微动，己先动。”“人刚我柔谓之走，我顺人背谓之粘。”“舍己从人”等原则，要求与人交手不要使用蛮力，特别在自己处于弱

[1] 何欣委. 妙谛传心太极拳经秘谱汇宗 [M]. 北京：人民体育出版社，2014：10.

[2] 曹志清. 形意拳理论研究 [M]. 北京：人民体育出版社，1998：321.

[3] 史乃健. 史式八卦掌 [M]. 北京：人民体育出版社，2012：8.

势的时候，要运用“听劲”“化劲”，抓住最佳时机，采用最有效的方法克敌制胜。这种“听劲”与“化劲”就是本能的反应，不是招式的运用。

（3）对各部位要求基本一致

三大拳种练习时，都对身体各部位有一定要求，且要求基本一致。形意拳要求沉肩垂肘、含胸拔背、顶头竖项、舌抵齿叩、腕屈掌撑、塌腰正脊、敛臀提肛、合胯裹膝、指趾扣抓、三尖相对、内外六合、气沉丹田、拳固劲猛、形整势均、心清气静[1]。八卦掌要求头正颈直，二目平视，虚领顶劲，有神有意。含胸圆背，力催身前，不僵不滞，舒展自然。双肩里合，亦松亦垂，劲力到手，肩之所为。前臂屈伸，后臂护身，滚钻争裹，变化随心。沉肩坠肘，力量到手，肘法要诀，攻中有守。拇指外展，中指上伸，四五贴拢，虎口圆分。腰如轴立，刚柔相济，有拧有翻，灵活有力。谷道缩提，任督交会，气纳丹田，吸胯溜臀。前股领路，后股支撑，合膝裹裆，剪股之形。里足直出，外足微扣，行步趟泥，五指微扣[2]。而太极拳要求虚灵顶劲、含胸拔背、松腰敛臀、圆裆开胯、沉肩坠肘、尾闾中正、舒指坐腕、气沉丹田[3]。可以看出，三大拳对头颈、胸背、肩肘、腰臀、呼吸等的要求基本一致。三大拳要求不同是对裆胯、手臂和下肢，这些不同是由不同的拳种技术决定的。

2. 以刚猛为主的拳种

八极拳、查拳、华拳、三皇炮捶、少林拳、梅花拳、鹰爪拳等皆属于此类拳。

（1）外在形态的相似性

八极拳表现为劲力刚猛、下盘稳固、节短势险、暴烈突然、短促多变、猛起硬落，气势雄健。练习时要求含胸拔背、顶项拔腰、气贯丹田[4]。查拳表现为形神兼备、结构严谨、功架整齐、虚实分明、动作舒展、脆快有力、攻防有致、清晰连贯[5]。而少林拳表现为动作迅猛、快速有力、刚柔相济、头随势转、手

[1] 孙豹隐. 形意拳 [M]. 北京：北京体育学院出版社，1992：5-12.
[2] 宗维洁. 八卦掌 [M]. 北京：北京体育大学出版社，2008：8-9.
[3] 孙永武. 太极拳 [M]. 福州：福建科学技术出版社，2008：12-14.
[4] 安在峰. 八极拳运动全书 [M]. 北京：人民体育出版社，2005：4.
[5] 范春和，孙锡铭. 查拳 [M]. 北京：人民体育出版社，1993：4.

到眼到、身正发力、内外合一、形神兼备[1]。可以看出，八极拳、查拳和少林拳都要求发力迅猛；在速度上要求快速、拳架上要求齐整；注重形神兼备、内外合一。整体上要求动作舒展大方、出拳迅速、闪展腾挪、快速有力、刚柔相济。

（2）练功方法的相通性

各个拳种都注重桩功的训练，少林武术谚语有“练拳先桩步，房屋先立柱”。八极拳要求练好两仪桩，查拳要求练好立体桩和马步桩，而少林拳要求练好四平桩。两仪桩是两脚左右开立，中间距离略宽于肩；两腿屈膝半蹲成马步，两脚尖用劲向里扣，两膝用劲向外撑，大腿屈平。要求用鼻徐徐吸气入腹（丹田处），然而又慢慢以鼻呼出[2]。查拳的立体桩是两腿分立，距离与肩同宽，松腰松肩。上肢动作有两种，一种是两臂微屈，自然垂于体前，两手自然伸开，掌指微屈内合，两掌心向下腹部。另一种是松肩、松肘，两臂举于胸前，两手掌指自然伸开，两掌距离与肩同宽，掌腕放松，掌指微屈内合，拇指一侧朝上，掌心朝向肚脐。要求全身放松，两眼微闭，舌抵上腭，鼻吸鼻呼，深匀自然，除杂念，意入静，以达调息活气之目的[3]。查拳的马步桩和少林拳的四平桩同八极拳的两仪桩。

除了进行桩功的训练外，还要进行技术的训练。八极拳训练技术分为三个阶段，分别为练“形”（明劲）阶段，就是把拳套里的手型、步型、手法、步法、身法及眼法等基本要领掌握好。练“法”（暗劲）阶段，就是练内气在身体内的运行，以意行气，以气催形。练“功”（灵劲）阶段，就是意识动作的高度结合，形神合一的高峰阶段[2]7-9。查拳技术训练也分三个阶段，即学习基本动作和练习基本功阶段、掌握套路技术阶段和运用动作方法阶段[3]9。而少林拳的技术训练包括四个阶段：基本功阶段，要求学习步型、步法、手型、手法、腿法和跌扑滚翻动作。套路阶段，要求先学组合动作，再学习简单套路，然后学习高难套路。内外结合阶段，要求学习各种气功，包括站桩功、硬气功和轻气功等。实战阶段，要求由易到难，逐步过渡到自由搏击[4]。

各个拳种的终极目标就是运用，不管是功法训练还是技术训练都是为了最后技击技术的掌握。从以上分析可知，此类拳的训练方法比较一致，具有相通性。

---

[1] 毛景广. 少林拳 [M]. 郑州：海燕出版社，2007：9.

[1] 安在峰. 八极拳运动全书 [M]. 北京：人民体育出版社，2005：492.

[2] 范春和，孙锡铭. 查拳 [M]. 北京：人民体育出版社，1993：7.

[3] 石天敬. 少林拳——刚猛绝伦的必胜套路 [M]. 北京：北京体育大学出版社，2000：14-15.

(3)技击方式的一致性

技击是拳种存在的根本，没有技击性，就没有武术的意义。八极拳交手要求眼毒手要奸，诱敌入机关。拳本无招法，无形有机变。步灵无定势，功发有阴阳。出手有螺旋，神机内崩撼。全身稳如山，支点力如簧。发力不露形，形变不露相。潜力如丝连，发力气撼山。提跨化攻合，缠绕体宜中[1]。查拳的技击要求出手疾，回手快，触发寸劲。虚打实上，避实就虚。明拳暗腿，手脚并用。多法巧用，组合连击[2]。少林拳击打时，一旦有机可乘，则连珠炮发，强攻硬取。但在刚的前提下，又要求刚柔相济，快慢相兼，动静相宜[3]。讲究出拳迅速，刚健有力，以刚克柔，以攻破守，以动制静。追求“力”“快”“准”，“以快打慢”“以力制敌”。但也不是完全取“刚”，当不如对手时，就转而刚柔相济，动静相宜。

二、藏龙卧虎：武林精英的栖息地

精英是出类拔萃的人[4]。事物的发展往往依靠精英引领，武术精英能够为武术发展提出具有战略性的建议，能够做出光耀史册的壮举，能够完成别人不能完成的事业。

(一)近代救国图强的志士

近代是中国历尽磨难的时期，中国备受帝国列强的欺凌。哪里有压迫，哪里就有反抗。在中国近代百年的历史中，武林志士浴血搏杀，为了民族的尊严而战。

1. 深明大义的“大刀王五”

“望门投止思张俭，忍死须臾待杜根。我自横刀向天笑，去留肝胆两昆仑。”[5]这首诗是戊戌六君子之一的谭嗣同的绝命书，书中提到的两昆仑指

[1] 王世泉. 八极拳珍传［M］. 北京：人民体育出版社，2005：15.
[2] 范春和，孙锡铭. 查拳［M］. 北京：人民体育出版社，1993：5-6.
[3] 石天敬. 少林拳——刚猛绝伦的必胜套路［M］. 北京：北京体育大学出版社，2000：4.
[4] 现代汉语修订委员会. 现代汉语词典［M］. 北京：商务出版社，686.
[5] 王俊. 远去的背影　文化的神韵　中国古代侠士［M］. 北京：中国商业出版社，2015：179.

的是康有为和“大刀王五”。梁启超解释：“两昆仑者，其一指南海（即康有为），另一个指侠客大刀王五。”[1]

（1）早年学武

王正谊（1844—1900年），字子斌，祖籍河北沧州。王正谊幼年丧父，与母亲和弟弟相依为命。由于热爱武术，早年拜河北沧州最有名的武术大家李凤岗为师，李武艺高强，双刀使得出神入化。为了学艺，王正谊长跪李凤岗门前以表诚心，李凤岗被感动，最后将其收为弟子。王正谊刻苦训练，长拳和双刀等武艺皆练娴熟，后又跟山西老客学习昆仑派武术，因其所使用的单刀又大又厚，人称“大刀王五”[2]。李凤岗把王正谊推荐给师兄刘仕龙，一起押镖数年。几年后，王正谊便告别了师父，来天津、北京闯荡。

（2）源顺镖局

光绪三年（1877年），王正谊在北京开办了源顺镖局。由于王正谊讲究诚信，收费合理，生意很快红火，短时间内在北京便声名鹊起。梁启超介绍道，王五为幽燕大侠，以保镖为业，其势力范围，北及山海关，南及清江浦，生平专以锄强扶弱为事[3]。王正谊生性豪爽，深明大义。甲午战争后，御史安维峻对议和极其不满，上疏要求严惩误国者，被革职戍边，王正谊毅然担负起护送安维峻的职责。在源顺镖局有两块牌匾，一块写着“重义解骖”，一块写着“德容感化”。这是王正谊行侠仗义的真实写照，一是在内蒙古义救落难的大车主人的故事，另一个是在陶然亭平息了两伙要动功夫论高低的殴斗[4]。

（3）深明大义

在北京走镖期间，王正谊结识了谭嗣同的父亲谭继洵，源顺镖局经常为谭继洵来往湖南浏阳老家走镖，关系密切。谭嗣同少年时期跟王正谊学习武术，成年后，常邀康有为、梁启超、杨煦等来镖局聊天[5]。王正谊虽为一介武夫，但十分关心时局，痛恨朝廷。戊戌变法失败后，王正谊劝谭嗣同逃走，并愿亲自护送。谭嗣同拒绝了，决心为变法牺牲。梁启超在《饮冰室合集》记载：

[1] 梁启超. 饮冰室诗话［M］. 长春：时代文艺出版社，1998：16.
[2] 古柏. 英雄身后事——访大刀王五的后代［J］. 体育文史，1985，（3）：20-24.
[3] 梁启超. 饮冰室诗话［M］. 长春：时代文艺出版社，1998：16.
[4] 霍晨曦. 功夫传奇［M］. 北京：北京联合出版公司，2015：125.
[5] 古柏. 英雄身后事——访大刀王五的后代［J］. 体育文史，1985（3）：20-24.

“谭嗣同之受刑也，人无敢问者。侠客伏尸大哭，涤其血殓之。道路目者，皆曰，‘此参政剑师王五公也’。”[1]1900年，王正谊参加了义和团运动，抗击八国联军的侵略，后被捕就义。

自古以来，侠之大者，为国为民。王正谊人称侠客，但此侠乃为国为民的大侠！

2. 武学宗师孙禄堂

“合形意、八卦、太极三家，一以贯之，纯以神行。海内精技击者皆望风倾倒。”这是《大公报》对武学宗师孙禄堂的评价，代表当时武林界的共同心声。

（1）青年功成

孙禄堂（1860—1933年），名福全，字禄堂，河北望县人。自幼习武崇文，历拜名师，会拳械百余种。孙禄堂在9岁时，父亲去世，家境贫寒，不得不为人放牧。13岁时学习少林功夫，17岁时跟著名镖师李奎元学习形意拳。两年之后，又被推荐到形意拳大师郭云深门下深造，七年后武艺大进[2]。之后，又跟程廷华学习八卦掌，绝受其术。程廷华评价：“吾授徒数千，从未见有天资聪慧复能专心不懈如汝者。汝生有宿慧始能达此。余意，汝之技黄河南北已无敌手。”[3]1910年孙禄堂举家迁移到北京，为其拳学理论的最后功成奠定了基础。1912年，太极拳大家郝为真来到京城，因病落难于客栈。孙禄堂亲自探望，并把郝为真接到家中医治。在孙禄堂的细心照料下，一月后郝为真康复。郝为真知道孙禄堂具有武术才具，决定把郝式太极拳口传心授传给孙禄堂[4]。这样，孙禄堂就集形意、八卦和太极拳三大内家拳为一身，为其创造出三拳合一的孙式太极拳奠定了坚实的基础。

（2）武艺扬威

1886年春，孙禄堂只身游历11省，逢人较技，未遇对手。1928年3月，孙禄堂被南京中央国术馆聘为武当门门长。7月又被江苏省国术馆聘为副馆长兼教务长。孙禄堂年近半百时，曾击昏挑战的俄国著名格斗家皮得洛夫。年逾花甲

[1] 梁启超. 饮冰室合集 [M]. 北京：中华书局，1989.

[2] 李风林. 保定历史名人传略 [M]. 北京：方志出版社，2002：112.

[3] 童晓东. 不朽的武学思想时代的武学宗师——纪念孙禄堂逝世七十周年 [J]. 体育文化导刊，2003（11）：21–22.

[4] 文史委员会. 镇江文史资料：第四十辑 [M]. 镇江：江苏省镇江市委员会文史资料，2006：73.

时，力挫日本天皇钦命大武士板垣一雄。古稀之年，又一举击败日本五名技击高手的联合挑战[1]。孙禄堂生活的时代正是国家处于军阀割据、战乱不断、民不聊生、国民需要自强报国的年代。孙禄堂一生弟子众多，遍及北京、天津、河北、东北和江南等地，他们都为振奋国民精神而努力，为中华的强大而奋斗。就像孙禄堂的女儿所讲："父亲要求我们对待外辱，要大义凛然，以其奇技爱国御国，使列强不敢轻视我中华民族。"

（3）三拳合一

孙禄堂自从郝为真先生学得太极拳后，将形意拳的刚劲、八卦掌的灵活和太极拳的以柔克刚融合为一体，进而独创了转换轻灵、敏捷自然、舒展圆活、开合相间、进步必跟、行如流水、连绵不断的孙式太极拳。孙禄堂认为："形意也、八卦也、太极也，诸形皆无、万象皆空、混混沦沦、一气浑然。何有太极？何有形意？何有八卦也？所以练拳术不在形式，自在神气圆满无亏而已。"孙禄堂不但创造出孙氏太极拳，而且创造出"武学"思想，强调："三派拳术形式不同，其理则同。用法不一，其制人之中心，而取胜于人者则一也。"[2]265-266武林名宿黄元秀赞说："近世之拳术，以形意、八卦、太极三门最为精妙，习者众，通者寡，穷一生之力能精其一者，已属难得。孙禄堂先生于形意、八卦、太极三家独能皆臻化境，除勤学善悟外，实有天赋异质、上根利器耳。"[2]409

3. 最后的镖师李尧臣

镖局是古代的一个行业，大约存在于清康熙至民国期间。镖局的兴起离不开镖师的武艺。北京是镖局较为兴旺的地区，著名的有北京八大镖局，李尧臣就是会友镖局的著名镖师。

（1）著名镖师

李尧臣（1876—1973年），河北冀县人，从小习武，14岁已经在武林初露头角。1894年18岁的李尧臣进入会友镖局，拜宋彩臣为师学习三皇炮捶。李尧臣虽然学过太祖拳，但按镖局规矩，必须学习三皇炮捶，才能入行当镖师。不但要学三皇炮捶，而且要学六合刀、大枪等十八般武艺，以及水上功夫、暗

[1] 孙剑云. 孙式太极拳诠真［M］. 北京：人民体育出版社，2003：4-5.

[2] 孙禄堂. 孙禄堂武学录［M］. 北京：人民体育出版社，2001.

器、飞檐走壁的轻功等，还有水战、马战、车战和野战等多项技能，才能成为合格的镖师。[1]

（2）抗日救国

李尧臣提倡武术强身健体，增强民族体质，强调：一人练武，可以强身；全家练武，可以强族；全民练武，可以强国。1921年，会友镖局解散后，在天桥水心亭开办武术茶社，提高市民素质。1931年，李尧臣被聘为二十九军的武术总教官。李尧臣根据大刀的特点创编了一种套路，起名叫无极刀。刀比较特殊，刀柄比较长，可以双手同时握刀。无极刀的刀法在于：出刀刀身下垂刀口朝向自己，撩起来，刀背磕开敌枪，同时刀锋向前划弧，正好砍对手脖子[2]。李尧臣所传授的无极刀法在喜峰口抗战中大展神威，二十九军大刀队多次冲锋陷阵，夜袭敌营，砍杀数百名日本鬼子，李尧臣和"无极刀"刀法随即名震四方[3]。

（3）造福民众

中华人民共和国成立后，李尧臣数百次带领弟子到工厂、农村、机关、学校、文化馆、俱乐部等地为人民义演，还多次到中南海怀仁堂为毛主席等国家领导人表演武术[4]。抗美援朝时期，李尧臣为了给前方捐献飞机大炮，率领子女和弟子四处义演。为了支援国家建设，支持孩子到边疆工作。1966年把39件具有文物价值的古代兵器上交给国家[5]。

（二）现代传播武术文化的英才

健康是幸福生活的基石，没有健康，一切都等于零。武术从古代的厮杀到近代的救国，直至现代走上为人民的健康服务、弘扬文化的大道上来。

1. 武林泰斗张文广

张文广是武术教育家、著名教授，与蔡龙云、何福生一起，被后辈尊称"武林三泰斗"，一生致力于武术教育事业，为我国武术培养了大批人才。

[1] 赵映林. 民初镖师的走镖［J］. 民国春秋，1998（6）：41-43.

[2] 北京市文物局. 北平抗战实录丛书——文物背后的抗战故事［M］. 北京：北京燕山出版社，2015：28.

[3] 庚莉萍. 二十九军大刀队激战喜峰口纪实［J］. 传奇（传记文学选刊），2013（9）：61-65.

[4] 北京武术运动协会. 北京武术运动档案［M］. 北京：人民体育出版社，2007：70.

[5] 柳琴. 热爱祖国与时俱进［N］. 光明日报，2000-04-07（4）.

（1）青年才俊

张文广（1915—2010年），河南通许县人。幼年家贫，然酷爱武术，六七岁时就跟随叔伯比划练武。少年时，喜欢听书，常常被英雄故事所感染。1928—1929年通许县清真寺请来了山东冠县的回族拳师张凤玲、常振芳，来教大家查拳。张文广十分高兴，抢先报名学武，系统地学习弹腿、查拳，并严格、刻苦训练，武艺突飞猛进，基础扎实，动作规范。他在1933年考入南京中央国术馆，更进一步地学习诸多武艺，包括长拳、形意拳、太极拳、八卦掌等，除了学习拳术外，还学习了拳击、摔跤、散打和长短兵器。在国术馆期间，他系统地掌握武术教学和训练的理论，同时拼命训练，做到套路演练精湛，又长于对抗搏击。

20世纪30年代，中央国术馆组织了国术南洋旅游团，张文广被选入队员，为宣传中华武术尽了力。1934年秋，在南京举行全国中国式摔跤公开赛，获得了轻量级冠军。1936年8月，张文广被选入第11届奥林匹克运动会中国武术队成员，在柏林进行了“空手夺枪”的武术表演，赢得观众的阵阵喝彩。中国武术队第一次为国争光，成功地宣传了中华武术。

（2）北体任教

1953年夏，中央决定在北京创建中央体育学院（北京体育学院前身），张文广被调入学院任教。1956年，应人民体育出版社之邀，与温敬铭合编摔跤运动专著《中国式摔跤》，受到师生好评。1958年，国家体委邀请、组织部分武术专家制定武术规则，张文广被邀参加。这部《武术竞赛规则》是按长拳、长短器械为竞赛内容制定的，对长拳类套路的发展起到了积极的推动作用。北京体育学院武术的发展离不开教材，1958年由张文广负责，组织全国10名专家参与编排。最后，《武术讲义》成功编成，包括理论、技术两部分，共计90万字，是中华人民共和国成立后第一部较为完整的武术教材。1963年北京体育学院开始招收武术专业的研究生，张文广成为我国武术专业第一位研究生导师。为了武术事业的发展，张文广开展散打运动，使武术内容更趋完整。1982年，本着“积极、稳妥、安全”的原则，张文广开始制定散打规则《武术散手竞赛规则》，为散打运动的开展提供了保障。

（3）桃李争艳

1986年是张文广教授从事武术教育工作50周年，为此北京体育学院专门在

11月8日举办庆贺大会。他从事教育多年，硕果累累。1963年，北京体育学院根据国家教育计划和培养目标，首次招收武术理论与方法专业研究生，张广德和孟照祥有幸成为第一批研究生。1964年，张文广教授招收曾乃梁成为他第二届研究生。由于“文化大革命”的原因，直到1978年才恢复招收研究生。康戈武、郭志禹、林伯源、冯胜刚成为恢复招生的第一批研究生。之后，陈峥、郝心莲成为第四届研究生。现在，这些研究生都成为武术事业的栋梁之才，为武术事业做出了重大的贡献[1]。

2. 太极名家李天骥

简化太极拳24式造福亿万人民，其套路普遍流行，是众多的武林人士共同努力而成的。然而，24式太极拳的成功编排与武术家李天骥不无关系。

（1）精研多艺

李天骥（1915—1996年），字龙飞，河北安新县人。自幼习武，得其父李玉林——人称“铁臂苍猿”的亲教。其后，受到李存义、孙禄堂、李景林等前辈的指导。1930年，李玉林应邀到山东省国术馆任教。在此，李天骥认真学习了少林拳、形意拳、八卦掌等各门拳术、器械、散打、短兵和西洋拳击等课程。1937年，李玉林在哈尔滨创办“太极拳研究社”，李天骥在此任教。十余年间，传授人数逾千名[2]。

（2）教拳著书

1954年，李天骥任国家武术队教练。20世纪60年代，李天骥服从国家体委推广太极拳运动，出版《简化太极拳》。之后，又陆续出版了《六路弹腿》《八段锦》《八十八式太极拳》《太极剑》《太极推手》等书。20世纪80年代，先后多次出访日本、新加坡等国家进行太极拳讲学。专著有《武当剑术》《形意拳术》《武当绝技》《太极拳真髓》等书[3]。除此之外，他还参与《武术竞赛规则》和全国体育院系《武术》教材的编写。李天骥在教学过程中，始终重视武德教诲，常常提道：“教拳教人，武德为上。”“无德不立，无技不荣。”他反对门户之见，提倡太极拳应造福人类，走向世界。他说：“太极拳

[1] 张文广. 我的运动生涯［M］. 北京：北京体育大学出版社，2002：195.

[2] 郝心莲，王国辉. 中华武林著名人物传：第1辑第2卷［M］. 南昌：百花洲文艺出版社，848-852.

[3] 张继修. 哈尔滨市武林人物史话［M］. 哈尔滨：黑龙江人民出版社，1993：81.

理，博大精深，更要细心体会。各门有各门的长处，不要有门户之见。”“中华武术，源于中国，属于世界，服务于中华民族，造福于全人类，太极拳走向世界是必然的趋势。”[1]

（3）造福民众

1955年，国家体委为了推广太极拳，委任李天骥、唐豪、毛伯浩、吴高明等人着手简化太极拳的编写。大家反复研究，认为以杨式太极拳为基础，按简要明确、易学易练的原则重新编排太极拳。具体由李天骥编排，完成方案。经过3个月的撰写，反复推敲，终于完成了简化太极拳的编排。简化太极拳由24个动作组成，以杨式太极拳动作为主要内容，突出了动作舒展、架势中正、手法简洁、步法灵活的特点。简化太极拳于1956年正式发行，短时间内发行教材和挂图超过百万册，为太极拳在全国的普及发挥了不朽的贡献[2]。李天骥先生在1985年被授予新中国体育开拓者荣誉奖，1988年获中国武术十大名师称号[3]。

3. 功夫明星李连杰

行侠仗义是大批少年的梦想，武林驰骋是众多武士的向往，这些梦想与向往均可通过影视张扬。中国武侠影视剧是宣传武与侠的平台，也是展示武术文化的地方。武侠电影从20世纪20年代开始，出现了以李小龙为代表的“硬”功夫时代，到以成龙为代表的“要”功夫时代，到现在以李连杰为代表的“巧”功夫时代（表6–7）。

表6–7　李连杰出演的影片一览表[4]

序号	上映时间（年）	影片名称	序号	上映时间（年）	影片名称
1	1982	少林寺	6	1990	黄飞鸿之壮志凌云
2	1983	少林小子	7	1991	黄飞鸿之男儿当自强
3	1984	南北少林	8	1992	黄飞鸿之龙行天下
4	1986	中华英雄	9	1992	黄飞鸿之狮王争霸
5	1989	龙在天涯	10	1992	笑傲江湖之东方不败

[1] 赵延铭. 怀念恩师李天骥［J］. 武当，2006（1）：38.

[2] 郝心莲，王国辉. 中华武林著名人物传：第1辑第2卷［M］. 南昌：百花洲文艺出版社，1998：857–858.

[3] 刘学勃. 华夏近代传统武林采风［M］. 北京：中国海关出版社，2007：97.

[4] 笔者根据网络信息绘制。

（续表）

序号	上映时间（年）	影片名称	序号	上映时间（年）	影片名称
11	1993	功夫皇帝方世玉	29	2002	英雄
12	1993	方世玉续集万夫莫敌	30	2003	致命摇篮
13	1993	黄飞鸿之铁鸡蜈蚣	31	2005	狼犬丹尼
14	1993	倚天屠龙记之魔教教主	32	2006	霍元甲
15	1993	太极张三丰	33	2007	游侠
16	1994	新少林五祖	34	2007	投名状
17	1994	中南海保镖	35	2008	功夫之王
18	1994	精武英雄	36	2008	木乃伊3
19	1995	给爸爸的信	37	2009	建国大业
20	1995	鼠胆龙威	38	2010	敢死队
21	1995	冒险王	39	2010	海洋天堂
22	1996	黑侠	40	2011	白蛇传说
23	1997	黄飞鸿之西域雄狮	41	2011	龙门飞甲
24	1998	杀手之王	42	2012	敢死队2
25	1998	致命武器	43	2013	不二神探
26	2000	致命罗密欧	44	2014	敢死队3
27	2001	龙之吻	45	2016	封神传奇
28	2001	救世主	46	2020	花木兰

（1）少年成名

李连杰，1963年生于北京，武术家、慈善家、武打演员，“壹基金”创始人。他是北京一个普通工人的孩子，2岁时，父亲去世。1971年8岁的李连杰被吴彬看中，从此走向了习武的道路。吴彬真是伯乐，能从近千名的小学生中选上李连杰，也把李连杰带上一条光明大道[1]。11岁的李连杰获得了人生第一个比赛冠军，并连续五年夺得全能武术金牌，还入选中国武术表演团出访五大洲四十多个国家，为国家争得荣誉[2]。

（2）武影辉煌

辉煌的成绩使李连杰在武术界出了名，也给他带来了更大的喜事。1980

[1] 欧阳无量. 李连杰传奇［M］. 长春：时代文艺出版社，1999：25.

[2]《北大讲座》编委会. 北大讲座——精华集（上）［M］. 北京：北京大学出版社，2013：274.

年，李连杰被导演张鑫炎看中，出演《少林寺》主角觉远一角。1982年《少林寺》全国上映，立即引起全国轰动。随后，李连杰又拍摄了一系列电影，在1991年主演电影《黄飞鸿》及后来的《黄飞鸿》系列电影，成功奠定了李连杰模式。李连杰的功夫片不同于以往，其动作优美、潇洒，节奏明快，注重巧打、快打，动作幅度大、技巧多。这些都是他作为武术套路冠军的动作与技巧表现，给人以真实、劲力强劲的体验，深受观众喜爱。经统计，李连杰从第一部《少林寺》上映以来，到2020年的《花木兰》共出演46部电影[1]，可以说书写了功夫电影的辉煌。有人说是张鑫炎导演"捧红"了李连杰，但其师父吴彬不这么认为，他说："用'捧红'不一定准确，但这话有一定道理。"[2]可见，李连杰的成功有导演的功劳，也有教练的功绩，更应该是他本身努力的结果。

（3）以武扬文

李连杰的电影以武侠为主，在影片中基本上是以"武侠"的形象展现给世人的。光明磊落、侠肝义胆、慷慨激昂、为国为民，宣扬了武侠精神，更弘扬了武术文化。《少林寺》的全国放映，带来全国的"武术热"。据不完全统计，在《少林寺》及20世纪80年代初，其他武术动作片放映之后数年内，全国武术业余学校达到近万所，少林寺所在地河南登封地区有100余家武术学校，有的武术学校学生超过了万人[3]。李连杰的功夫电影成功地展现了武术文化，主要表现在以下方面：

第一，展现了武术博大精深。武术的博大体现为"武不尽势"，提升为"势无穷意"；精深反映为"意在体悟"，路径为"悟贵恒坚"[4]。李连杰的功夫电影很好地展现了这些特点，如在《黄飞鸿》系列电影中充分展现了"无影脚"、雨伞功夫，在《太极张三丰》中展现了太极拳功夫，在《龙之吻》中中展现了针灸点穴，在《霍元甲》中展现了剑术、枪术等功夫，在《功夫之王》中展现了醉拳、鹤拳、鹰爪和蛇拳。可以说，在李连杰的电影中充分展现了武术的博大与精深，内家与外家，南拳与北腿，各种长短软硬兵器，应有尽有。

第二，展现了武术之美。包括姿态之美、动作之美、技巧之美、速度之美。在《少林寺》展现了棍术威猛和醉剑的矫健之美，出现旋子转体和跳跃回身斩刀等高难动作，美轮美奂。在《太极张三丰》中充分展现了太极的连绵不

［1］参看表6-7。

［2］王友唐. 吴彬与武术影视［J］. 中华武术，2003（3）：42-43.

［3］祖晶. 中华武术与影视作品的渊源与展望［J］. 电影文学，2008（4）：61-63.

［4］王岗. 中国武术博大精深之诠释［J］. 上海体育学院学报，2010，34（2）：57-61.

断、立身中正、发力突然、借力打力的舒展美。在《黄飞鸿》系列电影中充分展现以“无影脚”为主的刚健快速的速度美。这些美的展现只有全国套路冠军才可能做得完美。

第三，展现了武术之精神。武术之最终追求是一种精神，是一种生活方式，是和谐相处、不战而屈人之兵的武术精神。就像《霍元甲》里描写的那样，从拼命争胜到点到为止的擂台较技，最后达到“仁者无敌”的高贵境界。正如导演于仁泰所说：“武学不打架，不是为了威风，而是一种运动，是为了传达自强不息的精神！”[1]李连杰的功夫电影从少林武僧、黄飞鸿、张三丰、方世玉、陈真到霍元甲，一个个鲜活的形象，都是除暴安良、杀恶济贫、公平正义、侠肝义胆、慷慨悲歌的英雄形象。“侠之大也，为国为民”李连杰正是把一般武士过渡到侠客，从侠客再升华为“为国为民”的大侠形象。

当然，京师武坛英杰辈出，个个都有惊世骇俗的故事。笔者选择具有代表意义的几位来，与读者共同感受他们在各自领域中做出的贡献。在近代选择“大刀王五”王正谊、孙禄堂和李尧臣，他们代表了大义、博学和实战；在现代选择了张文广、李天骥和李连杰，分别代表教育、健身和文化。我们可以从不同的角度去解读京师武术文化的博大精深，从不同的视角去体会京师武术精神。对他们事迹的描述是本着宣扬正能量，弘扬民族精神，对于发挥武术的教育价值和复兴民族文化有着积极的意义。

三、光彩夺目：民俗体育与艺术中的武术存在

（一）天桥杂耍的武功绝活

“天桥的把式，光说不练。”这是人们耳熟能详的歇后语，讲述了北京天桥武术及杂耍艺人们光逞嘴上功夫，而手上能耐稀松的情景。实际上，天桥是藏龙卧虎，能人辈出的地方。“天桥把式”描绘着北京武术文化从古到今的运行轨迹，也记载着武术运动由过去社会底层的街头杂耍到现在大众健身的排头兵的华丽转身。

[1] 沈盈姊. 尚武精神的回归——论李连杰在电影《霍元甲》新武术电影理念[J]. 电影评价，2006（16）：25.

1. 天桥的由来

“天桥”依桥而来，“天”指天子，“天桥”即皇帝行走的桥。今天的北京城是明清两代在元大都的基础上发展起来的，元代忽必烈任用汉人刘秉忠主持建造。在兴建北京城的同时，在城南郊并行兴建天坛和先农坛。在每年的冬至、惊蛰等重要节日，明清皇帝及大臣都要来天坛、先农坛进行祭天、耕地。明代至清代前期，城南郊一带地势低洼，有多处水塘，水塘间有小河流淌。在城南大门正阳门向南通往天坛和先农坛的大道被自西向东流淌的小河龙须沟截断，为了便于皇帝出行祭祀，特建一桥。此桥长约8米，宽5米，高约1.9米，桥身隆起，桥基呈八字形，桥上栏杆每面六柱五间，汉白玉雕成，雕刻精美，造型秀丽，专供皇帝行走，人们称之为“天桥”，其他人走桥两侧的平板木桥[1]。现在“天桥”作为一个区域名称而保留在人们的脑海中，旧址在今天北京市的“天坛路西口、天桥南大街北口、前门大街南口、永安路东口的四条交通要道的汇合处”。[2]由于历史原因，古天桥已经不复存在，而作为地名保留至今。大体指金鱼池以西，虎坊桥以东，珠市口以南，天坛、先农坛以北的区域，方圆好几里[3]。2013年，为了还原历史古迹，新建天桥，在原址以南四五十米处，修建桥长14.4米、宽8米的新天桥，改变了“天桥无桥”的历史。

2. 武功绝活

天桥以桥得名，并以桥为基点向四周辐射，形成天桥区。清道光、咸丰年间，天桥区内小贩艺人聚集，市场兴盛，艺人竞技，逐渐热闹。“道光咸丰时，一般小贩，利用天坛及先农坛根，不必纳地租，多来摆设浮摊，售卖杂货，渐成小市。市近东处为摊贩所聚地，而近西处则有各门艺人，就空地为游艺场。”[4]“酒旗戏鼓天桥市，多少游人不亿家”，清末诗人易顺鼎的诗说明天桥市场的繁华。这样，内城形成了以皇城为中心的皇家文化，而外城则以天桥为代表形成平民文化。在1910至1935年间，天桥有游艺杂技摊达62家，包括打弹弓、拉弓、举刀、舞叉、飞刀等项目繁多的表演[5]。天桥艺术表演开始时

[1] 王世仁. 北京天桥的变迁［J］. 北京规划建设，2014（3）：33–38.

[2] 刘仲孝. 天桥［M］. 北京：北京出版社，2005：10.

[3] 耿波. 旧北京天桥广场及其现代启示［J］. 西北师大学报：社会科学版，2009，46（4）：12–16.

[4] 张次溪. 天桥丛谈［M］. 北京：人民大学出版社，2006：5.

[5] 陈镭，王淑娇. “同一个”天桥：北京天桥的空间变迁与文化记忆［J］. 城市学刊，2018，39（6）：89–94.

比较随意，以露天表演为主，艺人们在公共空间的地上画一个白圈，表明此地被占用了，这就是“撂地”。这种表演形式可以与观众紧密联系。随着艺人的增多，出现了“戏棚”，再后来出现了庭院式和厅堂式，到20世纪10年代民国初年达到了顶峰。以后在20世纪20年代末，国民政府迁都南京和日寇侵华时，天桥地区开始衰败[1]。在这些游艺中有相当多的表演属于武术文化系列，如飞叉、举刀、拉弓、气功、摔跤、中幡、打弹弓等。

（1）天桥杂耍

天桥地区也是民间艺人汇聚的地方，天南海北的奇人异士在此扎堆呈现个人风采。民间艺术分为说唱类和杂艺类，杂艺表演有车技、拉弓、飞杠、耍中幡、咬铁条、吞宝剑、摔跤、柔术、拉皮条、魔术、捋铁条、举刀、飞叉、口技等，形式多样，内容繁多。观看表演者可根据自己喜好多投、少投或者不投钱，随意观赏。表演者对服装、道具等要求不高，但技术必须有绝活，否则可能被市场淘汰，故日日有数万人来此游逛。

在天桥表演的绝活中，有不少与武术有关，应属武术文化系列。这些杂艺，有的属武术套路表演，如舞剑、刺抢、对打。有的是展示武术功法，如举刀、举石担、拉弓、柔术、开砖、咬铁条、捋铁条等。有的属于武术对抗项目，如摔跤。有的是武术技法展示，如飞刀、鞭技等。有的技艺虽不是武术技术，但艺人们要以武术身体素质为基础，如飞车、飞杠、顶技、耍中幡、爬杆等。

（2）气力硬功

举刀和拉弓属于武术气力的展示。举刀时，艺人能举起一二百斤的刀，并能舞动起来。拉弓也是展示臂力的项目，艺人先把弓让观众试拉，然后再自己拉。据张刃介绍，年少时去过天桥，拉弓者每次先让人试试弓力，然后一张、二张，最后六张弓全部拉开[2]。张玉山和儿子张宝忠皆是举刀、拉弓的高手。张宝忠是河北辛集人，是著名艺人“神弹子”张玉山的次子，以春秋刀、刀里加鞭、力拉硬功出名，中年后还师从李风鸣学习摔跤[3]。张宝忠的大刀重达180斤，不但能够举起而且能够舞花，刀在其肩上、脖子上、手上打转飞旋，宛

[1] 郭光厚. 北京天桥地区曲艺表演场所的空间形态发展研究［J］. 艺术与设计（理论），2020（11）：58-60.

[2] 张刃. 北京天桥怀旧［J］. 工会信息，2015（2）：23-24.

[3] 崔金生. 大刀张宝忠［J］. 北京档案，2005（1）：48.

转自如。弓的拉力在160斤，张宝忠能够利用四肢和颈部、腰部等部分，力开七张硬弓[1]。由于张宝忠的影响力，使其成为1951年国庆游行时国旗擎旗人。当时的国庆，在游行前列是特大号国旗，旗杆较大，游行从长安街的东单到西单，足足有5公里，张宝忠的耐力和气力成为必须的人选[2]。

（3）武术表演

武术演练是天桥杂艺中常设项目，河北人郑连壁为天津杨清臣徒弟，1925年来天桥卖艺，如徒手夺刀、对打拳等，技艺精彩。刘雪缘的武功得于家传，拳脚伶俐，姿势坚稳，刀枪纯熟，胜于数年练武的青年男子。在百杂的技艺中，虽然有些杂要不属于武术的范畴，但艺人有不少为习武出身。民国期间（1912—1949年），田瘸子善于表演盘杠子，每日组织徒弟到天桥表演，完后他再出场。虽然一腿残疾，但他在杠子上如鱼得水能够做出单手倒立、左右顺风旗、燕子翻身、哪吒探海，赢得观众满场喝彩，比较有名的招式有“白猿偷桃”“刘伶醉酒”“鹞子翻身”“黄香卧席”“倒挂金钟”等。田瘸子从小练习武术，腿的残疾就是因为少年习武，踢腿过猛而致[3]。20世纪前10年，“朱氏三杰”之朱国全以打弹弓著名，能在10余步外拉开弹弓，瞬息间能将对象嘴中所衔弹丸击碎，同时不会伤害对象的脸与眼睛[4]。

（4）京跤

摔跤是天桥较受观众喜爱的项目。善扑营取消以来，扑户杨双恩在天桥打把式卖艺，后来沈三加入，开始了摔跤。天桥跤场的开拓，吸引众跤手加入，使之成为固定的职业。跤场的争斗真真假假，有真摔和假摔之分，目的是娱乐观众赚钱。宝三跤场最为红火，观众如潮，生意兴隆[5]。跤场的收入与艺人的口才有很大的关系，每次出场都必须有艺人夸耀一番，要钱时也要来上一段。崔金生是地道老北京人，1937年出生在天桥区，被誉为天桥作家、京味作家，亲眼目睹“天桥八怪”表演，也见过张宝忠、朱国全和“宝三”宝善林的绝活儿[6]。据崔金生讲述，跤场的表演全凭平日刻苦训练而来，跤手们每天早晚练习上

[1] 佚名. 大刀张宝忠［N］. 劳动午报，2011-04-14（07）.

[2] 佚名. 五星红旗背后的故事［N］. 中青在线——中国青年报，2010-06-25（10）.

[3] 将少敬. 北平时代流行在天桥的传统体育［J］. 体育文史，1989（6）：52-54.

[4] 王长青. 闲步老天桥［J］. 对外大传播，1999（1）：46-47.

[5] 崔金生. 北京摔跤史话［J］. 北京档案，2011（1）：54.

[6] 方立霏. 老北京·老天桥·老韵味——访京味作家崔金生［J］.北京档案，2007（3）：16-18.

肢、下肢、腰的力量与柔韧，练习武术的劈腿、下腰、劈叉，练习跤术招术。场上一时功，场下十年练习，所用器械包括小棒子、大棒子、滑车子、麻辫子、石锁、皮条等。跤手们上场穿上褡裢、螳螂靴子，系上骆驼绒绳。两人跳来跳去互相试探，抓住对方跤衣、手臂、脖子等使用技法把对手摔倒。

（5）耍中幡

耍中幡是天桥曲艺杂耍中技巧类项目，需要良好的身体素质，艺人多数具有深厚的武术功底。现代中幡有一百多年的历史，原来叫大执事，清朝帝王仪仗队行军打猎时的王旗。相传乾隆打猎时看到骑手耍大执事，后来大执事就演化成皇宫重要庆典时必不可少的节目。《京跤史话》记载：王小辫从其在宫中当差的哥哥那里学来在天桥卖艺，并改名“中幡”。王小辫的中幡，竿长两丈五，幡面横书“京城王小辫”，竖写“以武会友，晃动乾坤”[1]。后来，宝三的业务加盟，提高了王小辫的收入，加上宝三勤学苦练，终于被王小辫收为弟子。由于宝三是练摔跤出身，就出现了“北京跤手练中幡”的现象。中幡一般9米左右，由竹竿制成。中间为长条状旗帜，一面绣表演团的名称，另一面绣祝福语。再往上为一层或数层圆形装饰物，配有响铃等。练习时，可以用手、肘、肩、下巴、脑门、头顶等操控中幡使之转动、跳跃、旋转。可以单练、双人练和集体练习，动作有50多个。表演时使中幡平衡，竿不落地。中幡技术包括苏秦背剑、老虎撅尾、封侯挂印、龙抬头、擎一柱等。表演时需要艺人有良好的身体素质，包括手法、腿法、平衡能力、柔韧和力量，更要有胆量和稳定的心理素质。北京中幡学习除学习基本功外，还必须学习摔跤。

（6）天桥八怪

天桥八怪是对活跃在天桥市场上较为有名艺人的称呼，有三代之分。第一代在清末民初时期，有穷不怕、醋溺膏、韩麻子、盆秃子、田瘸子、丑孙子、鼻嗡子、常傻子。第二代活跃在民国初年，有蛤蟆老头、老云里飞、花狗熊、耍金钟、傻王、赵瘸子、志真和尚、程傻子。第三代活跃在20世纪三四十年代，有云里飞、大金牙、焦德海、大兵、沈三、蹭油、拐子顶砖、赛活驴。在这些艺人中有多位是表演与武术相关的绝活儿，如第一代的田瘸子，早年因为练武落下残疾，擅长表演杠上二指禅等硬功。常傻子擅长表演硬气功，招牌是掌劈鹅卵石。第二代的傻王表演碎石背磨盘等硬功。赵瘸子因习武残疾，擅

[1] 北京燕山出版社. 旧京人物与风情 [M]. 北京：北京燕山出版社，1996：305.

长在一条单杠上进行杂耍。志真和尚擅长硬气功表演。第三代的沈三，擅长摔跤，1933 年获全运会摔跤冠军，斗败过俄罗斯大力士，名震京城[1]。

3. 今日天桥

今日的天桥地区已不能见到昔日天桥的风采，光绪三十二年（1906年）推行“新政”，京师设立工巡局，开始整修沟渠道路，大约在此时也改造天桥，降低了桥拱，恢复了人车混行。后经多次改建，至1934年全部拆除，桥址已不复存在。1949年初，北京和平解放。天桥属于人民自己的天地，政府铲除恶霸，取缔坑蒙拐骗和黄赌毒等肮脏行业，一度带来了欢歌笑语。可惜，1956年以后，计划经济体制的推行，使许多行业失去了特色，20世纪60年代初，天桥一带已经没有露天的演出场地。十年“文革”，进一步破坏了天桥的演艺基础，跤场、书馆、茶楼等都被清除。

改革的春风给天桥带来了变革的动力，今日的天桥在现代化的节奏中前进。随着国家对民族文化的重视，北京市宣武区人民政府逐步加大对天桥民俗文化的建设。第一，进行天桥演艺场馆的建设，至今，天桥杂技剧场（1997年）、天桥剧场（2001年）、天桥市民广场（2005年）、天桥艺术大厦（2013年）等先后落成。2015年11月20日，在北京南中轴路的天桥南大街上，北京天桥艺术中心正式开门迎客，目的在于打造演艺文化创意产业基地和公共服务平台[2]。艺术中心内有4个核心艺术剧场，分别能容纳1600座、1000座、400座和300座。第二，恢复老天桥艺人留下的绝活儿，邀请健在的天桥老艺人出山，支持老艺人收徒。积极组建天桥民俗艺术团，有政府组织的，如“武斗斋高跷秧歌”“太师老会”“穆派戏法”。也有个人成立的，如老天桥著名艺人“宝三”宝善林的第三代传人付文刚举办的“付氏天桥宝三民俗文化艺术团”，韩国卿创立的“北京宝善林文化传媒有限公司”等。第三，兴建文化标示性建筑。天桥文化广场占地5186.9平方米，长方形，东西略长，东端是复原了的昔日天桥地区标志性建筑“西面钟”广场，南侧有“天桥八大怪”群体雕像，同时建有现代化的音乐喷泉和表演舞台[3]。雕像包括“大金牙”“穷不怕”等

[1] 李建平. 天桥：北京帝都文化的重要标志［J］. 北京联合大学学报：人文社会科学版，2008（1）：28-32.

[2] 隗瑞艳. 北京的天桥　世界的舞台——北京天桥艺术中心打造全新京城文化地标［N］. 中国文化报，2015-12-03（2）.

[3] 安辑. 北京天桥文化广场感受民俗风情［N］. 中国建筑报，2005-07-21（3）.

8位，其中有表演硬气功的“常傻子”、要中幡的“王小辫”、练气功和摔跤的“沈三”、顶碗的“程傻子”4位与武术文化有关的形象。第四，举办艺术节。自2006年以来举办天桥民俗文化艺术节，到2019年已经举办9届。中幡、飞叉、举刀、拉弓等节目又展现在人们眼前，带领大家回到半个世纪前的老天桥。

从武术文化发展角度来看，天桥杂艺中多数技艺如飞叉、舞剑、拉弓、中幡、摔跤等武术文化形式很难在现代经济社会中单打独斗，必须有所创新。欣喜地看到，武林人士在默默地寻求突破。老天桥著名艺人“宝三”宝善林的第三代传人付文刚举办的“付氏天桥宝三民俗文化艺术团”，为中幡的发展做出了贡献。付文刚的父亲付顺禄是宝善林的徒弟，由于“文革”的冲击，只将中幡绝技传于儿子付文友、付文刚[1]。现在，天桥中幡已经被列入第一批国家级非物质文化遗产名录，付文刚是该文化遗产项目代表传承人。付文刚有徒弟8人，学生20人，立志要把中幡技艺传承下去。2002年，付文刚创立了“付氏天桥宝三民俗文化艺术团”，除要中幡、练摔跤外，还包括气功、说书、双簧等老天桥绝活儿。该团曾出访过澳大利亚、加拿大、美国、俄罗斯等国，展现了中国传统文化的魅力。为了迎接第29届奥运会，付文刚将中幡升高到20.08米，要借助奥运神风，舞出虎虎生风[2]。韩国卿是马贵保的徒弟，也是宝善林先生的再传弟子，是北京东城区非物质文化遗产项目“宝三跤场跤艺”传承人[3]。为了弘扬和传播传统文化，2014年创立了“北京宝善林文化传媒有限公司”。2015年6月13日，在北京东城区文化委员会、东城区文化馆等单位的大力支持和帮助下，共同举办“纪念宝善林先生诞辰一百一十五年、马贵保先生从艺七十周年”活动。

通过付文刚、韩国卿等人的不懈努力，天桥绝技“要中幡”“摔跤”才得以保存并发扬光大。可以说，历史的绝活儿只有通过现代化经济模式的运作才能适应时代，才能永葆青春、发扬光大。这种以公司化模式运作并兼以师父带徒弟的传承方式，给古老技艺的延续提供了思路。

（二）庙会娱乐的武艺展演

《辞海》解释：“庙会亦称‘庙市’。在寺庙节日或规定日期进行。一般

[1] 北京市宣武区文化委员会. 宣武区天桥中幡［M］. 北京：北京出版社，2005：3.

[2] 胡明刚，英夫. 天桥中幡舞动世界［J］. 绿色中国，2008（15）：42–45.

[3] 王丹枫. 跤艺复兴［N］. 北京日报，2022–06–21（11）.

设在寺庙内或附近，故称‘庙会’。”庙会源于宗庙祭祀典仪，后逐渐发展成具有宗教祭祀、商业行动、民俗游艺等多种功能的节庆活动，是古老的汉族民俗文化活动，随着汉族民间信仰活动发展、完善和普及起来。

1. 京城庙会

北京地区的庙会习俗，可上溯到辽金[1]。北京的寺庙数量为全国之冠，明代立国百年，“京城内外敕赐寺观已至六百三十九所”[2]。据1936年出版的《北京庙宇通检》不完全统计，寺庙有千余座。20世纪50年代初期，北京市文物普查材料统计，全市包括郊区县，共有大小寺庙、庵、观、宫、阁、祠、院2730座[3]。北京地区自清康熙年间至民国期间享誉京城的五大庙会有：护国寺、火神庙、白塔寺、隆福寺、土地庙。近代京城每月轮流开办的庙会约有20座，大多地处闹市或交通便利处，而每逢年节定期开办的庙会有四五十座。庙会有春节庙会和平日庙会，春节庙会在正月初一至十五进行。平日庙会各个寺庙不尽相同，如隆福寺庙会在每月九、十，即九、十九、二十九；十、二十、三十，是京城开庙次数最多影响最大的庙会[4]。

2. 旧京庙会武艺展演

在庙会的人群中，看热闹、游玩观光者占60%，买卖东西的人占30%，而真正烧香磕头的人只占10%[5]4。在庙会上武事行乐自辽代就有，《辽史·禅俗志》记载：“三月三日为上巳，国俗刻木为兔，分朋走马射之，先中者胜，负朋下马，列跪进酒，胜朋马上饮之。”[5]8每逢各类庙会，江湖艺人就赶去卖艺，庙会为民间杂艺提供了舞台。游艺艺人们平时多聚集在天桥一带表演，当庙会来临就前去表演，洋溢着浓浓的地方风味，深受京城人民的欢迎。武术是游艺中被人们十分喜爱的项目，有花剑、拳脚、气功表演、拉弓、摔跤等。在庙会期间有民间歌舞表演，也有属于武术文化的项目，如飞叉、五虎棍、中幡等。

---

[1] 习五一. 北京的庙会民俗［M］. 北京：北京出版社，2005：3.

[2] 孟凡人. 明朝都城［M］. 南京：南京出版社，2013：176.

[3] 赵兴华. 老北京庙会［M］. 北京：中国城市出版社，1999：20.

[4] 徐威. 隆福寺街览古寺［J］. 北京联合大学学报，1995（2）：41–47.

[5] 赵兴华. 老北京庙会［M］. 北京：中国城市出版社，1999.

（1）庙会杂耍

依托庙会的民间游艺，有庙会集市上的剧场杂耍摊和年节庙会的民间花会。《旧都文物略》记载："年开一市者，多有香会，如秧歌、少林、五虎、开路、太师、高跷、杠子、小车、中幡等。"[1] 20世纪30年代中叶，护国寺、土地庙和厂甸三地开辟杂技摊场三十余处。在庙会集市的杂耍摊上，武术项目为重要内容。清末民初，任义堂孟家在护国寺摆练武场，先进行飞叉表演，然后待观众云集时开始卖药。民国时期，各类庙会均有练武的专场。在天桥上撂摊的张宝忠、白光汉、马筱泉均到各庙会献艺。练花剑的女将栾秀云更是蜚声京城[2]。在护国寺庙会上，"鸭蛋刘"的吞长虫、吞宝剑、吞钢针等技巧精湛，独步一时[3]。

在隆福寺三大殿前有杂耍的表演场地，摔跤、耍中幡、拉弓、耍叉和耍花枪等武术项目均在这里表演。沈三、宝三在这里进行摔跤、耍中幡表演，云里飞是说唱艺人，有武术基础，边唱边耍，能够连续翻几十个筋斗。云里飞有京剧基础，武功好，后来说书，最为擅长说《西游记》，同时表演猴王动作，像在云雾里翻腾，被称为"云里飞"。牛茂生是气功高手，以拉硬弓、手劈砖著名[4]45。

（2）武会武艺展演

与庙会杂耍摊位的武术表演相比，武会杂耍摊位的武术表演是固定场地的，而花会的项目是边走边表演的。花会，中华人民共和国成立前叫香会，建国后破除迷信，改称花会。武会也叫"走会"，主要进行高跷、五虎棍、石锁、中幡等表演项目，达到娱神娱民的目的。花会团体众多，各有名称，百年以上花会又称"老会"。武会根据表演项目可分别命名，如丰台区的房家村的"开路会"、苇洼村的"杠箱会"、刘家村的"少林会"、前泥洼村的"中幡会"，将家街的"五虎少林会"等[4]209。武会表演项目分为两种情况：一种是会规内项目，有开路、五虎棍、秧歌等十三项；另一种是会规外项目，有旱船、云车、竹马、牛斗虎等七八十种。老艺人隋少甫对会内十三项进行描述：开路打先锋（耍叉），五虎紧跟行（五虎棍），门前排摆狭喝木（高跷），

[1] 原北平市政府秘书处. 旧都文物略［M］. 北京：中国建筑工业出版社，2005：271.

[2] 宋卫平. 民俗北京［M］. 北京：旅游教育出版社，2005：185.

[3] 习五一. 北京的庙会民俗［M］. 北京：北京出版社，2005：125-126.

[4] 赵兴华. 老北京庙会［M］. 北京：中国城市出版社，1999.

中幡抖威风。狮子蹲左右，双石门下行，石锁把门挡，杠子把门横。花坛盛美酒，吵子响连声，杠箱来进贡，天平称一称（十不闲），神胆来蹲底（跨鼓），幡鼓享太平。

可以看出，在十三项武会项目中，开路、五虎棍、石锁、杠子、杠箱和中幡等项目与武术有关，中间不乏武术高手。开路是进行舞钢叉表演，演练时上下翻腾、旋转，银光闪闪，响声一片，有遇鬼杀鬼、来魔降魔、逢山开路之说。五虎棍是走会的传统项目，讲述宋太祖赵匡胤棒打董家“五虎”的故事。在锣鼓声中，六至九个艺人扮演赵匡胤和董家“五虎”等人，手持木棍和三节棍，相互对打，虎虎生风，走势千变万化，令人流连忘返，记忆深刻。清乾隆年间，乾隆听说京西有“五虎少林会”，让武艺超群的八旗将官前去挑战，但被“五虎少林会”的小伙打得只有招架之功[1]。石锁是石料组成，形如锁状，大小不同，大者二三十斤。艺人用手举、足踏，还用头顶、肘接等。舞龙灯和要狮子在走会的后头。龙灯通常由龙头龙身和龙尾构成，龙头和龙尾由竹篾扎成。龙身由彩布联接，可以伸缩。前头有一人手持彩球或彩灯引路。十几人舞动龙灯，活灵活现。要狮子由两头成狮子由数头幼狮组成。太狮有两人组合演练，一人执狮头，一人执狮身，狮头眼口能动，少狮一人可演出。

（3）今日庙会

20世纪50年代，庙会一度被当作封建迷信象征而取缔，但花会还在，偶尔发挥作用，依托民俗旅游而发展。改革开放后，1985年，停办近20年的庙会开始恢复，其中，最具文化特色的有地坛庙会、龙潭庙会、白云观庙会和大观园庙会。以地坛庙会为例，从1986年开始，到2020年已经连续举办35届，从农历大年初一至初七。“幡鼓齐动十三档”也逐步被恢复，而要中幡、摔跤、舞龙、舞狮、舞叉、硬气功、武术表演等都是今日庙会的常见项目。2005年地坛庙会，请来了北京少林武术表演团，带来了十八般武艺。2008年的地坛庙会，把拳击表演作为项目之一，游客可以上台参与竞争，施展拳脚，舒展筋骨。2016年地坛庙会上安排了武术节目，三英战吕布，扮演刘备拿着双剑、关公手持青龙偃月刀、张飞手持长矛，应战吕布。在锣鼓声中，刀光剑影、互相缠斗，迎来观众阵阵喝彩。以节庆礼仪为载体的北京庙会民俗艺术的内容，亦随着北京城市商业与近郊旅游产业发展的双重影响发生变异[2]。2008年妙峰山庙

[1] 赵兴华. 老北京庙会［M］. 北京：中国城市出版社，1999：176.

[2] 张雯，等. 都市空间中北京民俗艺术双重状态与应对策略［J］. 文史杂志，2017（1）：128-130.

会成为第二批国家级非物质文化遗产。它表明已获得国家文化遗产的地位，成为法律和政策所名列的保护对象[1]。

（三）京师小说中的武术文化

1.《冯婉贞》

（1）内容简介

鸦片战争使中国进入半殖民地半封建社会，给中国带来沉重的灾难。第二次鸦片战争是第一次鸦片战争的延续，英法联军进攻北京。在清朝咸丰十年（1860年），英法联军进攻北京，距圆明园十里的地方有个村子叫谢庄，组织民团进行抵抗。民团头领冯三保精通武艺，其女冯婉贞自幼习武，武艺不凡。谢庄与英法联军进行了两次战斗，第一次民团组织了伏击获胜，第二次冯婉贞组织村里青年进行了肉搏战，也取得了胜利，结果是“谢庄遂安”[2]。

《冯婉贞》一文选自《清碑类钞》，真实作者为陆士谔（1878—1944年）[3]。

（2）文化解读

《冯婉贞》虽然是小说，但我们可以学习其英雄事迹，感受其武术文化精神。首先，冯婉贞身上表现出英勇无畏、敢于胜利的精神。在第一次由其父冯三宝主导的与敌战斗中，因击退百人敌人而自喜。当冯婉贞忧愁地说：“小股敌人去，大股敌人将要到来，假如敌人抬来大炮怎么办？”冯婉贞接着建议：“我们可以用长处，用武术进行近距离攻击。”此建议被其父否决，认为：“与之扑斗，何异以孤羊投群狼？”冯婉贞毅然率领少年出击。其次，学习冯婉贞的善于用己之长，攻彼之短的战斗技巧。冯婉贞率领众少年埋伏在村外四里森林处，待敌人走近后，突然袭击，展开肉搏战，使其枪的威力发挥不出来。敌人纷纷后退，准备远离便于发挥枪的威力，然冯婉贞大呼曰：“诸君！敌人远我，欲以火器困我也，急逐弗失！”于是众人竭力扰之。到日暮，杀敌百十人，以致敌人弃炮仓皇遁，谢庄遂安。最后，学习冯婉贞敢于斗争，善于斗争，永不放弃的精神。在面临敌人将要大举进攻的时候，没有退缩，而是鼓励少年们说：“与其坐

[1] 高丙中. 妙峰山庙会的社会建构与文化表征［J］. 文化遗产，2017（6）：72-79，158.

[2] 李正民. 文言文小说选［M］. 太原：三晋出版社，2008：247-250.

[2] 盛仰文. 陆士谔与《冯婉贞》［J］. 文史杂志，1991（4）：22.

而待亡，熟若起而拯之！”

《冯婉贞》一文，表明在京师地区存在民团组织，且以武术为有效的攻击手段。作者描写冯婉贞这样一位女英雄，目的是激发全民族的斗志。武器落后不可怕，怕只怕没有了斗志！

2.《断魂枪》

（1）内容简介

《断魂枪》[1]是老舍在1935年的作品。老舍（1899—1966年），原名舒庆春，字舍予，生于北京。故事描述了三位武林人士对待“五虎断魂枪”的态度。小说的主角沙子龙拥有“五虎断魂枪”绝技，其所谓的学生王三胜对老师很是崇拜，武术高手孙老者通过打败王三胜而想见识一下沙子龙的“五虎断魂枪”，但最终被沙子龙拒绝。

（2）文化解读

老舍通过《断魂枪》想表达特定的时期，国人对待传统文化的态度。第一，当时代变迁时，武林人士要摆正自己的位置。正如文中所说那样，“失去了国土、自由与主权”的时代，“祖先信的神明全不灵了”“武艺、事业，都梦似的变成昨夜的”，“火车、快枪，通商”冲垮了镖局，迫使他改成客栈。但他内心是矛盾的，白天“不传”，而晚上又“把六十四枪刺下来”，说明他的功夫还没丢。虽然“身上放了肉”，对来挑衅者不敢应战，并没有改变他内心坚守的“神枪沙子龙”形象。他的“不传”说明了他没有摆正自己的位子，在心理学上叫作“身份”认同混乱。第二，时代在变，武林人士的思维也要变，要与时俱进。在沙子龙看来其弟子王三胜们不能传，害怕他们把好东西当成“玩艺”去兜售；也不能把好东西传给不知底细、毫无诚信的孙老者。这种思维正是多数民间拳师的写照，宁可让技艺随自己“一齐入棺材”，也不轻易传人。

《断魂枪》虽然是短篇小说，但给人的思考却很多，人们往往争论的是沙子龙为什么“不传”。有人肯定，认为沙子龙“宁可玉碎，不肯瓦全”；有人否定，认为沙子龙是文化保守派的代表。笔者并不否定沙子龙，但认为其思维僵化，不会变通。沙子龙形象代表了多数拥有传统文化精华的中国武师，手握传统武术绝技，绝不可轻易外传，即使是传还要留一手。试想你不传，或者留

---

［1］老舍. 断魂枪［M］. 北京：京华出版社，2006：128-134.

一手，那么我们的民族文化不就慢慢绝迹了吗？所以说，要放弃保守思想，要大胆地传，才能把传统文化发扬光大。况且，在这个飞速发达的信息时代，只有把东西拿出来，接受社会的考验，才能看一看是不是真，怎么真。我们的传统武术为什么发展不好，几乎沦落到“嘴把式”，被跆拳道赶出市场的境地，就是“沙子龙”们的不传，或者说不知道怎么“传”导致的。

四、雍容华贵：著名拳种的演绎场

京师武术拳种众多，形成丰富的拳种体系。以八卦掌、太极拳为研究对象较有说服力。八卦掌是京师的本土拳种，太极拳为习练最多的拳种。对以上拳种进行源流、技术特点、拳理体系等内容进行研究，有助于对京师拳种的文化的解读。

（一）八卦掌的京师发展

八卦掌又叫游身八卦掌、八卦连环掌，按易理八卦图为圆心，在走转中变幻招式，运动时与四正四隅八个方位一致，故称为八卦掌。

1. 八卦掌的源流

根据康戈武教授的考证，八卦掌创始于董海川。依据如下：第一，八卦掌原名转掌，以走圈为基本运动形式。第二，浙江东南部的道士，以“转天尊”为修炼方式。第三，雄县开口流传的八番拳和洪拳中，没有走圆圈，其中拳式却有转掌八式的雏形。第四，董海川的经历可以证明其创拳的可能[1]。董海川（约1813—1882年），河北文安朱家务人。我们可以从20世纪80年代初出土的4块董氏碑文了解他的生平事迹。从中可知：少年的董海川喜欢豪侠，效法郭解的行为，济困扶危。喜欢打猎，常驰骋于茂林之间。年纪稍大后，去吴越巴蜀等地，探寻名山大川。“后遇黄冠，授以武术，遂精拳勇”，就是说董海川得到“黄冠”的传授，武艺大精。这里的描写具有神秘色彩，符合拳种起源于“神仙”或“佛道”传授的一般源流说。董海川中年时，当了“宦官”。究其原因，墓碑上也没有说明，其弟子避讳也不敢问。董海川性情“疾恶如仇”，武艺高超，曾“畅游塞外，会数人各持利器，环而击之，先生四面迎拒，捷如

［1］康戈武，张文广. 八卦掌源流之研究［J］. 北京体育大学学报，1982，5（3）：59-60.

旋风，观者群雄，无不称为神勇惮其风采”[1]。董海川是八卦掌的创始者，无可置疑。当然，董海川不可能凭空创出来八卦掌，肯定是在前人的基础上，加上自己的揣摩和借鉴《周易》的八卦理论创编出来的。就像康戈武教授所言：前辈武术大师们不断充实转掌的内容，并且以易理说拳理，借八卦命名于拳术。于是，转掌在日益广泛的流行中，发展成为八卦掌这一拳术流派[2]。

2. 八卦掌的京师传承

董海川因“同人即其猜忌，改隶肃邸”，说的是董海川后来到肃王府当差，至于武功的显露，也有不少传说。但据康戈武教授考证：大约1866年，董海川在北京肃王府传出八卦掌。“请艺者，自通显以至工贾与达官等几及千人，各授一艺”，说明董海川的博大胸怀，传授的人阶层各异，达千人，在董海川墓碑上记载的就有弟子56人之多。其中尹福、程廷华、马维祺、史计栋、宋长荣、樊志涌、梁振蒲、刘凤春等最为著名。董海川传授武艺时，常常因材施教，加之学徒们往往是带艺投师，因而形成了各分支的不同风格。现在全国各地流行的各式各派的八卦掌，以尹福传的尹式、史计栋传出的史式、程廷华传出的程式、梁振甫传出的梁式和张占魁传出的张式较有影响。其中，尹、程、梁三派主要在北京传授[3]。而杨十明认为：北京影响较大主要有尹式、程式、梁式和樊式。各流派支派目前已传至五代到九代[4]。

尹式八卦掌。尹福（1840—1909年），字德安，号寿鹏，河北冀县人。幼年来北京谋生，以给人卖油条、烧饼为业。尹福自幼好武，学过罗汉拳和弹腿。一次偶然的机会得遇董海川，拜为师，是董海川在宫外授技的第一人[5]。尹福的弟子主要有：门宝珍、彭九春、宫宝田、尹玉璋、马贵、何金魁、曹钟升、曾增启等。

程式八卦掌：程廷华（1848—1900年），字应芳，河北深县人。程先生早年练过摔跤和少林拳，后经人引荐拜董海川为师。因其以卖眼镜为业，人称“神力眼镜程”。程先生弟子很多，较为著名的有：冯俊义、阚凌峰、张玉

---

[1] 刘敬儒. 八卦掌［M］. 北京：北京体育大学出版社，2007：14-15.

[2] 康戈武，张文广. 八卦掌源流之研究［J］. 北京体育大学学报，1982，5（3）：59-60.

[3] 王振山. 史式八卦掌探源［J］. 武当，2011（8）：26.

[4] 北京市八卦掌研究会. 北京八卦掌：北京市武术运动协会八卦掌研究会成立三十周年纪念文集［M］. 北京：人民体育出版社，2012：13.

[5] 李义芹，周传章. 史式八卦掌［M］. 南京：东南大学出版社，2007：9.

魁、张永德、周祥、李文彪、杨明山、孙禄堂等[1]。

梁式八卦掌：梁振蒲（1863—1932年），字昭庭，河北冀县人。7岁学习弹腿，入京后于16岁拜董海川学习八卦掌。青年时代在北京估衣行做学徒，世人称为“估衣梁”，其弟子有郭古民、李子鸣、傅振伦等[2]。

樊式八卦掌：樊志涌（1840—1922年），绰号“樊疯子”，世居北京。自幼习少林拳、弹腿等拳技，后带艺投师，跟随董海川学习八卦掌。经过多年的习练，形成以三角步、打四面、踩八方、穿九宫为主，走转为辅，独具风格的“樊式八卦掌”，弟子有王志、宁洪亮、敖庆华、扎力芬、樊凤兰等[3]。

3. 京师八卦掌的内容体系

（1）技术体系

八卦掌的技术体系包括基本功、基本技术和拳械套路。基本功包括桩功和行步。基本技术包括手型、步型、步法、手法、身法。其中手法有推、托、搬、截、拿、领、扣、封、拦、打、展、闪、勾、带、捉、封16法。步型有半马步、仆步、扣步、摆步等。身法有旋、翻、拧、转。身形似游龙，腰如车轴。周身一动无有不动，拧旋走转似流水，上下翻动如蛟龙。

八卦掌的拳械套路有单练、对练还有散手等形式。拳术单练有老八掌、八盘掌、八卦连环掌、龙形八卦掌、游身八卦掌、八卦连环腿等。器械套路有八卦刀、八卦剑、八卦枪、八卦鞭、子午鸳鸯钺、判官笔、风火轮、鸡爪锐、八卦双头蛇等。对练套路有对手互操法、八卦刀十二路对击法等。

（2）理论体系

理论是八卦掌技术存在的基础，没有理论，其技术就成了无本之木。八卦掌的产生、存在和发展全系八卦掌理论的支撑。

①技击理论

技击是拳种根基，没有技击就不能成为武术。八卦掌也不例外，八卦掌的套路如果没有技击价值，就迥然蜕变成体操。

董海川在传授八卦掌时常用四十八法诀来阐明技击用法，包括身法、相法、步法、迈法、连步法。现呈现5首法诀，以分析其中意义。

[1] 刘敬儒. 程氏八卦掌［M］. 北京：人民体育出版社，2004：11-12，17.
[2] 李秀人. 八卦掌［M］. 北京：北京美术摄影出版社，2015：19.
[3] 刘敬儒. 八卦掌［M］. 北京：北京体育大学出版社，2007：28.

一、身法

手法步法要相随，手到步落力必撤，
手脚具到要欠力，去时迟缓抽难回。

二、相法

对御群敌相法先，未从进步退当然，
退则审势知变化，以逸待劳四两牵。

三、步法

未从动梢先动根，手快不如半步跟，
进退出入只半步，制手避招而安神。

四、迈法

功夫本从弯步来，两手变化随步开，
高挑低搂横掩避，推托带领不离怀。

五、连步法

连步法三费功夫，使手要简自然无，
搭手转身是空手，机会恰巧是江湖。

从以上的用招方法可以看出，四十八法是遇到不同对手、千差万别的形势，要求己方做出不同变化。四十八法要牢记，在用时要灵活变通，而不是机械硬背[1]。

②训练理论

训练主要为技击服务，兼有健身强体之功效。因而，训练要讲究科学的方法，不要为了追求技击效果而伤害身体。练习八卦掌首先要注意三害，孙禄堂的《八卦拳学》指出，三害者，一曰努气，二曰拙力，三曰挺胸提腹。他认为，怒气会导致胸满气逆、肺炸诸症。拙力，会导致气血不畅，滞于四肢可生病症。而挺胸提腹，重心不稳，万法不能处时中地步。训练除了防止三病之外还要求做到九要，塌、扣、提、顶、裹、松、垂、缩、起钻落翻。九要是对身

[1] 郭古民. 八卦掌术集成 [M]. 长春：吉林科学技术出版社，2000：39-54.

体的各个部位的要求，即腰塌、开胸顺气、谷道内提、头顶手顶和舌顶上腭、两肘里裹、松开双肩、两肘下垂、两肩与两胯回缩、起钻落翻分明[1]。

董海川在传授八卦掌时常用三十六歌诀来阐明拳理，现选择其中三首加以说明。

歌一

空胸拔顶下单腰，拗胯掰膝抓地牢，
沉肩坠肘伸前掌，二目须从虎口瞧。

这首歌诀是对身体各部分的要求，包括胸、顶、胯、膝、足、肩、肘、掌、目等。

歌二

后肘先叠肘掩心，手再翻塌向前跟，
跟到前肘合抱力，前后两手一团神。

这是练习八卦掌时，两手的运用，并要求精神要贯注一致。

歌三

步弯脚直向前伸，行如推磨一般真，
屈膝随胯腰扭足，眼到三面不摇身。

这是练习八卦掌时，对下肢和走步的技术要求。

三十六歌诀，合辙押韵，朗朗上口，在练习八卦掌的过程中，可以边走边咏。通过朗读，领会，便知八卦掌之练法要诀[2]。

4. 技术特点

董海川传授给弟子的掌势不太多，后经过二代、三代弟子的不断创编，八卦掌技术逐渐丰富起来。

[1] 孙禄堂. 孙禄堂武学录［M］. 孙剑云，编. 北京：人民体育出版社，2001：129.
[2] 郭古民. 八卦掌术集成［M］. 长春：吉林科学技术出版社，2000：27-38.

(1) 八卦掌的共同特点[1]

第一，八卦掌是以“走”为最大特点，趟泥步是八卦掌共同特征。

第二，八卦掌的拳套里几乎都用掌，这也是八卦掌名称的来源。

第三，练拳时，要求气沉丹田、六合归一、舌抵上腭、提肛溜臀。发力时，要以内劲即“寸劲”克敌制胜。

第四，技击时，要求以掌为法、以走为用、斜出正入，脱身换影。

第五，八卦掌注意用腿，以暗腿为主。

第六，练功时，走圈为基本练习方法，分上、中、下盘的三盘练法。以走步如趟泥、转掌如拧绳。

(2) 各式八卦掌的特点[2]

尹式八卦掌特点：牛舌掌，小步走圈，趋于急行，出手时冷、脆、硬、快，身法以“吸、合、抽、扭、撇”的卸化为主，善用腿法。

程式八卦掌特点：龙爪掌，走圈时步幅大，换势讲究摆步、扣步，劲力沉实，多螺旋劲，斜出正入，腿法以点腿为主。

5. 京师八卦掌发展状况

(1) 技术不断丰富

从董海川墓碑铭上可知，董海川所授技艺是根据弟子具体状况而“各授一艺”，说明弟子们所学套路是不多的。而现在流行的八卦掌套路繁多，说明八卦掌是一种动态的拳种，是随着时代在不断变化的。由于北京的特殊地理位置，使京城内的高手众多，客观上加剧了各拳种之间的交流，这为八卦掌技术体系的不断完善奠定了坚实的基础。如尹福在投师学艺前就有罗汉拳和弹腿基础，在学习八卦掌之后，融进这些技术，使八卦掌丰满起来，最终成为尹式八卦掌。造就尹式八卦掌的牛舌掌的独特掌型，以及出手快速冷脆并善用腿法的特点。而程廷华投师学艺前擅长摔跤和少林拳，学成八卦掌后，不断丰富八卦掌内容，成就了注重摆扣步，且劲力沉实，出腿以点腿为主的程氏八卦掌。再如，刘德宽在拜董海川为师前，学过鹰爪擒拿术和六合拳械，包括六合枪，有“大枪刘”的美称。刘德宽学习八卦掌，同时也丰富八卦掌的技术体系，八卦

[1] 刘敬儒. 八卦掌 [M]. 北京：北京体育大学出版社，2007：29.

[2] 宗维洁. 八卦掌 [M]. 北京：北京体育大学出版社，2008：3.

掌内的四式枪、八面战身枪、六路戟和八卦擒拿术都要归功刘德宽。正如孙锡堃先生在1939年著成的《八卦拳真传》的第一章总论中写道："集成拳术复按易理，定八卦，合五行，加添招术，代代流传。先哲屡益，此道逐益形完备。"[1]可见，加添招术，也不是拿来就用，而是"按易理，定八卦，合五行"才能成为八卦掌的内容。

八卦掌技术的丰富也从另一个角度看，八卦掌在慢慢向体育方向转型，不再以技击为第一要务，把技击与健身视为同等要务。从现代的散打可以分析，实战不需要那么多的招式，就像戚继光所说："凡比较武艺，务要俱照示学习实敌本事，真可对搏斗者，不许仍学习花枪等法，徒支虚架，以徒人前美观。"[2]然而八卦掌在发展过程中，套路越来越多，"花法"越来越多，实用性大大降低。时代不同了，今天多数人打拳是为了健身，不是去战场较量，多学"花法"有益健康，何乐不为。

（2）理论不断深入

理论是技术的内核，没有理论支撑，技术也较难发展。在董海川传授八卦掌的时候，用的是口传心授的方法，理论只是在师父的心中，通过口头和身体语言传给弟子，没有留下文字。随着有文化功底的名家的加入，使八卦掌的理论传播开来，影响越来越大。较早出版的书籍有1916年由孙禄堂撰写的《八卦拳学》，1928年黄柏年撰写的《龙形八卦掌》，1932年尹玉璋编著的《八卦掌简编》，孙锡堃在1939年著成的《八卦拳真传》等。

八卦掌理论包括功法理论、套路习练理论、养生理论和技击理论等。八卦掌的先贤们把这些理论编成歌诀便于传唱，如"八卦拳歌""三十六歌""四十八法"等。

（3）影响不断扩大

1982年4月，在李子鸣先生倡导下，北京的八卦掌同仁们积极参与和筹划，八卦掌研究会宣告成立，并在1982年5月23日，获北京市武术运动协会正式批准，成为北京市武术运动协会的分支机构。八卦掌研究会成为全国第一个单拳种研究会。经过40年的发展，研究会已经换届5次，目前是第六届研究会。成员

[1] 孙锡坤. 八卦拳真传 [M]. 天津：天津市古籍书店，1987：1.

[2] 戚继光. 纪效新书 [M]. 盛冬玲，点校. 北京：中华书局，1996：56.

也不断增加，到2012年11月，有2000名以上人员入会[1]。2018年八卦掌研究会进行了新春团拜会，共祝八卦掌健民事业蒸蒸日上。八卦掌研究会扩展了八卦掌的影响力，为北京乃至全国的八卦掌健身事业贡献了力量。

从八卦掌研究会成立后，一直致力全民健身事业。1983年3月，在天坛公园、地坛公园、紫竹院公园、北海公园、北京展览馆、徐悲鸿纪念馆等地办起24个辅导站，传播八卦掌。1998年，根据《中国武协段位制评审》通知，研究会组织208人申报武术段位。2001年8月，八卦掌研究会举办2001年北京地区首届传统八卦掌选拔赛，参赛人数逾百人。2005年3月，八卦掌研究会配合山东电视台录制《京城八卦掌》节目。2006年正式启动筹建中国八卦掌网站。2009年7月，八卦掌研究会官方网站正式建成。2010年6月八卦掌作为国家级非物质文化遗产项目申遗成功，赵大元、孙志君、王尚智为八卦掌项目传承人代表。2012年12月，纪念八卦掌研究会成立30周年文集出版发行[2]。2022年4月9日八卦掌研究会在京举办了“八卦掌宗师程廷华纪念馆筹备启动仪式”[3]。

（二）太极拳的京师发展

太极拳是京师发展最好的拳种，在2015年的北京市“李天骥杯”武术太极拳锦标赛上，有921名运动员参加比赛，足以说明太极拳的发展状况。

1. 太极拳的源流

目前流行的太极拳皆系温县传出，这一点已为人们所认可。就像南京中央国术馆副馆长陈泮岭在《太极拳教材·总论》中说：“现在的太极拳，皆系由河南温县陈家沟所传授；但陈家沟太极拳又是传自何人？尚难找出确实证据……太极拳之源流，在今日难以稽考，惟其传自陈家沟，则为今日练太极拳人士之所共识公认者也。”太极拳起源于温县已被国家认可，在2007年8月，国家体育总局副局长冯建中等为“中国武术太极拳发源地”揭牌，焦作市温县被

[1] 北京市八卦掌研究会. 北京八卦掌：北京市武术运动协会八卦掌研究会成立三十周年纪念文集[M]. 北京：人民体育出版社，2012：180.

[2] 北京市八卦掌研究会. 北京八卦掌：北京市武术运动协会八卦掌研究会成立三十周年纪念文集[M]. 北京：人民体育出版社，2012：92-99.

[3] 北京市八卦掌研究会[EB/OL].（2022-04-10）[2023-04-02]. http://news.sohu.com/a/536690456_120352282.

中国武术协会命名为“中国武术太极拳发源地”[1]。

2. 太极拳在京师的传承

太极拳本是在农村按父子传承的方式进行传播，其传承速度和覆盖面相对较狭小。杨福魁的出现改变了这种状况，三下陈家沟与后来的京师传艺，使太极拳的影响力跨越式增长，太极拳迅速成为全国乃至世界闻名拳种，已经成为武术界里锻炼人群最多的拳种。目前京师较流行的太极拳有杨式、陈式、吴式、武式和孙式等。

（1）杨式太极拳

杨福魁（1799—1872年），字露禅，河北永年人。家贫，10岁到永年“太和堂”药店为学徒。太和堂东家陈德瑚得知杨福魁想学太极拳，被其诚心感动，介绍其到河南温县陈家沟陈长兴处学艺。陈长兴经过观察和考验最终收杨福魁为弟子。经过刻苦训练，深得拳法要领，成为陈长兴的杰出弟子。艺成后返回河北永年，后经武汝清介绍，于1840年到京城传艺[2]。京城高手如云，不服气者众多，与杨福魁比武皆败，人称“杨无敌”。杨福魁名声大显后，学艺者日多。

“谁料豫北陈家拳，却赖冀南杨氏传”就是杨福魁在北京传艺的事迹。杨福魁根据学拳者大多是达官显贵、官家贵族的特点，适当降低运动强度，并删去了难度动作。后来其儿子和孙子进一步修改动作，逐步去除发力、跌叉、震脚和跳跃动作，最后形成速度均匀、动作柔和、迈步轻灵、身姿中正的杨式太极拳。杨式太极拳在北京的传播，以杨福魁为首。杨福魁从陈家沟带来的太极拳套路有太极拳大架、太极拳中架、太极拳小架、太极拳提腿架、太极拳快架、太极拳四路炮捶、太极四隅捶、太极十三路炮捶、太极撩挎八卦掌、太极散手、太极一时短打。其中，太极拳中架有四个套路，太极拳踢腿架有两个套路，共计十五个套路[3]。杨福魁弟子众多，但以其子杨班侯和杨健侯最为著名。而杨健侯这一支以其子杨澄甫为著名。

（2）吴式太极拳

吴全佑（1834—1902年），字公甫，号保亭，北京大兴人。吴先学艺于

[1] 康戈武. 解读：“温县被命名为中国武术太极拳发源地”［J］. 体育文化导刊，2008（1）：24.
[2] 张侃，曹利祥. 武林精粹：第二辑［M］. 北京：人民体育出版社，1984：2-3.
[3] 庞大明. 杨式太极拳阐秘［M］. 北京：人民体育出版社，2007：3.

杨福魁，后奉杨福魁之命拜杨班侯为师。吴全佑的拳法架子斜中寓正，松静自然，以柔化著称，是在杨式小架太极拳的基础上修订而成的。其子吴鉴泉进一步修改，逐步形成一套架子紧凑、不纵不跳、缓慢连绵、善于柔化、风格独特的吴式太极拳。吴鉴泉的弟子有徐致一、葛馨吾、吴公仪等36人。吴全佑的另一位弟子王茂斋，有弟子77人[1]。吴鉴泉于1921年受聘入北京体育研究社执教，将吴式太极拳传入北京[2]。

（3）武式太极拳

武河清（1812—1880年），字禹襄，号廉泉，清代直隶广平府人。清道光十三年（1833年），杨福魁从河南学艺归来，得到武河清的羡慕。武河清欲求学杨福魁，可是杨福魁不肯轻传，武河清只得其大概。1852年，武河清赴温县学艺，陈长兴介绍其去投师赵堡镇陈清平。武学艺于陈清平，精妙始得。之后，武河清的兄弟武澄清从河南舞阳县盐店得一本王宗岳的《太极拳论》，转给武河清。武河清潜心研究，终于创编出圈小劲捷、势简技贩、端庄洒脱的武式太极拳。武式太极拳在民国初年由李亦畲之徒郝为真传入北京[2]。

（4）孙氏太极拳

孙禄堂（1860—1933年），名福全，字禄堂，晚号涵斋，别号活猴，河北望都县人。孙禄堂是清末民初著名武术宗师，13岁时，孙禄堂拜李魁元为师学习形意拳。后又跟程廷华学习八卦掌，1912年跟郝为真学习武式太极拳。1918年，孙禄堂将形意拳、八卦掌和太极拳三拳合一，融会贯通，创造出架高步活、转换轻盈、小巧轻灵、柔缓圆活、运动方向变化多样的孙氏太极拳。

（5）陈式太极拳

陈发科（1887—1957年），生于河南温县，陈式太极拳第九代传人。1928年在许禹生等人的邀请下，去北京传拳。从此开创了陈式太极拳300年只在陈家沟一隅传承的形势，形成了“不意陈君标异帜，缠丝劲势特刚强”的新时代，培育出李经梧、洪均生、李剑华、田秀臣、雷慕尼、陈照奎、冯志强。目前流行的徒手套路有老架一路、二路，小架一路、二路，新架一路、二路。

[1] 王巾轩. 师徒制下的武术文化传承——基于吴式太极拳师徒传承的个案研究 [J]. 上海体育学院学报，2014，38（4）：89-94.

[2] 康戈武. 文化瑰宝，健身益友——太极拳发展概略 [N]. 人民日报，2001-02-14（008）.

3. 京师太极拳内容体系

（1）技术体系

太极拳技术体系包括基本功、基本技术和拳械套路。基本功包括桩功和步型功等。基本技术包括手型、步型、步法、手法等。拳械套路包括拳套路和器械套路。其中拳套路有陈王廷创造的七套拳套，包括一百零八势的长拳、五路太极拳和炮捶。到陈长兴和陈有本时，以专练太极拳第一路和炮捶（现代称为陈式太极拳第二路）。百年前，太极拳的发展着重在技击方面，而近百年则向医疗、体育游戏和竞赛三个方面平行发展。以后出现的陈式新架、杨架、武架、吴架和孙架等，都是根据陈氏老架太极拳第一路改编而成的[1]。器械套路有刀、剑、枪、棍、锏、双人粘枪、杆、太极双刀、太极双剑、太极扇等。

（2）理论体系

太极拳发展到十八、十九世纪，进入第一次大普及、大发展时期。杨式太极拳的第三代传人杨澄甫著有《太极拳使用法》《太极拳体用全书》。孙氏太极拳创始人孙禄堂著有《太极拳学》《拳意述真》等书。

①技击理论

太极拳与外家拳的不同在于技击理论的不同，就像《太极拳论》所说："斯技旁门甚多，虽势有区别，概不外乎壮欺弱，慢让快耳。有力打无力，手慢让手快。"说的是，其他拳术的胜利是建立在力量和速度的基础上。而太极拳则"四两拨千斤""耄耋能御众"，显然不是"力胜"和"快能"。当然，太极拳不是不喜欢"力"和"快"，太极拳的"四两"也是力，当然越多越好。那么，怎样做到这种"四两拨千斤"和"耄耋能御众"呢？要求"人刚我柔谓之走，我顺人背谓之粘"。就是说，人如果用刚劲来进攻，我方要用柔去化解。不能硬碰硬，使之来犯之力沿着我方建立的圆走偏。而"我顺人背"即是我处于有利的空间位置，敌方就感觉被"粘"住，内心沉重。在与人交手时，做到"动急则急应，运缓则缓随"。要随对方的速度而变，不论对手是快还是慢，我方则始终与对方相随。做到"无过不及，随曲就伸"，最后做到"阴阳相济"的"懂劲"程度，进而上升为"人不知我，我独知人"的最高境界。

②训练理论

要达到"人不知我，我独知人"的高深境界，必须进行刻苦的训练。在训

---

[1] 唐豪，顾留馨. 太极拳研究［M］. 北京：人民体育出版社，1964：13.

练时，首先要求“虚领顶劲，气沉丹田，不偏不倚，忽隐忽现”。这是对身姿的要求，头要上顶，呼吸要气向下沉到丹田，使重心平稳。不偏不倚是说立身中正，忽隐忽现则是要求腰部的左右旋转来保持身体的稳定。其次，要求“立如平准，活如车轮，偏沉则随，双重则滞”，就是说，静的时候像天平那样保持平衡，身体的重心平稳必须通过双手来掌握平衡。在动的时候像车轮那样旋转，通过转动化解外来之力。如果“偏沉”或“双重”则破坏了天平的平衡和车轮的旋转了。许多人多年的练习，始终不能有所提高，毛病是犯了“双重”之病。要解决这个问题，必须懂“阴阳”的道理。

训练的过程是“由着熟而渐悟懂劲，由懂劲而阶及神明”。这是对学习阶段的描述，认为学太极拳必须经过三个阶段。第一，先要学会“挪、捋、挤、按、采、挒、肘、靠、进、退、顾、盼、定”的手法、步法和身法，并且达到“着熟”的地步。第二，懂劲阶段。这一步比较困难，“懂劲”是不易掌握的，需要多年的磨炼，而且要会“感悟”。第三步，“神明”阶段，就是“人不知我，我独知人”阶段。这是最高阶段，更不易掌握，要“懂劲后，愈练愈精，默识揣摩，渐渐至从心所欲”。

4. 京师太极拳的发展状况

（1）技术不断创新，向体育方向迈进

由于太极拳众多，我们以陈式太极拳为例。陈发科在北京授拳近三十年，在原来的基础上，不断创新，增加了螺旋缠绕动作，设计出了新的拳式，如：退步压肘、双震脚、三换掌、中盘、背折靠等。现在流行全国的八十三式陈式太极拳，就是陈发科晚年定型的。陈发科的弟子也发展了太极拳套路，如冯志强主编、潘厚成整理了《陈式太极拳入门》，冯志强主编、王洁助编了《精编陈式太极拳》，由田秀臣、阚桂香合编了《简化陈式太极拳》，由阚桂香主编的《陈式太极拳竞赛套路》等书籍，丰富了太极拳的教学内容。

从太极拳在北京发展以来，各派太极拳纷纷出笼，说明太极拳正走向体育化征程，杨式太极拳来源于陈式太极拳，但没有陈式太极拳那样的蹿蹦跳跃，抖弹发力，说明其将健身放在重要的位置。技击、健身并重是中华武术区别于其他国家武技的重要标志。从生理角度理解，过分强调技击对身体是有损害的。

（2）影响不断扩大

陈发科在1953年与名拳师胡跃贞共同创办了首都武术社，为北京武术健身贡献了力量。陈发科的弟子侯志宜、雷慕尼、孙枫秋、田秀臣等纷纷在北京设

点授拳。田秀臣曾在1979年进入北京体育学院授拳，使流传在民间的陈式太极拳进入了高等学府。冯志强多次到上海、南京、青岛、深圳、广州、杭州传授陈式太极拳，还去美国、新加坡、日本、墨西哥等国家授技[1]。

1983年，北京成立了陈式太极拳研究会，使陈式太极拳的影响进一步扩大。研究会先后在天坛、地坛、日坛、月坛等公园设立陈式太极拳辅导站，极大的满足了陈式太极拳的爱好者。与其他太极拳相比，陈式太极拳的爱好者多数为中青年。

（3）习练目的不仅仅是为了技击

笔者通过调研和上文对参加太极拳比赛选手的分析认为，北京习练太极拳的不少，形成了中老年人喜欢24式太极拳、42式太极拳和杨式太极拳，而中青年则更偏重陈式太极拳。在喜欢陈式太极拳的人员中，多数更愿意拜师学艺，通过正式仪式成为入门弟子。通过与习武者的访谈可知，健身和技击并重是习练陈式太极拳的目的，就像陈式太极拳第十三代弟子於迎春所言："习练陈式太极拳的目的是为了健身，参加比赛，进入一个交际圈，同时通过推手提高技术水平。""太极拳学练比较缓慢，借助太极拳文化，走内圣外王的道路，修炼由内而外，具有文化底蕴。"

本章小结

京师武术文化可谓丰富多彩，本章意在围绕京师武术文化的技术层面、理论层面和精神价值层面的内涵进行分析。目前，有61个拳种在北京发展，形成了自己的风格特点。主要有，第一，以北方拳种为主。从传入时间看，多为清代后期。这与清代的"禁武令"和近代复杂多变的政治、经济与文化背景有关。第二，摒弃"门户之见"，形成较为完整的拳种系统。第三，展现大气磅礴的首都气概。当代京师武术拳种发展状况从数据来看，太极拳是习练最多的京师武术拳种，其次是八卦掌、形意拳、八极拳、少林拳等。以哲理而创的拳有共同的特征，包括：第一，创拳理论皆来源古代哲学。第二，都遵循"后发

[1] 北京市武术运动协会. 北京市武术运动协会档案［M］. 北京：人民体育出版社，2007：459-460.

先至”的技击原则。第三，对身体各部位要求基本一致。以刚猛为主的拳基本特征是外在形态的相似性；练功方法的相通性；技击方式的一致性。

精英是出类拔萃的人。事物的发展往往依靠精英引领，武林精英能够为武术发展提出具有战略性的建议，能够做出光耀史册壮举，能够完成别人不能完成的事业。当然，京师武坛英杰辈出，个个都有惊世骇俗的故事。笔者选择具有代表意义的几位，与读者共同感受他们在各自领域中做出的贡献。在近代选择“大刀王五”王正谊、孙禄堂和李尧臣，他们代表了大义、博学和实战；在当代选择了张文广、李天骥和李连杰，分别代表教育、健身和文化。我们可以从不同的角度去解读京师武术文化的博大精深，从不同的视角去体会京师武术精神。

在传统体育文艺中的武术文化包括天桥杂耍、庙会武艺和京师武术小说。在天桥表演的绝活中，有不少与武术有关，应属武术文化系列。这些杂艺有的属武术套路表演，如舞剑、刺抢、对打。有的是展示武术功法，如举刀、举石担、拉弓、柔术、开砖、咬铁条、捋铁条等。有的属于武术对抗项目，如摔跤。有的是武术技法展示，如飞刀、鞭技等。有的技艺虽不是武术技术，但艺人们要以武术身体素质为基础，如飞车、飞杠、顶技、耍中幡、爬杆等。武术是庙会游艺中为人们十分喜爱的项目，有花剑、拳脚、气功表演、拉弓、摔跤等。在庙会期间有民间歌舞表演，也有属于武术文化的项目，如飞叉、五虎棍、中幡等。在京师武术小说方面，我们分析了“冯婉贞”和“沙子龙”两个武林人物的武术文化意义。

八卦掌和太极拳是京师发展比较好的拳种，故分析其源流、发展状况与技术体系。认为，八卦掌起源于董海川，而太极拳起源于河南温县。目前，在北京发展的八卦掌主要包括尹式八卦掌和程式八卦掌。太极拳主要流行杨式、陈式、吴式、武式和孙式太极拳等。八卦掌训练要避三害者，一曰努气，二曰拙力，三曰挺胸提腹。训练除了防止三病之外，还要求做到九要，塌、扣、提、顶、裹、松、垂、缩、起钻落翻。九要是对身体的各个部位的要求，即腰塌、开胸顺气、谷道内提、头顶手顶和舌顶上腭、两肘里裹、松开双肩、两肘下垂、两肩与两胯回缩、起钻落翻分明。

太极拳与其他拳种的不同在于技击理论的不同，其他拳术的胜利是建立在力量和速度的基础上。而太极拳则“四两拨千斤”“耄耋能御众”，显然不是“力胜”和“快能”。要求做到“人刚我柔谓之走，我顺人背谓之粘”。在与人交手时，做到“动急则急应，运缓则缓随”。要随对方的速度而变，不论对手是快还是慢，我方则始终与对方相随。做到“无过不及，随曲就伸”，最后做到“阴阳相济”的“懂劲”程度，进而上升为“人不知我，我独知人”的最高境界。要达到“人不知我，我独知人”的高深境界，必须进行刻苦的训练。在训练时，首先要求“虚领顶劲，气沉丹田，不偏不倚，忽隐忽现”。其次，要求“立如平准，活如车轮，偏沉则随，双重则滞。”训练的过程是“由着熟而渐悟懂劲，由懂劲而阶及神明”。

太极拳的理论虽然与众不同，也蕴含着深刻哲学意义，但真正要做到“神明”还需不懈的努力。特别是现代，搏击项目的技击在快速运行，太极如何在速度上更胜一筹，是个不小的课题。

第七章 京师武术文化的精神内涵

京师武术文化博大精深，有着独特的气质和丰富的内涵。这包括古代的侠肝义胆、近代的反帝救国和当代的和合理念。

精神与肉体是人生存的基础。人造物也有物质与精神之分。人造物本身就蕴含文化，其文化内涵如何，在于人赋予其文化程度如何，也在于其物质本身能够发挥的作用。武术文化也分为可视的武术技术和不可视的武术精神。物质与精神相辅相成，不可分割，没有物质，精神无所附；没有精神，物质就是死物。物质与精神，共同发挥作用，缺一不可。京师武术文化是首都人民创造的文化，武术文化精神有其特色，有其气质特征。分析其特色和气质特征，对把握武术文化的精神内涵极其重要。

一、京师武术文化特色

特色是事物所表现的独特的色彩、风格等[1]。京师是国家首都，肯定有与其他区域不同的精神内涵。京师武术文化特色是京师武术文化显著区别其他地域武术文化的风格、形式，它是由京师武术文化赖以产生和发展的特定的、具体的首都环境因素所决定的，是京师武术文化独有的。

（一）拳种众多彰显了京师武术文化的包容性

文化包容是指本土文化对外来文化的吸收和借鉴，在于承认、尊重并欣赏

[1] 中国社会科学院语言研究所词典编辑室. 现代汉语词典 [M]. 北京：商务印书馆，2012：1274.

文化的多元性，实质是一个国家和民族文化基本精神的体现[1]。只有文化包容，才能发展壮大。中国文化是一种包容的文化，之所以能够保持超越历史时空的生命力，包容性特征是关键因素之一[2]。

1. 拳种众多

京师武术文化是传统文化的重要分支，显然具备文化包容性这个特点。只有包容性的文化，才能生生不息，才能向前发展。京师武术文化发展壮大在于不断承认、尊重并吸收外来武术文化，使之成为自身文化的一部分。能够在天子脚下立足，绝非易事。众多的拳种曾遨游京城，有的能长久驻扎，有的却惊鸿一瞥。在查明的129种拳种中，仍旧有61种拳种和器械留在北京。在61种拳种中，全国较著名的拳种几乎都在北京。八卦掌是土生土长的北京拳，从董海川在晚清传出八卦掌以来，100多年来已经传播到世界各地。太极拳的著名五大流派陈式、杨式、吴式、孙式和武式，因为北京而名声鹊起。八极拳是一种刚猛、暴烈的拳，以实战而闻名，民国时期传入北京。查拳创拳于山东省冠县，由刘坤传入北京。意拳为王芗斋所创，具有形意拳的整劲、八卦掌的活劲和太极拳的化劲，王芗斋于1937年在北京教习此技。通背拳由清末浙江人祁信传入北京，被称为“老祁派”。螳螂拳相传由山东即墨人王朗所创，形成于明末清初，以动作短中寓长、长短并用，弹突有力，动作刁敏见长。陈云涛和单香陵是把螳螂拳带到北京的主要功臣，北京主要流行梅花螳螂拳和六合螳螂拳。宋迈伦是北京三皇炮捶的开拓者，1845年进入神机营，后创办北京会友镖局。

从表7-1可以看出，各省市自治区的拳种有多有少，比较而言，北京无疑是拳种众多之地，恰恰说明首都武术文化具有很强的包容性。

表7-1　全国主要省市拳种分布情况[3]

省市	拳种情况
北京	拳种61种，拳、械、对练套路1005个
湖南	拳种46 种，拳术套路835套，拳术对练套路29套，近40种武术器械
湖北	拳种56种，拳、械套路1003套，强身壮力气功50余种
江苏	拳种29种，拳械套路2344套

[1] 田传信. 论文化包容性与存在［J］. 文献资料，2007（9）：84-86.

[2] 韩冬雪. 论中国文化的包容性［J］. 山东大学学报：哲学社会学版，2013（2）：1-6.

[3] 笔者根据韩雪、陈振勇等博士论文信息绘制。

（续表）

省市	拳种情况
浙江	拳种64种，徒手套路822套，器械套路389套，徒手对练套路32套
上海	拳种52种
山东	拳种66种，拳术套路499套，器械套路321套，对练套路146套
东北三省	辽宁拳种48种，吉林拳种37种，黑龙江拳种33种
福建	拳种40种
河北	拳种80种，套路2000套
天津	拳种47，拳械与对练套路1294个
河南	拳种40种
陕西	拳种25
云南	拳种58种，稀有拳种2种，稀有功法2项，拳术套路650套
贵州	拳种39种，各族套路、练功方法900余项
四川	拳种57种，流传1652种拳械套路
山西	拳种65
广东	拳种21种
广西	拳种61种
安徽	拳种43种，套路1397套

2. 容纳吸收，摒弃“门户之见”

众多拳种长留京师是与武术先辈们不懈的努力分不开的。文化的包容性不是好坏全部包容，而是有鉴别的去粗存精。对来北京的武术文化，给其发展空间，展示其文化底蕴，最终留下好的拳种。在北京众多的拳种中，本地的拳种很少，绝大多数拳种都是外地域传到北京的。如杨式太极拳是杨福魁学艺河南陈家沟，在北京打出了天下，不断改造，形成了与陈式太极拳风格相异的拳种。有些著名拳种，虽然很好，但不见得为大多数人所喜爱，武林先贤们改变其技术形态变成人们所热爱的拳种。八卦掌在早期传授时期，器械较少，套路不多，后来形成繁多的套路体系，是与其不断地容纳吸收其他拳种技术分不开的。如八卦门的枪术、技法不多，只是转几下，后来的丰富多彩要归功于大枪刘德宽。刘德宽加入八卦门，留下了四式枪、八面战身枪等套路。同时，刘德宽也丰富了八卦掌的拿法。在八卦掌的四十八法诀中就有：“八卦之手不讲拿，我拿人兮我亦差。”说明董海川在早期的传授中是不传拿法的[1]。有些武术名家熟悉本门拳术的同时，对其他门派拳术也认真学习，容纳吸收，达到精通的程度。八极拳名师王金声先生，自幼师从其父，深得八极拳精髓，为第六代传人。他对飘遥刀、秘宗拳、太祖拳、劈挂拳、连环剑、三节棍等也十分精通，后被调到北京什刹海体校当教练，培养了一大批优秀武术运动员[2]。

能够容纳众多优秀拳种是与京师拳家开阔的胸怀分不开的，大多数拳师都学过好几种拳技，说明他们不存在"门户之见"等封建信条。京师拳家开阔的胸怀是来京之后，逐步被京师的文化氛围感染而形成的。

3. 拳师技艺丰富

京师武术文化的包容性还反映在拳家技艺的丰富。立足在京城的武术名家和武术精英大都精通多家拳术。"习得文武艺，卖与帝王家"是多数武者的心愿，技艺的高低只有比较才能鉴别。众多高手纷纷踏入京城，一较武艺，有的出入匆匆，有的长期逗留，有的移居北京。在长期的交流、比较、学习中，相互取长补短，造就京师武术大家们技术精湛、习艺众多。如八卦掌董海川的众弟子们大都是带艺投师，尹福初学习花拳，后从师学习八卦掌。程廷华在学习八卦掌之前学习过形意拳和摔跤。史六，号计栋，是较早跟随董海川学习八卦掌的弟子，在学习八卦掌之前，就习练少林连环腿。刘德宽幼年学习过少林六合门拳术，学习八卦掌后，丰富了八卦掌套路技术。张敌寒精通清拳、形意、八卦、太极拳和功力拳等多种拳艺。李瑞东有"鼻子李"之称，学习过戳脚、弹腿、八卦掌、太极拳。张敌寒为清拳研究会会长，擅长形意拳、八卦、太极拳及功力拳。朱国全为天桥名人，学习过少林拳、拉弓、刀及硬气功。孙禄堂，武术宗师，先学形意，后学八卦，最后学习太极拳，最终成就出三拳合一的孙氏太极拳。赫继堃为清末武举人，自幼学习射箭、骑马，后学习太极拳、形意拳、八卦掌、三皇炮捶、少林拳、查拳。许禹生虽为主编，但武功高强，先后学习过八卦掌、太极拳、形意拳、岳氏散手等。韩慕侠民国期间在北京应战俄国大力士康泰尔，击败之。他自幼习武，学习过形意拳、八卦掌。万籁声少年时居住北京，学习过六合门拳术，后从师杜心五学习自然门功夫。

[1] 刘敬儒. 八卦掌 [M]. 北京：北京体育学院出版社，2007：30.

[2] 北京市武术运动协会. 北京市武术运动协会档案 [M]. 北京：人民体育出版社，2007：452-455.

（二）人才济济促进了京师武术文化的先进性

“人往高处走，水向低处流”，能在京师立住脚是众多武林豪杰的梦想，因此，许多武术精英纷纷踏入京门，以期有更好的发展。

1. 人才优势

当今京师武林可谓是人才济济，从1998年到2016年间，全国武术九段59人，北京精英占14位，分别是张文广、吴彬、门惠丰、夏柏华、康戈武、冯志强、张山、阚桂香、徐伟军、李德印、朱瑞琪、张广德、刘敬儒、何瑞虹。为了弘扬中华民族优秀传统文化，推动中国武术事业的进一步发展，经国家体委批准，在1994年由武术研究院、中国武术协会主办“中国首届‘中华武术百杰’大型系列活动”。1995年评出了“十大武术教授”“十大武术名师”“十大武术教练”“十大武星”在内的“中华武林百杰”。在评出的100名当代武术英才中，北京英才占14位，分别是冯志强、李士信、李秉慈、李德印、陈家珍、袁敬泉、朱瑞琪、张广德、徐伟军、毛伯浩、吴江平、张山、高美润、贾伟涛。“十大武术教授”有北京教授门惠丰、张文广、夏柏华。“十大武术名师”有北京名师孙剑云、李天骥。“十大武术教练”有北京教练吴彬、翟金生（翟金生曾任北京市武术运动协会第二届委员会委员）。“十大武星”有北京武星李连杰、张玉萍。在总计140位全国武林英豪中，北京精英占了23位，充分说明了京师武林人才云集，这些武林英豪为北京乃至全国的武术发展做出了卓越的贡献。

2. 成绩优异

先进性能够保障文化向正确方向迈进，人才是确保先进性的基石，北京英豪能够使武术前行的各个方面充满十足的动力。无论是教学方面、训练方面、群众健身方面、还是管理方法、文化宣传方面、青少年培养方面等都有人才走在全国的前列。

以教学为例，首都有全国体育院校里面唯一的一所“211工程”院校北京体育大学，其武术学院为武术的发展提供了肥沃的土壤。学院成立以来，先后涌现出国内外具有较高知名度的教授和专家，如张文广、成传锐、张广德、夏柏华、翟金生、门惠丰、吴彬、张山、曾乃梁、阚桂香、朱瑞琪、徐伟军等。学院积极参与国家组织的武术竞赛规则的修订、武术竞赛套路创编、国际武术教材、武术段位制教材的编写工作；积极参与和推动中国武术散打的职业化进程，成为散打职业化的主力军；在国内外的各种武术比赛中，多次获得全国团体比赛冠军，有55人111次获得世界武术单项冠军及全国武术单项冠军；承担武术博士生、硕士生、本科生、高水平运动员、留学生及中专生的多层次武术人才的培养工作[1]。除北京体育大学外，京城还有首都体育学院、北京师范大学等学校招收武术方面的硕士生和本科生。除了高校对武术人才的培养外，中小学在武术培养方面也比较活跃。根据北京市体育局、北京市教委联合评估，2019—2021年北京市有体育传统项目学校225所，其中北京市第五中学、北京市东城区和平里第三小学、北京第一师范学校附属小学等18所学校为武术项目学校，而中国人民大学附属中学、北京市八一学校为国家级体育传统项目学校[2]。除了武术项目学校外，其他学校也较为重视对学生武术素质的培养，在2021年北京市中小学生武术公开赛上，有64所小学、35所中学，700多名中小学生参赛[3]。京城中小学武术运动的蓬勃开展保障了武术事业前途的一片光明。

参加比赛取得优异成绩是武术技术先进的有力表现，北京武术队是京城武术技术先进的有力证明。中华人民共和国全国运动会是国内水平最高、规模最大的综合性运动会，各省市区积极备战，力争取得优异成绩。北京武术队在1974年正式成立，近50年来取得了无数荣誉。在历次全运会武术比赛中成绩辉煌，除第六、第七届全运会无金牌入账外，其余全部拿到金牌，并且金牌与奖牌数量名列榜首。

3. 活动较早

京师武术的先进性还表现在开展武术各项活动较早，能够抓住先机，引领全国武术的发展。

北京武术队成立于1974年11月，成立之前是北京业余体育运动学校（即现在的什刹海体育运动学校）武术班。在“文革”期间，这支队伍就冲破层层阻力，默默的训练。到1970年恢复了正式活动，接着成立了业余体校武术班。由于较早训练，在1972年11月代表北京市参加全国武术比赛，获得11个优秀奖（大会总共13个优秀奖）。1974年11月，北京业余体育运动学校武术班被批准

［1］北京体育大学武术学院［EB/OL］.（2016-07-08）［2023-04-02］. http：//wushu.bsu.edu.cn/.

［2］北京市体育局北京市教育委员会关于命名北京市体育传统项目学校的通知［EB/OL］.（2019-01-21）［2023-04-02］. http：//tyj.beijing.gov.cn/bjsports/zfxxgk_/tzgg40/1584677/index.html.

［3］京城少年大比武［EB/OL］.（2021-09-25）［2023-04-02］. https：//sports.sina.com.cn/others/freefight/2021-09-26/doc-iktzscyx6316998.shtml.

成立北京武术队。

除了武术队外，北京的散打活动也开展较早。1979年以后，国家开始重视武术的技击功能，分别在全国三个地方进行散打试点训练，北京就是其中一个，成立了第一支什刹海体校武术散打班。由于当时全国各省市尚未积极投入和组队，这支散打队在北京乃至全国是较为优秀的队伍，在80年代中期正式比赛中所向披靡，为全国散打事业做出突出的贡献[1]。

京师武术在竞技方面走在全国前列，在民间武术开展方面也不甘落后。1982年5月23日北京武术运动协会八卦掌研究会宣布成立，这是全国第一个民间单拳种研究会，开了民间武术组织的先河。八卦掌研究会也是“文化大革命”后成立第一个民间武术组织，它的成立对“文革”后百废待兴的中国传统武术事业开了个好头，对推动武术事业的发展意义重大[2]。

武术竞赛是武术技术发展方向的风向标，也是京师武术文化权威性的表现之一。由国家体育总局武术运动管理中心、中国武术协会主办的赛事在2016年度有全国武术锦标赛、全国武术冠军赛、黄山论剑国际武术大赛、全国武术太极拳公开赛、全国武术学校武术比赛、全国传统武术比赛等。其中，全国武术锦标赛是全国最高水平的武术竞赛，分为武术套路团体赛、武术套路个人赛，武术散打团体赛、武术散打个人赛，太极拳、剑、推手三类比赛。为了促进武术的国际传播，武术运动管理中心和中国武术协会牵头促进国际武术联合会和亚洲武术联合会成立，并积极组建国家队参加世界武术锦标赛、世界杯武术比赛、亚洲武术锦标赛、亚运会武术比赛等国际竞赛等。

（三）与时俱进推动了京师武术文化的创新性

创新是引领发展的第一动力，京师武术界在创新方面与时俱进，始终走在全国的前列。

1. 技术不断创新

京师武术文化的创新性首先表现在对技术的创新。太极拳从河南温县引入到北京发展，平台提高了，发展前景广阔了。北京的太极拳种类也丰富起来，

[1] 韩贺仙. 武之魂：记中国散打创始人之一梅惠志先生的风雨人生［M］. 北京：人民体育出版社，2013：107.

[2] 李秀人. 北京非物质文化遗产丛书——八卦掌［M］. 北京：北京美术摄影出版社，2015：190.

已经发展成杨式、陈式、吴式、武式、孙式、李式、东岳等各派太极拳。这些太极拳的存在都是技术不断创新的结果，其中杨式、吴式、武式、孙式、李式太极拳都是建国前创建的。东岳太极拳是北京体育大学门惠丰教授在2000年1月1日登上东岳泰山，在尧观顶创编的。2000年中央电视台有个创意，以电视直播的方式，用太极拳来迎接21世纪的第一缕曙光。当时，全球150多个国家和地区约40亿人收看了这一壮举。这套拳有15式，创编的本意是“尚武崇德，修德养性，传承文化，光大武术，走向世界。”因在东岳创编，顾命名“东岳太极拳”[1]。

京师武术技术创新更有赖于国家的支持。20世纪50年代，国家体委创编简化太极拳，以及甲组和乙组等规定套路，这些套路的传播为武术的普及和比赛打下了坚实的基础。20世纪80年代末，创编了亚运会竞赛套路，包括长拳、南拳、太极拳，以及刀、枪、剑、棍在内的7个亚运会规定套路，推动了武术快步走向国际赛场。2008年北京奥运会前，又推出了第二套国际武术竞赛套路，先前的亚运会套路为第一套。第二套动作包括长拳、刀术、枪术、剑术和棍术五套技术动作，为奥运会武术竞赛的顺利进行提供了保障。2008年，国家体育总局武术研究院相继聘请了一百多位专家和学者，启动了段位制考评内容的创编。相继出版了《趣味武术》《通臂拳》《八卦掌》等27本中国武术段位制系列教程为武术的普及和提高、段位制的顺利实施奠定了坚实的基础。2011年12月，中国武术协会又组织创编了第三套国家武术竞赛套路，包括长拳、刀、剑、枪、棍术和太极拳、太极剑、南拳、南刀、南棍。竞技武术以政府组织的武术竞技队，决战在全运会、亚运会，同时不断向奥运会进军。

2. 理论不断创新

技术和理论是相辅相成的，有技术没有理论的支持，终究走不长远。京师武术文化在理论方面不断加深，进一步促进技术的发展。

国家体委在技术创新的同时，也进行理论的创新。2011年在全国武术协会主席和秘书长联席会议上，中国武术协会主席高小军首次提出了“大武术观”概念，带来了很大的理论创新，为中国武术的发展指明了前进的方向。就如武术运动管理中心高小军主任所说“‘大武术观’讲的是站在全局的层面上，以对武术事业整体发展高度负责和包容的心态看待武术的一种价值观和认同

[1] 门惠丰，阚桂香. 东岳太极拳 [M]. 北京：人民体育出版社，2011：461-462.

感。”[1]“大武术观”的提出是站在国家乃至世界角度，去观察武术、发展武术。武术涉及的各个方面都要行动起来，为了武术的大发展而努力，做到全国一盘棋。而要完成这样的宏伟目标就要“标准化”，要对各个门派存在的不同评价标准进行规范化。与此相一致的就是段位制等级考评的技术规范化，以此来区分段位等级。为了段位制的顺利实施，武术研究院出版的《中国武术段位制系列教程》，其中就有《武道与武术礼仪》《武术史》《武术概论》三册理论书籍，其中有不少理论创新。

国家体育总局武术研究院、北京体育大学、首都体育学院及北京各高校的武术教师，以及民间武术组织的拳种研究会等每年都在进行武术科研方面的工作，发表学术论文、出版专著。

二、京师武术文化气质特征

（一）悠久民俗武风折射的京师武术文化心理

文化心理是在一定文化影响下，人们的社会心理[2]。心理受文化影响而产生的社会意识，包括思维、情感、行为和人格追求等方面。京师文化心理是反映首都武林人士普遍存在的意识形态，对其研究可以加深对京师武术文化的理解。

1. 慷慨悲歌，气劲人豪

先秦燕国地处北疆，北京所在蓟为其首都，发展水平与当时中原大国相比，相对落后。燕国有“宾客相过，以妇侍宿。嫁取之夕，男女无别，反以为荣”[3]，此风俗与北方游牧民族相似。可见，燕国的风俗深受胡风影响，“其俗愚焊少虑，轻薄无威，亦有所长，敢于急人，燕丹遗风也”[4]。侠士荆轲，慷慨刺秦，轻妇人而重义气之举在《史记》中就有记载。荆轲壮举影响深远，唐代韩愈在《送董邵南游河北序》中称：“燕赵古称多慷慨悲歌之士。”荆轲刺秦反映了燕人“慷慨悲歌、仗气任侠、急人所难”的侠客之风，这是古今文

[1] 高小军. 树立大武术观，加强标准化建设，推动武术事业全面、协调、可持续发展［J］. 全球功夫（双月刊），2011（4）：6-10.

[2] 韦文辉. 浅析文化心理机制对图书馆文化建设的影响［J］. 现代情报，2004（2）：20-23.

[3] 秦永洲. 中国社会风俗史［M］. 武汉：武汉大学出版社，2015：325.

[4] 张亮采. 中国风俗史［M］. 北京：中国文史出版社，2015：57.

人对燕国民风民性的共同认识。而黄金台招贤则反映出燕人不拘一格、豪爽大气、海纳百川的浩气，也是燕国民性的别样体现。

燕国“山高水寒，承商朝亡国之乱，又承西周初兴之弊，猥琐而局促，卞急而狷介”[1]。燕人风气和性情的生成是在苦寒的地理环境中劳作和与自然抗争中锤炼出的，更是在与异族血与火的战斗中打磨出来的。在上古的炎黄二帝时期，炎黄之争以燕地为主要战场。《史记》记载的“阪泉之战”和“涿鹿之战”促使了华夏族的形成。燕地处于胡汉杂糅地带，是战争发生的频繁区域，受到北方游牧民族侵袭的次数较多。东胡是鲜卑和乌桓的先祖，地处燕国北部，是强大的游牧民族，经常缺衣少粮，为了生存，不时骚扰燕国。《史记·匈奴传》载：“燕北有东胡、山戎，各分散居豁谷，自有君长，往往而聚者百有余戎，然莫相统一。”《史记·齐太公世家》载，齐桓公二十三年（公元前663年）山戎伐燕，燕告急于齐，齐桓公救燕，遂伐山戎，至于孤竹而还。昭王十二年（公元前300年），燕昭王命秦开反击东胡。

慷慨悲歌，气劲人豪是燕国民风民性最好的写照。慷慨意味着情绪激昂，以悲歌来抒发悲壮的胸怀。慷慨悲歌是燕国人民在天寒地冻、战火纷飞的压抑环境下，发出向强豪挑战的怒火。荆轲以匹夫之勇诠释了“侠之大者”的魅力，是人性的升华超脱，是燕国普遍民性的真实反映。气劲人豪形容为人坦荡、豪迈、待人真诚。燕召公聘乐毅，太子丹请荆轲都是这种品格的体现，也是燕国民风的激荡。

2. 风气刚劲，剽悍尚武

北京所在区域在秦以后成为中原汉民族和北方少数民族争夺的前沿阵地，胡汉几经易手，异族大量内迁。人口与环境的有机结合是社会风俗的基础，随着少数民族的迁入，民风民性也悄然改变。

秦朝统一六国，在燕地设立广阳郡和蓟县，其治所为蓟城。汉朝设立幽州刺史，以蓟城为中心城市。两汉时期，幽州和全国一道推行儒家思想，然而从著名学者的人数来看，仅韩婴、卢植等数位，在全国范围内处于下游水平，影响国内的论著屈指可数。虽然，处于中原文化圈的北方边缘文化层，社会整体的文化程度不发达，但仍为华夏文化圈成员。幽州仍遗存燕国“好气任侠、慷慨悲歌、气劲人豪”的民风，“敢于急人，好战轻死”的民性。随着东汉光武帝刘秀的边民内迁政策的实施，情况就大不一样了。由于中原文化的辐射力影

[1] 张京华. 燕赵文化［M］. 沈阳：辽宁教育出版社，1998：249.

响较弱，幽州的文化发展较为滞后，胡族的混杂导致其愚戆之性进一步加重。“愚戆”即愚昧之意，《汉书·地理志下》载燕民“愚悍少虑”。唐代，采用羁縻府州，册封少数民族首领，致使蛮夷做大，导致了“安史之乱”。动乱前大规模的人口迁移，为幽州社会风俗的变迁奠定了基础。由于胡人的“雕悍”之气的影响，加之燕民“愚戆”，在长期边寨战火的锤炼下，铸就了幽州民众尚武之风更加盛行。开放、多元是唐代文化风格的主色调，对异族文化的包容、认可为社会的普遍心理。在这种宽广的胸襟下，幽州社会风尚的变迁成为当时社会发展的时代符号。突厥、契丹、奚、室韦等少数民族采用多种方式涌入幽州，使其成为侨治蕃州最为集中的地区，人数一度达到幽州总人口的三分之一。治理蕃州的领导层为胡人，民众的响应，使胡人风俗易于推广。可见幽州居民胡化较为普及。唐代幽州风尚的突变，是胡族的劲悍之气与幽州尚武之风的融合，体现出剽悍尚武的民风民性。

五代至辽金时期，幽州再次落于蛮夷之手。936年石敬瑭割让燕云十六州给契丹，后被女真人攻陷。辽占领后，定幽州为“南京析津府”也称“燕京”，为辽国四陪都之一。1123年，金军攻陷燕京，按宋金约定归还给宋，但在1125年又出兵占领。金于1153年正式迁都燕京，定为“中都大兴府”。幽州的民众在唐代已开始“胡化”，在契丹、女真执政时，已深度“胡化”。苏轼评论：“今来弓箭社人户既处边塞，与北人气俗相似，以战斗为生，寝食起居，不释弓马，出入守望，常带器械，其势无由生疏。”[1]可见，燕民胡化程度之深。

燕民的性格秉性整体上呈现“戆”和“悍”。“戆”本义为“愚”，而“戆直”是憨厚而刚直。“悍”意味着勇敢或凶狠。《管子》载：“燕之水，萃下而弱，沈滞而杂，故其民愚戆而好贞，轻疾而易死。”[2]《汉书》认为燕民“其俗愚悍少虑，轻薄无威，亦有所长，敢于急人，燕丹遗风也”。“戆”与“悍”在先秦燕国时中原文化的侵袭下表现为“慷慨悲歌，气劲人豪”。而在异族文化的沐浴中，则表现出“风气刚劲，剽悍尚武”。

（二）反帝爱国运动反映的京师武术文化气质

1. 反帝爱国，舍身取义

义和团又称义和拳，是发生在19世纪末，以“扶清灭洋”为口号，对抗

[1] 张春林. 苏轼全集：下［M］. 北京：中国文史出版社，1999：883.

[2] 刘冠美. 中外水文化比较［M］. 北京：中国水利水电出版社，2015：58.

传教士和中国基督徒的群众暴力运动。义和团起源有“白莲教”之说、“大刀会”之说、“乡团”之说和“拳会”之说等，各种学说都与武术有千丝万缕的联系。义和团运动虽然爆发在山东，但扩展到北京一带，达到了高潮。

自18世纪以来，北京地区民间武术会社非常普通。北京地区武术会社的盛行为义和团在北京发展打下了坚实的基础，清政府的默许成就了北京义和团的兴起。在1900年6月6日那拉氏主持的宫廷会议上，决定利用义和团，并派刚毅等人“导拳匪入京”[1]。政府的允许使得有雄厚武术基础的北京地区“义和团之多，几至遍地皆是，每当夕阳既西，肩挑负贩者流，人人相引习拳，甚至有大家亦为之者”[2]。

京师义和团的兴起与西方对中国的侵略不无关系，除了用枪炮攻打中国，在文化上也加紧盘剥。19世纪中，基督教在中国境内传播越来越多，严重威胁了国内的民众信仰，教案事件此起彼伏。义和团是带有秘密宗教色彩的练武组织，为广大的劳苦大众提供了组织保障，为他们铲除洋教，成为许多地方民间从组织和精神两方面自卫的有力武器。据俄国记者扬契维茨基记载，在阻击联军进京的战争中，“每一次齐射之后，我们都听到刺耳的号叫声，只见灯掉落了，溃散了，熄灭了，但是团民们仍然挥舞大刀长矛，高喊‘义和团！红灯照！’，向车站前进。他们中有一位是师父，是个脸色阴深的高个子老头，他带领着一群团民径自向我们冲过来，走在前头的小孩举着大旗，上面写着‘义和团’三个大字，月亮照耀着这些丧失理智的莽汉，照耀着他们的大刀和旗帜，一排子弹射过去，大旗倒下了，又举起来，接着又倒了下去。”[3]在廊坊阻击战中，“面对来福枪和机关枪秋风扫落叶似的射击，还是勇猛冲锋，真是不能想象，世界上还有比他们更勇敢的人了”[4]。

京师义和团是中国兴起的义和团的重要组成部分，是义和团运动开展的高潮，比其他地方的义和团更为忠君爱国。因为京畿一带所受皇恩更多，京师义和团在文化权力距离上更倾向维持封建等级制度，所以表现为为国家而战，听从统治者的安排，包括烧教堂、杀洋人、阻击八国联军、进攻领事馆等。

2. 救国图存，大义凛然

京师义和团的武林人士在抗击西方列强上勇猛顽强，给帝国主义的侵略者

[1] 小横香室主人. 清朝野史大观：第3册［M］. 北京：中央编译出版社，2009：402.

[2] 林伯原. 义和团运动习武纪实［J］. 中华武术，1991（3）：42-43.

[3] 扬契维茨基. 八国联军目击记［M］. 福州：福建人民出版社，1983：92.

[4] 天津社科院历史所. 义和团反帝斗争［M］. 北京：人民出版社，1977：60.

以沉重的打击。虽然落后的刀剑抵不过先进的枪炮，但热血男儿的奋勇杀敌、视死如归，传递了京师武者的反帝爱国、舍身取义的武术精神。这种精神鼓舞着中华儿女奋勇向前，为祖国的崛起而努力。

热兵器的兴起大大削弱了武术的战场价值，然并未削弱作为武者的精神。就像小说《神鞭》所描述那样，“辫”剪了，“神”却留着[1]。在抗日救国14年的艰苦岁月里，涌现了众多救国图存、大义凛然的京师武林志士。北京“四民武术社”是历史上第一家武术社，1900年由河北形意拳名家耿继善创建。四民指“士、农、工、商”，创建目的就是为北京各界人士服务。1937年“卢沟桥事变”爆发，日寇挑起了全面侵华战争。在这危机关头，“四民武术社”的邓玉峰先生鼓励弟子参加抗日救亡的运动。邓玉峰（1870—1940年），名龙江，字云峰，自幼习武，后拜耿继善为师，精习形意，八卦拳械[2]。邓云峰忧国忧民，为抗日做出了贡献。四民武术社的弟子张贵生，为二十九军的排长，在抗击日寇中，奋勇杀敌，砍杀鬼子十余人，最后壮烈牺牲。邓云峰为此甚是感伤，更是鼓励弟子刻苦练功，立志报国[3]。常振芳（1898—1979年），山东冠县人，1956年调到北京任教，在1937年日寇入侵华北时，义愤填膺，毅然踏上抗日的行列，加入了抗日大刀队并担任队长，在战斗中，杀得日寇魂丧胆破[4]。李尧臣（1876—1973年），会友镖局镖师，三皇炮捶著名传人。李尧臣在帮助二十九军痛杀日寇后，在1943年还上台打擂，痛击日本人。在1945至1949年间，保护北京寺庙的镇寺之宝。在继续开办武术茶馆过程中，多次营救中共地下党，为中华人民共和国的成立做出了贡献[5]。

（三）大型武术活动传递的京师武术文化精神

1. 武术文化内涵

京师武术文化从某种意义上可以代表国家武术文化，是武术文化的精华部分，其在公共场合展示和释放的武术文化精神，可以代表国家的意志。

---

[1] 李琴，陈利民. 枪王——老舍《断魂枪》与冯骥才《神鞭》之比较［J］. 唐山师范学院学报，2008，30（6）：14-16.

[2] 北京市武术运动协会. 北京武术档案［M］. 北京：人民出版社，2007：52.

[3] 于永昌. 什刹海的学校医院文化场所［M］. 北京：当代中国出版社，2010：219.

[4] 张力，龚建新. 京城武林往事［M］. 青岛：青岛出版社，2013：116.

[5] 柳琴. 最后的镖王——武林泰斗李尧臣传［M］. 北京：光明日报出版社，2008：330-360.

武术富含中国优秀传统文化，诸如“自强不息，厚德载物”“和谐尚中、兼容并包”“忠诚爱国、礼敬守法”等，是中国传统文化的集大成者。然而，在这众多的文化内涵中，哪些是核心内容？笔者认为：“不战而屈人之兵”“自强不息，厚德载物”“以柔克刚、以反求正”“直觉体悟，知行合一”是武术文化内涵的核心。这其中“不战而屈人之兵”具有统领地位，并依此形成武术文化的核心体系。习武者只有抱有“不战而屈人之兵”之理念，才能“自强不息”，不断地对抗、力争上游，最终达到全胜的最高境界。同时，抱有“不战而屈人之兵”才会“厚德载物”，以德服人才会“不战”。在“慎战”思想指导下，与人作战不仅要求力胜，更要求“以柔克刚、以反求正”。在演习和运用中国武术时，只有通过“自觉体悟”才能体会其深意，通过“知行合一”达到技术与道德修养的完美统一。因此，武术文化精神不是泛泛的说教，不是优美言语的描绘，而是通过打拼而逐渐获得技术之上的身体感悟。这些核心内容正是武术所独有的，是值得中国人继承和发展的，是中国民族独立发展的根基。一个国家“好战必亡，忘战必危”，只有国民都具备报国之志气，国家才会根基安稳，而武术恰恰能够给国民带来精神层面的丰富，使“不战而屈人之兵”之文化体系上升为全民族的精神动力，达到全民族的团结、“慎战”。因而，准确把握武术文化的基本精神，才能传承和发展武术，才能成为德才兼备的习武之人。

2. 大型武术活动传递的京师武术文化精神

世界大家庭要和平相处，必须有相通的文化，我们不能再容忍西方文化的一支独大。正如费孝通提出：各美其美，美人之美，美美与共，天下大同。我们需要一个文化和平共处的世界，而不是只听一个声音。以京师文化为代表的中国文化要传播出去，才能交流，才能与世界共享。

中央电视台春节联欢晚会（简称央视春晚）从1983年开始举办，2014年被定位为国家项目，至今已有40年头。现已成为国家规模最大、收视率最高、影响力最大的综艺性节目。令人欣喜的是武术演练成为央视春晚的重要节目，在过去的40年有31项武术项目，分别是1983年《套路表演》、1984年《硬功表演》、1985年《硬气功表演》和《对练表演》、1988年《轻功表演》、1989年《气功表演》、1993年《龙鼓喧天震四海》、1994年《狗娃闹春》、1998年《功夫令》、2003年《十二生肖大拜年》、2004年《少年英雄小哪吒》、2005年《壮志凌云》、2006年《百家姓》、2007年《行云流水》、2008年《盛世雄风》、2009年《功夫世家》、2010年《舞武对弈》、2011年《咱们工人有力量》、2012年《鼓韵龙腾》、2013年《少年中国》、2014年《剑心书韵》、2015年《自古英雄出少年》和《江山如画》、2016年《戏游花果山》和《天地人和》、2017年《中国骄傲》、2018年《双雄会》、2019年《少林魂》、2020年《武林雄风》、2021年《天地英雄》、2022年《乳虎啸春》。

欢欢喜喜过大年，春节是我国最重要的节日，作为“国粹”的武术历来都是欢庆节日的节目。通过分析40年的央视春晚可以看出，武术节目从未停止探索和创新，不断释解中国武术的文化内涵，不断鼓舞国人的民族精神。从央视春晚武术节目传递的内容来看，可以分为四个阶段。第一阶段为20世纪80年代，内容为原汁原味的武术技术展示，没有音乐、没有配置舞台布景，有的只是简单对白和简单的道具。运动员是武术冠军和民间高手，表演武术的拳、刀、剑、对打等及气功的砸核桃、钻砖、缩身钻笼等，说明此时只是传达武术的原始样貌，还没有上升到精神高度。第二阶段为20世纪90年代，以国际功夫影星成龙的《龙鼓喧天震四海》为首，开启了武术与舞台融合的大门。通过舞台的道具、乐器和演员的服装、器械等编排成一台有声有色的武术演艺节目。节目使观众摆脱了对武术只是打打杀杀的、显示实力的粗犷表演，显示出武术可以散发有滋有味的艺术风采，使观众的视觉、听觉的感受有了质的升华。1994年《狗娃闹春》首次将武术与舞蹈结合，通过儿童习武、嬉戏烘托气氛，开创了武术舞蹈的先河。第三阶段为21世纪最初的10年，显示出武术与舞蹈、音乐、杂技、书、棋等中国文化相结合的特点，逐步走向艺术化道路。2007年《行云流水》展示太极拳与扇子舞蹈，将太极拳的刚柔并济与扇子舞的柔美流畅顺利地融合为一体，产生了强烈的舞台冲击力。2008年是奥运年，《盛世雄风》涌进了大批世界武术冠军，通过一系列的高难度武术动作，展示国家的强大，给人振奋人心的感受。第四阶段为21世纪一二十年代，春晚武术开始传播中国文化精神，激发国人文化自信的理念。2013年《少年中国》，通过武术演练，强健少年的体魄，同时结合梁启超先生的《少年中国说》，激发祖国少年的爱国激情。2016年《天地人和》则通过功夫巨星甄子丹率领的武术健儿倾情表演，来传播中国武术文化的中庸和谐思想，共建“和谐”与“和平”的世界，获得观众的共鸣。2022年《乳虎啸春》为以武术为素材创编的武术短剧：一只小老虎通过自己努力，历经千山万水，不畏艰难险阻，最终完成任务。这表明新冠肆虐，我国一定会众志成城，唤醒爱国精神，战胜疫情，树立一个和平美好的世界。

第29届奥运会开幕式武术展演，正是传播中国文化的最佳形式。2008年8月8日在北京奥运会开幕式上，武术作为展现中国文化的有力武器被安排在“自然”环节中。“自然”是奥运会三大理念“绿色奥运、人文奥运、科技奥运”中“人文奥运”的重要部分。节目开始，先有圆的展开，说明“太极者，无极而生”。然后，太极高手们出场，由一位高手在舞台中心舞起太极套路，接着周围有十几名高手也舞动太极。在他们舞动太极时候，周围有286名演员举着286块沙幕围成三层空间。沙幕上有大海、绿树、天空，表现自然环境。在这美轮美奂的自然环境中，太极拳高手练起太极拳也美不胜收，有朝天举腿、插脚单腿平衡等平衡动作，以及急速的发力和缓慢的柔化、白鹤亮翅、单鞭、野马分鬃等动作，展现了太极的行云流水、连绵不断、以柔克刚、忽隐忽现的韵味美。这时，模拟的水流滚滚而来，说明太极拳像水一样，因势利导，与环境紧密结合。其后，2008名武者围成巨大的圆，舞动武术，包括太极拳、少林拳和其他门类拳。而在舞台中间，一群儿童与自然亲密接触。2008名武者在舞动武术后，围场绕远奔跑，内圈的阴阳鱼在不停地旋转。

整场表演以太极为主要套路兼有少林武功，表演结合舞蹈、音乐、灯光等，加上播音员的解说和精密的设计，使表演效果恢弘、大气、美轮美奂。表演所要传递的武术文化精神：其一，“天人合一”的理念。要求人与自然和谐相处，人要尊重自然，不要破坏自然。其二，“阴阳互转”的理念。这里面的“动”与“静”、“急”与“缓”、“虚”与“实”、“刚”与“柔”等都是相互转换的，在表演中的阴阳鱼就表达了道家的阴阳互转思想。其三，“中庸和谐”理念。这是太极所要追求的境界，其实是一种平衡理念。太极拳讲究“无过不及”“不偏不倚”，但这种平衡不是静止不动，是在运动中的平衡。从画面上可以看出，有一个旋转的大圆，有两条鱼，互分阴阳，最后都要找到平衡点。运动员动作中正、端庄，动中求静、静中欲动。

本章小结

京师武术文化有包容性、权威性、先进性和创新性等文化特色。包容性指本土文化对外来文化的吸收和借鉴，与它的京城气质有关，包括丰富的文化内涵和宽广的胸怀，可以容纳众多拳种。武林人士比较大气，习练拳种较多，能够容纳吸收，摒弃“门户之见”，彰显开阔的胸怀。权威性是由其都市地位决定的，最高行政机关在北京，众多的武术名家在北京，理论比较先进，优秀武术人才汇聚京城，致使其组织、技术和武术活动都具有权威性。先进性使京师武术文化站在武术发展的前列，包括竞技武术、社会武术和学校武术。人才济济、成绩优异和活动较早等都保障了京师武术文化的先进性。创新性是指技术和理论不断创新，是由武术名家的不断创新，包括学校、社会组织和武术运动管理部门的武术拳家不断进行武术技术与理论的创新造成的。

京师武术文化气质特征包括“慷慨悲歌、气劲人豪”“风气刚劲、剽悍尚武”的文化心理，“反帝爱国、舍身取义”“救国图存、大义凛然”的文化气质，蕴含“天人合一”“阴阳互转”“中庸和谐”等文化精神。这些精神正是我们中华民族精神的真实写照，我们是热爱和平的，我们传播的理念是“和合思想”。

第八章
京师武术文化的发展规律与演进动因

人之所以是高级动物，在于人能够发现并利用事物的规律。京师武术文化的发展也是有规律可循的，只有发现这些规律，才能利用它，从而更好地服务于人类。京师武术文化发展轨迹表现为由宫廷武术处于核心地位的古代，到武术重心逐步转移至劳苦大众的近代，再到服务于广大人民群众的现代。

一、京师武术文化的发展规律

（一）统治阶级的需要是京师武术文化发展的动力

京师是最高统治者行使权力的场所，是古代皇帝的居住地，也是现代国家最高权力机关所在地。因此，最高统治者的需要是京师武术发展的重要动力。在古代，武术的搏杀功能为皇帝所利用，形成宫廷武术。通过权力管理军旅武术，通过武科举制度，吸引民间优秀习武者为己所用，并严厉控制民间习武者。古代，皇权至上，皇帝有生杀大权，可以统领民众。武术是搏杀的利器，皇权一定会慎重待之。一方面为自己所用，另一方面控制习武人的行为。所以，在明清两代，皇帝搜罗民间武林高手用为贴身侍卫或者充任御林军军官。同时，通过武举制，定期网罗民间习武英才用为军队高官，达到武能定国的效应。还时不时地紧盯民间习武者动向，唯恐他们起义谋反。元代，强烈禁止民间汉人习武，对民间的武器严格管制，据《元史刑法志》记载：“凡擅自制造诸郡达尔花红及诸投、军器者，禁止之。”“诸汉人持兵器者，禁之。”清代，皇帝是明令禁止民间习武的。雍正曾说：“著各省督抚、转饬地方官，将拳棒一事，严行禁止。”乾隆时期，强调严禁拳棒，并责令地方官员严查。咸丰执政，延续祖宗历法，严禁习武，据《咸丰实录》载："传习天主教者，不下数百户，男妇成群，学习拳棒武艺。前七八年间，曾经该县营查拏，该匪竟敢拒捕。"说明封建统治者，希望老百姓老老实实，不惹事，不为政府添乱，确保江山安稳。同时，开设武举制，兴办武学，吸纳优秀习武人才进入统治集团内部，共同统治人民。这似乎是矛盾的，其实只是统治者的需要在作怪，需要人民群众安居乐业，禁止聚众习武，害怕人民团结起来推翻自己；需要人们上前线就推出武举制，举办武学，引导人们站在自己身后。在清末，当八国联军进攻北京时，封建统治者害怕了，急忙诏抚习武民众"义和团"抵制侵略，认为"以之抵御洋人，颇为有用"。慈禧发布上谕：将民团"年力精壮者，即行招募成军"，承认其合法地位，用于抵制外患。然而当八国联军侵入北京后，慈禧发现义和团没有起到想要的刀枪不入，又对义和团"严行查办，务尽根诛"。可以看出，统治者时时刻刻都是为自身地位着想，并不看重人民的利益。

清末，武术的军事价值大大降低，逐步衰微，加之民众自我防身的需要，导致京师民间武术文化的兴盛，逐步代替宫廷武术的统治地位。民国期间，国家处于风雨飘摇的动荡时期，有识之士提出"尚武"思想以振奋民族精神。1915年《大总统颁定教育要旨》载："国何以强，强于民；民何以强，强于民之身；民之身何以强，强于尚武。"在"尚武"思潮影响下，民国政府一度把武术上升为"国术"，并在1927年6月组建了"中央国术馆"，经费由国民政府拨助。可见，国民政府是想通过武术锻炼来强健国民体格，振奋民族精神。

中华人民共和国成立后，国家政府代表人民行使权力，人民的需求就是政府的需求。人民群众的健康是大事，武术的健身功能被充分利用。中华人民共和国成立之初，武术成为京师乃至全国人民的重要健身方式。政府出于当时国内外背景考虑，对武术采取"整顿、收缩"的方针，取消了对抗形式，把套路确定为武术的主要内容。武术之"打"不符合当时的民众所需，套路演练有助于增强体质。改革开放后，经济发展了，人民的物质丰富了，需求增长了，对武术的要求更高了。人民政府适时地开放了武术之"打"，在北京等地首先实验怎么"打"，又成立了北京散打队。到现在，散打在祖国满地开花，逐步走向世界，形成了套路散打齐头并进的局面。所有这一切都是国家意志的体现，是站在人民群众需求的基础上发展而来的。所以说，统治阶级的需求是京师武术文化发展的动力。

（二）搏击价值盛于乱世，健身价值兴于盛世

技击是武术的本质属性，然而这种属性也不是一成不变的，会随着时代的需

要而变化。在乱世时，技击功能为主要功能；在和平时期的盛世，健身功能上升为主要功能。对于个人而言，则任由其需要而取舍，有人取其技击，有人取其健身。

京师对武术的取舍，关系到武术的兴衰，对国家的发展起主导作用。乱世时，京师武术的技击功能为主要功能。古代，也有武舞。如唐代诗圣杜甫的《观公孙大娘弟子舞剑器行》载："昔有佳人公孙氏，一舞剑器动四方。观者如山色沮丧，天地为之久低昂。"画圣吴道子也曾通过观赏公孙大娘舞剑，体会用笔之道。草圣张旭感悟公孙氏的剑术之美，茅塞顿开，成就了其旷世绝伦的书法。宋代经济发达，出现了固定的娱乐场所，称之为瓦舍，瓦舍里设置的演出场所称为勾栏。在勾栏瓦舍里就有表演武术套路的艺人。据宋代吴自牧《梦粱录》记载：在相扑争交前，先进行武术对练表演，来招揽观众，还有刀舞、枪舞等。这些花枝招展的武术套路表演，虽然能够吸引观众，但是真正的武术家是不屑一顾的，甚至是嗤之以鼻的。戚继光《纪效新书》记载："凡比较武艺，务要俱照示学习实敌本事，真可对搏斗者，不许学习花枪等法，徒支虚架，以徒人前美观。"[1]就像《水浒传》第二回中东京八十万禁军教头王进所说于史太公："令郎学的都是花棒，只好看，上阵无用。"这就是说，在古代花拳花棒是徒人前美观，不能用于实战。可见，今天的竞技武术套路不是现在就有的，是有历史传承的。不论是统治阶级，还是劳苦大众，都取武术的技击功能。

近代，冷兵器的出现使武术的军事价值大大降低，武术文化在民间生根，加之国家动荡，一时激发民众习武防身强国的热情。京师武林大师云集，董海川、杨福魁、宋迈伦、尚云祥、李凤三、李瑞东、陈子正、许禹生、韩其昌、陈发科、孙禄堂、王正谊（"大刀王五"）、吴斌楼、宫宝田、万籁声等一度以技艺高强著称武林。在民国时期，北京出现了一批武术会社，用武术强健国民体质，提高国民的"尚武精神"，达到"强国强种"之目的，有中华尚武学社、北京体育研究社、中国通背拳社、北京剑术研究会、四民武术研究社、北平健民传习所等25家之多。这些武术社团使武术从搏杀的技术转变成强身健体的运动，改变了师徒传承的弊端，促进了武术发展。社团对当时的京师民众而言，不但塑造身体，而且鼓舞了"保家卫国"的斗志。在1931年"九一八"事变后，北京体育研究社还专门成立刀术速成班，以抗击日寇[2]。

[1] 戚继光. 纪效新书［M］. 盛冬玲，点校. 北京：中华书局，1996：56.

[2] 北京市武术运动协会. 北京市武术运动档案［M］. 北京：人民体育出版社，2007：10.

中华人民共和国成立后，和平盛世处于压倒性地位，京师武术走向为人民服务的道路，健身功能上升为主要功能，技击功能被安置在体育竞技范围之内。就像北京通背拳研究会会长贺国栋所说：“现在是和平时期，讲究法制。再着，许多拳家认为，拼死拼活的练它（技击）干什么。练练套路，锻炼锻炼身体就行了。”

当然，武术的技击功能也是随时代而变。无论是个人防身自卫，还是战场厮杀，都与时代息息相关。在古代，武术主要用于战场，体现其搏杀功能。近代，在救国图存中大发神威，展现其精神价值。现代，主要存在于竞技场和日常民众健身生活中，其文化功能蓬荜生辉。在今天的北京，国泰民安，人民的需求更高了，武术也随时代的变迁，呈现绚丽的风采。民间武术蓬勃发展，竞技武术如火如荼，各种各样的格斗比赛此起彼伏。北京始终站在武术搏击运动的前列，领导中国武术搏击运动。2000年，中国武术协会与国武时代国际文化传媒（北京）有限公司联手打造出一款国际知名搏击品牌——散打王系列赛，开启武术搏击商业赛的先例。从2000到2005年，散打王共进行了720多场比赛，诞生了超级散打王柳海龙、超级中量级散打王宝力高、轻量级散打王苑玉宝等系列明星。2000—2005年又陆续举办了中国功夫对抗韩国、法国、日本、泰国、美国、俄罗斯等国家的对抗赛。近几年活跃于国内的搏击对抗项目较著名的就有昆仑决、武林风、峨眉传奇、终极斗士之中华力量、精武门、武林笼中对、武林大会、真武魂、中国真功夫、百姓英雄、勇士的荣耀等。其中，昆仑决、中国真功夫、武林大会、精武门、百姓英雄均为北京相关公司或中国武术协会举办的项目，足以证明首都的影响力，京师武术文化具有得天独厚的统治力。

（三）发挥人的主观能动性，引导京师武术走向辉煌

武术自创造时起，技击功能为本质功能，其他功能为附属功能，然而附属功能在一定的条件下可能上升为主要功能。京师武术价值的取舍，是人的主观能动性的具体体现。京师的统治者不论是为了皇家私欲的封建帝王，还是代表人民的国家主权，都根据时代的需求选择武术的功能。

在中华人民共和国成立初期，为了新政权的巩固，大量发展武术套路，激发武术的健身价值无可厚非，也取得了丰硕的成功，京师武术也始终走在祖国的前列。笔者认为，激发武术的技击功能，更能发挥武术健身价值。只有更好的技击，才能有更好的健身。目前，京师武术在全民健身、教育和武术传播

方面已取得不错的成绩。在技击方面也收获颇丰，但离理想状态还有不小的差距。在北京，跆拳道馆与武术馆相比，具有碾压式优势。京师的传统武术方面，太极拳已经成为中老年健身的代表拳，而其他拳种也良莠不齐，有些拳种已到了断代的边缘。

现如今，传统武术正受到越来越多的质疑，在2017年5月11日，格斗狂人徐晓东与太极雷公一战，以雷公失败告终。网络、电视、手机等媒体纷纷报道，刹那间传统武术的“高、大、上”形象急转直下，给传统武术造成不小的损失。传统武术能不能“打”的问题又一次引发人们的关注。可以说，国家在改革开放以后，一直在推出武术的技击功能，北京散打队的兴起就是明显的例证，但散打与人们心目中的武术搏杀形象相去甚远，甚至有人认为散打就是“拳击+腿”。从散打推向赛场之日起，传统武术对散打的挑战一直不断。

笔者认为，太极拳能“打”，其他传统武术也能“打”。第一，之所以打不过散打等其他武技，是因为传统武术的习练者都是业余选手，他们的首要任务是从事自己的职业。第二，我们知道，散打等武技能够有效地击打对手，是在多次模拟实战的基础上而形成的技能。传统武术的习练多以套路为主，就像两个篮球队比赛，一个队不进行模拟对抗，光练习传球与运球，比赛失败似乎是意料之中的事。第三，国家对传统武术技击功能重视不够，也是导致现在传统武术越来越远离实战的原因。当然，散打也是中国武术，它不代表任何门派，是传统武术击打招式提炼出来，通过西方的训练模式而形成的。第四，抱残守缺、因循守旧思想也阻碍传统武术向前发展。唯上、唯祖宗、不愿接受新事物，怎能使传统武术跟上时代的步伐。笔者认为，不论是西方思想还是传统思想，只要是有利于传统武术向前发展的思想都应吸收过来，最终变成自己的思想。

解决目前传统武术的困局，可以扶持一个拳种，比如太极拳，通过职业化培训，以“打”为主、“练”为辅的方式，相信不久的将来，一个能“打”且善“打”的太极拳就会呈现在人们面前。另外，笔者认为，传统武术的最高境界是身心健康，适合普通人习练，而散打等武技更适合职业选手掌握。只要注重“打”的训练，任何拳种都能打，毕竟普通人通过练武，身心健康是第一位的。可见，“打”与“健康”的选择，在市场经济高度发达的今天，还是市场说了算。当然，国家也应从文化角度出手，从传统武术的“武”文化角度出手继承传统武术，也是对民族传统文化的继承，要充分掌握“武”文化和“文”文化，不能以“打”为中心。在这方面，北京武术应当好排头兵。

二、京师武术文化的演进动因

（一）特殊的政治地理位置

地理位置是地域文化形成的重要基础，北京作为一个特殊区域，既是一个地方区域，同时又是全国首都，全国文化中心。处处都要力争第一，是首都的压力，同时也是动力。从地理位置上寻找武术文化辉煌的成因，成为解读京师武术文化形成原因的最佳途径。

1. 首都为武术文化的发展提供了广阔的平台

平台是事物发展的外界环境，事物要发展必须有一个良好的平台。首都具有无限魅力，吸引全国优秀拳种名家接踵而来。

（1）容身平台

“民以食为天”，说的是人首先要解决吃饭问题，才能干其他事情，进而去实现自己理想。北京拳种大都自清末民初期间传入北京，这与当时的社会背景有很大的关系。首都的魅力，自然吸引全国各地的人士进入北京。特别是近代以后，随着城市的发展，大批外地人口进入北京，在北京从事不同的职业，包括文化教育、手工业、工业和商业等行业[1]。作为武术界人士，也不见得从事与武术相关的行业。在董海川徒弟中，大都从事商业、手工业、工业等行业。史六以开木厂为业，“眼镜程”程廷华以开眼镜店为业，“翠花刘”刘凤春以卖翠花为业，“煤马”马维祺以经营煤店为业。宋迈伦所创会友镖局，其弟子多从事镖师行业，比如孔德润、于鉴、张殿华、宋彩臣。还有“会友四大亭”王兰亭、王显亭、孙立亭、王豪亭皆为会友镖局名师。从事武术教育行业的有董海川、杨福魁、陈发科、吴鉴泉、许禹生、纪德、佟连吉、许笑羽、李剑秋、司永亮、王思庆等。街头卖艺的有张玉山、张宝忠、宝森、沈友三、朱国全等。步入军营的有宫宝田、张鸿吉、赵鑫洲、唐殿卿、佟天民、关文爷等[1]。

[1] 袁熹. 1840—1949北京近百年生活变迁［M］. 北京：同心出版社，2007：145-146.

[2] 北京市武术运动协会. 北京市武术运动档案［M］. 北京：人民体育出版社，2007：25-53.

（2）展示平台

京城为各路好手提供了容身平台，更为他们提供了展示平台。太极拳是武术中的著名拳种，不论健身，还是技击，功效甚佳。就目前而言，习练人数为各拳种最多。太极拳的普及得益于杨福魁在北京的传播，有了北京这块平台，推动了太极拳在全国的发展。杨福魁（1799—1872年），河北永年县人，学拳于河南温县陈家沟陈长兴。“师悯余诚，始于月明人静时，举个中妙谛”[1]，经过陈长兴的指导，杨福魁刻苦习练，终于成为了一代宗师。杨福魁艺成后，先在永年授拳，后又到北京发展。天子脚下，杨福魁凭借拳脚，战胜挑战者，人称“杨无敌”。“杨无敌”威名使学拳者增多，杨福魁依据初期教习的经验，删改了陈式太极原有发劲、纵跳、震足和难度较高的动作，成为后来杨式太极拳的基础[2]36。太极拳在杨福魁北京传拳之前，只是在陈家沟等少数地方秘传，杨福魁使太极拳插上腾飞的翅膀，在全国乃至全世界盛行，无疑有国家首都这块平台的功绩。

三皇炮捶属于少林拳术，渊源久远，至明末清初时，始有文字记载。三皇炮捶能够名震天下，有赖于宋迈伦在北京的传艺。宋迈伦（1809—1893年）是河北冀县人，36岁时进京投神机营，与众教习比武皆胜之，以“神拳宋迈伦”的名字称誉武林，从此开启了三皇炮捶的历史新纪元[2]18。

陈发科是陈式太极拳大师，1928年到京，展示的太极拳使人耳目一新。当时的武术人士杨敞有诗赞美：“都门太极旧称杨，迟缓柔和擅胜场。不意陈君标异帜，缠丝劲势特别强。”1953年陈发科与胡跃贞创办了首都武术社，使陈式太极拳在北京得到了广泛的发展[2]459。好多太极拳名师如雷幕尼、田秀臣、冯志强、洪均生、李经梧等均出于陈师之门。

目前流行的八卦掌均源于京城董海川。董海川（1796—1882年）系河北文安县人，早年喜遨游，擅搏击，后到京任肃王府护卫总领，开门授徒，使八卦掌传播开来[2]。

（3）交流平台

拳种要发展，除了自身努力外，交流是最佳途径。京师广阔的空间为各个拳种之间的交流提供了平台。近代有八卦掌宗师董海川与太极拳宗师杨福魁交

---

［1］杨澄甫. 太极拳体用全书［M］. 上海：上海大东书局，1934：6.

［2］北京市武术运动协会. 北京市武术运动档案［M］. 北京：人民体育出版社，2007：25.

手的传说，有三皇炮捶宋迈伦与八卦掌董海川相识的传说，有形意拳郭云深结识董海川的说法等。这些传说真伪有待考证，但从一个侧面能够说明这些拳种有着广泛的交流。以刘德宽拳师为例，刘德宽在投程廷华之前，精习少林六合门拳术，以大枪出名，人称“大枪刘”[1]。在精修八卦掌之后，把枪术融入了八卦掌之中，进一步丰富了八卦掌枪术技术。孙禄堂大师创编的孙氏太极拳，吸取了形意拳、八卦掌和太极拳的精华。再者，北京的拳师，大都精研多种拳师，无形中提高了拳术的交流机会。

中华人民共和国成立后，各个拳种之间的交流更加便捷。第一，交流有了共同的家——中国武术协会、武术运动管理中心和北京武术运动协会。中国武术协会和武术运动管理中心管理全国武术发展事项，包括竞技武术、社会武术和全民健身武术等事项。由于身处北京，对京师武术发展极其有利。北京武术运动协会对京师拳种的交流帮助更大，其设立的62个拳种研究会，为拳种的交流提供了有力的支持。第二，北京武术运动协会每年举办传统武术锦标赛、社区武术比赛，以及市中小学武术比赛、各个单项拳种研究会比赛等，为拳种的交流搭建了坚实的平台。第三，各个拳种研究院分别在公园、学校、社区、广场等公共场所设立拳种辅导站，为武术爱好者提供了学习之所，也为拳种的交流提供方便。如八卦掌研究会在北京设立了西城区西皇城根北街辅导站、西城区官园公园内辅导站、东城区地坛公园北门内辅导站、朝阳区日坛公园西门内辅导站等34个辅导站。2022年7月20日，北京市八卦掌专业委员会与央视频——央视视角《寻秘源产地》栏目组，联袂打造《走近八卦掌》纪录片，扩展了八卦掌的交流平台[2]。目前，陈式太极拳研究会设立的辅导站有陶然亭、中山公园、紫竹院、清华大学、航天城、中国银行总行、会城门、日坛公园、大兴、昌平公园、门头沟中天养生、复兴等陈式太极拳辅导站[3]。笔者在北京调研期间，在地坛公园、天坛公园、紫竹院公园等地发现在一个公园内有太极拳、八卦掌、八极拳、清拳、形意拳等十几种拳术进行传授，一定程度上扩大了交流的机会。第四，充分利用网络，为拳种的交流提供信息平台。目前，设立网站的有八卦掌研究会网站、杨式太极拳研究会网站、意拳研究会网站、吴式太极拳研究会网站、陈式太极拳研究会网站、形意拳研究会网站等。

[1] 刘敬儒. 八卦掌 [M]. 北京：北京体育大学出版社，2007：30.

[2]《走近八卦掌》大型纪录片 [EB/OL].（2022-07-22）[2023-04-03]. https：//www.sohu.com/a/57039 3329_120352282.

[3] 陈式太极拳网 [EB/OL].（2022-11-03）[2023-04-05]. http：//www.taijibj.com/news/bigclass.asp?id=6.

2. 国家意志的主导

恩格斯认为："在现代历史中，国家的意志总的说来是由市民社会的不断变化的需要，是由某个阶级的优势地位，归根到底，是由生产力和交换关系的发展决定的。"[1] 国家意志总体上是人民意志的体现，然而在封建社会往往是封建统治阶级意志的象征，只有社会主义的中国，才能把权力交给人民，是人民意志的体现。国家意志能够左右武术文化发展方向，特别在北京，受影响更深。

（1）政权更替对京师武术文化的冲击

政权是指国家的统治权力，即由哪些人当家做主。中国的历史是由政权规律性的更替组成的，由原始社会到奴隶社会，由奴隶社会到封建社会，由封建社会到半封建半殖民地社会，再走上社会主义的大道。在影响政权更替的关键因素中，人口增长与资源配备之间的关系、哪部分人当家做主，成为社会平稳与否的重要因素。政权更替对京师的影响最大，直接影响首都的人口结构、民族比例和职业分配等，进而影响文化的类型、结构和性质。

蒙古人占领北京后，在民族政策上实行"四等人制"。蒙古人、色目人、汉人、南人四等人，广大汉人受到多方面的压抑，民族待遇极不平等。所以元末儒士孔克齐曰："自以为右身贵族，视南方为奴隶。"[2] 在政治文化角度上，蒙古人虽然尊崇儒学，但也对儒学治国抱有偏见，所以又保留了蒙古的旧制，以加强蒙古族的凝聚力，防止被汉化[3]。在这种政治氛围下，汉人人权都难以保障，又怎能谈发展武术文化。元朝的统治时间短很大程度上与其不公平的民族政策和没有深入领悟儒学的真谛有关。

清代满族统治，认为"八旗满洲为国家之根本"，同时也实行"满汉一家"，对待汉人采用刚柔并济的怀柔政策加以管理，既有利用又有防御。在清朝中前期，政府是限制武术发展的，但同时鼓励"弓马骑射"的发展。在中后期，特别是鸦片战争以来，由于国家控制力下降，再加上大批农民进城，一定程度上促进了武术的发展。在这种政治文化氛围下，京师武术文化的发展就顺理成章了。

民国时期，国都移址南京，武术发展的重心也随之南下。南京及其周边城

[1] 马克思恩格斯选集：第四卷［M］. 北京：人民出版社，1995：251.

[2] 孔克齐. 至正直记（卷3）［M］. 上海：上海古籍出版社，1987：110.

[3] 李翀. 多角度解读元代四等人制形成的原因［J］. 黑龙江民族丛刊，2008（1）：108-112.

市上海，武术有了长足的发展。重要事件有在1928年6月由张子江等成立的中央国术馆，分别在1928年10月在南京公共体育场进行了第一次国术国考，在1933年10月20日至30日进行了第二次国术国考，这些对武术的发展有积极的意义。

（2）武举制为国家输送武术人才

元代没有武举制，明清二代进一步发展了武举制。明代武举制的级别分为乡试、会试和殿试三个级别。殿试在北京进行，由皇帝亲自批示，天下武举士汇集京师。如《嘉靖十七年武举录序》记载："嘉靖戊戌春，天下武举士集京师者七百九十人。"通过武举殿试，可以选拔天子门生，达到强化君权的目的，同时为明代选拔一批优秀的军事将领。明代武举成为获取功名的途径之一，吸引文举落榜者和部分世袭武官参与[1]。武举制为国家选择人才，就像明臣兵部尚书刘大夏言："武举之设，将以延揽英雄，广储将帅，招徕韬晦之士，收拾跅驰之才。"[2]戚继光（1528—1588年），就是武举制选拔的人才，安徽定远人，明代军事家，抗倭名将。在嘉靖二十九年，23岁的戚继光参加北京武举会试考试时，蒙古俺答兵入侵，奔京师而来，他当即条陈御虏方略，被任命为总旗牌官，负责京师九门的防守，后抗倭屡建奇功[3]。俞大猷（1503—1580年），于嘉靖十四年参加武举会试高中第五名，后成为了一名著名的抗倭将领[4]。

清代的武举制级别分为武童试、乡试、会试到殿试四个级别。清代时，皇帝还会让皇太子做骑射示范。皇帝钦点一甲、二甲及三甲前十名。一甲第一名为武状元，由皇帝亲赐盔甲、腰刀等物品。殿试考中者被授予一定官职，对应试者具有巨大的吸引力。有清一代共开武科109次，均有皇帝参与殿试。录取武进士九千五百余人，为历代之最。一甲一名为一等侍卫，二名、三名授予二等侍卫；二甲挑选十名，俱授为三等侍卫；三甲挑选十六名，俱授为蓝翎侍卫[5]。御前侍卫是皇帝的跟班，负责皇帝安全，虽然没有实权，但地位受到尊敬。武举制最高级别的殿试在北京进行，大批习武者云集京城，对京师武术有明显的刺激作用。

武状元是殿试后皇帝对贡士中选定的一甲第一名赐予的称谓。清代学者

[1] 谢建平. 武举与社会 [D]. 武汉：华中师范大学，2008.

[2] 薛熙. 中华传世文选（明文在）[M]. 长春：吉林人民出版社，1998：174.

[3] 赵国华. 戚继光军事思想探论 [J]. 理论学刊，2008（5）：100-104.

[4] 张银行.《剑经》研究 [J]. 体育科学，2014，34（12）：18-29.

[5] 王晓勇. 清代武科进士研究 [D]. 石家庄：河北师范大学，2009.

赵翼在《陔余丛考》卷二十八中言："自武后初试贡士于殿前，别其等第，门下例有奏状，其居首者因曰状头，亦曰状元。"《中国历代武状元》中记载明代有53名，清代有109名武状元[1]。武状元是人中蛟龙，时代的幸运儿，万里挑一。京城的武举殿试对北京武术的发展和科举取士有深远的影响，历史上北京人取得状元的不在少数。杨霈，京卫武学肄业指挥使，明世宗嘉靖十七年（1538年）戊戌科武举会试第一名。陈大猷，北京锦衣卫人，明神宗万历十四年（1586年）丙戌科武举会试第一人。王来聘，京师人，明思宗崇祯四年（1631年）辛未科武举殿试第一人。王来聘参加的殿试，崇祯皇帝比较重视，亲御金銮殿，文武百官齐集殿下。王来聘被破例授予副总兵的职位，后为感激皇恩，战死在剿灭叛军之役中。金抱一，京卫人，清顺治六年（1649年）己丑科武举进士第一人。曹曰玮，京卫人，清康熙三十三年（1694年）甲戌科武进士第一人。缴煜章，京卫人，清康熙三十六（1697年）丁丑科武举第一人。钱治平，顺天霸州人，清乾隆三十四年（1769年）己丑科武进士第一人。刘双，顺天大兴人，清乾隆四十六年（1781年）辛丑科武进士第一人[2]。

武举制是皇帝为主提出的人才选拔制度，代表封建统治阶级的利益，从某种程度上代表国家意志。武举制的实施对京师武术的发展产生广泛的影响，考核内容虽然是作战技能，但也属于武术文化范畴，因而激励京师群众的习武热情。

（3）中华人民共和国建国后的政策引导

武术传承几千年，"是松散的自由的身心运动方式，受客观条件的现状，未能将其作为一项事业来开展，不需要也不重视其组织，因而不存在组织和组织体系"[3]。也就是说在相当长的时间内，武术总体上是一团散沙，各自为政，没有握成一个拳头发力。中华人民共和国成立前，虽然有中央国术馆，但它仅仅是一个教育机构，且当时并没有全国武术发展部署，也没有政府的有力支撑。中华人民共和国成立后，武术被纳入体育行列，快步走向前进之路，武术的一切事务均有国家的规划和支持。

京师武术文化也和全国各地一样大步向前，由于身处首都，更能得到政策的支持。

---

[1] 王洪鹏. 中国历代武状元［M］. 北京：解放军出版社，2002：14.

[2] 王洪鹏. 中国历代武状元［M］. 北京：解放军出版社，2002：175，200，217-218，220.

[3] 刘小湘，王翔. 用和而不同的哲学观分析武术进奥的二重性［J］. 南京体育学院学报：社会科学版，2004，18（3）：6-9.

第一，建国初创阶段。中华人民共和国成立初期，人们的心理得到解放，为国家做贡献成为众人的愿望。在旧中国被压抑的武林人士纷纷走向公园、社区、广场等地设场授徒，为北京居民送去健康。以民间拳师、北京体育学院学生联合组成的北京武术队还参加了第一、二届全国运动会。1962年北京武术运动协会成立，得到北京武术群体支持。北京市武术运动开始走向正轨，使处于“散练”状态的民间武术馆社，有了“家”的支持。但当时我国处的国际环境和国内形势还很复杂，不加以整顿，就会“引起各地聚众结社、开堂授徒，发展会道门，隐藏反革命，造成严重混乱现象”[1]。为此，国家体委提出武术工作要“整顿、收缩”的方针，一定程度上对京师武术的发展起抑制作用。

第二，“文革”破坏阶段。1966年5月，“文化大革命”开始，京师武术受到了破坏，武术的一切活动被迫停止。武术著作销毁、老武师被揪斗、武术器械被收缴，社会上形成了一种谈武色变的气氛[2]6。由于外交需要，“文革”后期，对武术的禁令开始松动，1972年正式组建了体校武术班。在1974年的全国武术比赛中，武术班成员夺得了少年组团体冠军。同年，以吴彬带领的武术班优秀队员为主体的中国少年武术代表团访问美国，受到尼克松总统的称赞。

第三，全面恢复阶段。1979年，北京武术运动协会恢复了工作。领导北京武术各界进行了武术挖掘整理工作，同时组织了40多个民间拳种研究会的成立。在20世纪80年，引导北京武术界进行各种武术比赛和表演100多次，包括北京十大门派精英表演赛、北京武术家庭比赛、在京国际友人武术比赛等[2]76。还领导武术群众先后在天安门、居庸关长城、中华世纪坛、天坛公园和明长城遗址公园举行了万人太极拳表演[2]12。

第四，快速发展阶段。自2000年后，京师武术进入快速发展阶段。在这个阶段，政府主要引导群众武术进行段位制锻炼、推动武术进校园、组织青少年武术比赛和中小学武术比赛、积极参与散打商业比赛、配合中国武术协会做好大武术观下的各类武术活动。同时，做好京师武术的对外交流，举办好在北京举办的2008年奥运会、2007年的世界武术锦标赛。

3. 统治阶级兴趣的带动

所谓“上之所好，下必随之”，统治阶级的喜好必然影响社会。京师是王公贵族聚集的地方，其好恶对社会风尚有风向标的作用。有清一代，满族人以

[1] 温力. 中国武术概论 [M]. 北京：人民体育出版社，2005：502.

[2] 北京武术运动协会. 北京武术运动档案 [M]. 北京：人民体育出版社，2007.

弓马打天下，对武事格外重视。康熙曾自豪地说："我国家自用兵以来，野战则尽歼，攻城则必克，惟以弓矢戈矛催坚破墙，无有不胜。"[1]"弓马骑射"成为了清朝立国的政策，京城的王公贵族也保持了骑马射箭的习惯。常常有王公贵族聘请武术教师到家去教授子女拳脚，促进了拳种在北京的传播。

八卦掌在北京的传播得益于董海川，董公中年因避祸投身肃王府。肃王嗜武如命，任其为王府管家总教习[2]17-18。王府落脚为八卦掌的传播打开了方便之门，董海川的弟子数十人，以史计栋、尹福、樊志涌、程廷华、马维祺、刘凤春等最为著名。史计栋曾为肃王府去张家口收租，因抓捕劫盗被授予六品蓝翎顶戴。尹福曾进肃王府传授八卦掌，并为慈禧太后表演剑术。马维祺曾为肃亲王表演46斤铁枪，获重赏。全凯亭是旗人，在肃王府当差，后学拳于董海川。马贵是尹福弟子，也受到董海川指点，任肃王府、民初总统府护卫[3]。

三皇炮捶是北京较为流行的拳术，宋迈伦对三皇炮捶在北京的传播贡献极大。宋迈伦（1810—1893年），河北冀县人，36岁来京投神机营，得到老七王的赏识。宋与众教习比武皆胜，老七王赐五品顶戴，为其后创办"京都会友镖局"和传授三皇炮捶打下良好的基础。宋迈伦的弟子有宋彩臣、孙德润、于鉴、张殿华、卢玉璞、孙立亭、王兰亭、王显亭、王豪亭、焦凤林、高麟阁等[4]。白云峰是宋迈伦的再传弟子，满族，出身官宦之家，官至京都南郊守备。

杨福魁是北京太极拳兴起的开拓者，杨学艺于陈家沟，功成后进京授拳，清廷亲贵王公贝勒多从之受业。吴全佑，满族，师从杨福魁学习太极拳，后又拜杨福魁次子杨班侯为师，终成一代宗师。常远亭师从吴全佑学习太极拳，后到皇宫王府向王公贝勒教拳。赫继堃，满族，为光绪年间末科武举人，自幼习骑射，学艺于杨班侯[5]。

统治阶级对武术的兴趣带动了京师武术发展，皇帝光绪曾跟尹福学习八卦掌[2]20，肃亲王之后人金受芝曾向"神弹弓"沈辅臣学艺7年，深得查拳、通背、太极各家拳技之妙[6]。在他们的影响下，北京武术兴盛起来。

[1] 中仁. 康熙御批［M］. 北京：中国华侨出版社，2000：842.
[2] 刘敬儒. 八卦掌［M］. 北京：北京体育大学出版社，2007：17-18.
[3] 北京武术运动协会. 北京市武术运动档案［M］. 北京：人民体育出版社，2007：25-27.
[4] 张凯. 三皇炮捶拳史初探［J］. 搏击，2004（11）：25-27.
[5] 北京武术运动协会. 北京市武术运动档案［M］. 北京：人民体育出版社，2007：33，41-43.
[6] 北京市武术运动协会. 北京市武术运动档案［M］. 北京：人民体育出版社，2007：44.

（二）复杂的人文背景

人是文化的主宰，没有人的参与，就没有文化的形成。文化的形成是内在动因和外界环境共同作用的结果。在内在动因和外界环境中都有人的存在，身处京城之地的习武群体，在皇家文化、骑射文化、传统文化和西方文化共同影响下，促进了京师武术文化的形成。

1. 皇家文化的影响

皇家文化是指帝王、皇室与中央朝廷范围内的文化，包括宫室的建筑、宫廷的典章制度，以及礼仪、文学、戏曲、艺术、皇子的教读、内廷的生活习俗等[1]。皇权至上是皇家文化的核心，潜移默化地影响封建社会的人们，作为皇帝居住的京城，对人们影响更深。“天子治居之城曰都”，皇帝对于自己居住地要求甚严。皇宫必须为全城的核心，以此表明皇帝是全城乃至全天下的核心。明、清北京城，宫城为核心，往外依次为皇城、内城、外城，形成层次分明的北京城建筑格局[2]。住所体现皇帝的权威，衣食也表现出“恢弘、大气、华贵、精致”。在礼仪上要求比较严格，必须遵循君臣有别、长幼有序。总而言之，皇家文化是“高端、大气、上档次”的典型代表。

皇家文化对京城的武术有一定的影响。其一，对拳形的影响。其二，对拳势的影响。太极拳来源于河南温县，然而现在流行的陈式太极拳与杨式太极拳有很大的区别。陈式太极拳在发力上要求刚柔相济，全身放松的情况下，突然发力。蓄劲要缓，发力要快，动作要求有螺旋劲。而杨式太极拳没有蹿蹦跳跃的动作，没有突然发力的动作，没有震脚动作，没有扫堂腿、二起脚等高难动作。每个动作要求轻灵、沉着，用意不用力。姿态舒展大方、中正端庄。动作速度均匀缓慢，没有缠丝劲等。

杨式太极拳相对陈式太极拳有不少的改动，其原因当然和皇家文化有莫大的关系。因为他们学生多数是王公贵胄、贝勒皇孙，着装正统、举止文雅，不可能再蹿蹦跳跃、发力震脚。动作舒展大方、端庄周正、运动缓慢自然、轻盈稳健当然更符合他们对皇家文化的追求。可以说，杨式太极拳是受皇家文化影响最大的拳种。再如在北京土生土长的八卦掌，从诞生之时就姿态优美、动作

[1] 刘洋. 北京西城历史文化概要［M］. 北京：北京燕山出版社，2010：197.

[2] 阎崇年. 燕文集［M］. 北京：中国友谊出版社，2014：4–5.

舒展，在轻快走转中发力出招，比较符合文化程度高的人群喜欢。

2. 骑射文化的作用

北京地区在立都前一直是中原与北方游牧民族争夺的前沿阵地，立都北京的元、明、清三朝中，元、清为蒙古族与满族统治的异族王朝。因此，北京在很长时间内一直是民族冲突与融合的桥头堡。北京古称“幽州”，自古就是兵家必争之地。幽州北面是游牧民族，烈马奋蹄、弯刀霍霍；南面是农耕汉族，耕牛劳作、儒风习习。地处农耕与游牧民族的过渡地区，经常受牧风与儒雨的滋润与恩育，又时刻耐烈马与耕牛的奔跑与驰骋。在古代前期，以民族冲突为主色调，在古代后期民族融合成为主旋律。在这种冲突与融合的大背景下，京师武术文化也被渲染成了色彩斑斓的珍珠。

清代，尤其重视骑射文化，清帝曾多次强调“骑射”的重要性。康熙曾云：“我国家自用兵以来，所向无敌，野战则尽歼，攻城则必克，惟以弓矢戈矛催坚破墙，无有不胜。”[1]雍正要求旗人外任文官要熟练掌握骑射技术。清代的骑射政策确定了武举制人才的培养体系，从而影响武术的走向。在政府兴办的宗学、义学、官学中都有骑射内容，如乾隆设立的绥远城官学中，“将闲空协领佐领房屋三所，连前共设官学五处。挑选能教清语、马步骑射者，每学四名，令其兼管训迪”[2]。在武举制考试中，就有马射、步射、拉弓、舞刀、掇石等内容。由于清代上层注重骑射，所以“一时勋旧子弟莫不熟习弓马”[3]。清代皇帝还有围猎的习惯，通过百余年的木兰围猎，锻炼了清朝皇家子弟、官员、八旗士兵等的尚武习俗。每次围猎，少则数千，多则数万人，增进了军事才能，扭转了好逸恶劳之气，确保了弓马骑射技能及尚武习俗[4]。

在古代，中国跤是武术中踢、打、摔、拿四大主要技术之一，和武术本是一家，后来逐步和踢、打、拿分开，集成武术各个门派精华，自成一门。在武术文化大概念上，应属于武术文化系列。京城摔跤是中国跤三大支流京跤、保定跤和天津跤的重要分支，成熟于清廷的“善扑营”，得益于民族文化融合。善扑营是骑射文化的体现，开始于康熙时期，是为保卫皇帝的安全，参与表演与竞技而成的清廷内卫部队。摔跤在我国的汉族、满族和蒙古族中皆有流传，

[1] 中仁. 康熙御批［M］. 北京：中国华侨出版社，2000：842.

[2] 鄂尔泰. 八旗通志：初集［M］. 李洵，赵德贵，点校. 长春：东北师范大学出版社，1985：960.

[3] 昭梿. 啸亭杂录［M］. 何英芳，点校. 北京：中华书局，1980：16.

[4] 朱君，孟涛. 清朝“弓马骑射”的武术文化解读与启示［J］. 首都体育学院学报，2016，28（1）：94-96.

满族称“布库”，蒙古族称“博克”。在古代，摔跤运动被称为角力、角抵、相扑等，清代才出现“摔跤”名称。京跤是汉族、满族和蒙古族等民族跤融合的产物，我们从京跤的名称、技术和战术等方面可以看到这一点。清代满族的跤衣是“皆白布短衫，窄袖，而领没襟率用七八层缝之，使坚韧不可碎资”[1]，现代中国式摔跤的跤衣与这种穿着类似。正像程大力先生所说：“清代开始，汉族传统跤法又和满蒙跤法相融合，形成了现在的中国式摔跤。”[2]

3. 传统文化的熏陶

传统文化左右中国社会上下五千年，现代依然影响很大。他深入了政治、经济、军事、社会、生活等各个方面，浅移默化地影响着每个国人。北京作为首都，是国家政治、文化、教育中心，受到的影响最深、最为久远。就像其他事物一样，传统文化有精华，同时也有糟粕，我们要汲其精华，弃之糟粕，才能勇往直前。

宗法制度产生于商代后期，对中国的宗族、道德、国民性格有深刻的影响。在古代和近代，京师武术界依靠宗法制度建立各种组织，维系共同利益。京师的各个拳种俨然是一个个宗法组织，如会友镖局是以三皇炮捶为传承媒介，建立起师祖、师父、师伯、师叔、师兄、师弟为主要成员的企业。福源镖局是以戳脚、翻子门为传人媒介，而六合门师兄弟组成团体兴办福顺镖局[3]。这种血缘宗法制或类血缘宗法制对当时的京师武术发展是有利的，维系了武术的传承，直到今天仍然有拳种以这种方式传承技术。宗法制度虽然是封建社会的意识形态，受到学者们的抨击，但我们可以化不利为有利，为我们社会主义社会服务。宗法制度最大的弊端就是约束了个体的独立意识并抑制其创新意识，过多强调维护集体利益，在封建社会，本质是维护统治者少数人的利益。但在社会动荡分裂的时期，宗法思想又可以呼唤群体的集体意识，提高向心力和凝聚力，维护社会的正常秩序。在社会主义的今天，我们一定要紧紧团结在以共产党为核心的周围，维护祖国的统一和团结，才能实现民族的伟大复兴。在京师武术文化圈，也要搞团结，提高京师武人的“大武术”意识，不要搞宗法小团伙。这其中，关键是“度”的把握，要科学地处理“集体”与“个体”的关系，保障个体的独立和创新的同时，又维护集体的凝聚力和向心力。

---

[1] 赵翼，姚元之. 檐曝杂记竹叶亭杂记［M］. 北京：中华书局，1982：13.

[2] 程大力. 民族体育迈进奥运会前的选择［J］. 体育学刊，2003，10（6）：63-64.

[3] 北京市武术运动协会. 北京市武术运动档案［M］. 北京：人民体育出版社，2007：7.

（三）经济发展的需要

民以食为天，中国几千年的历史，朝代的更替多数是因为人民大众处于饥寒交迫，不造反就无法生存的地步，加之被人利用，改朝换代成为封建社会的常态。老百姓的“吃饭”问题，往大了说就是经济问题，经济发展了，刺激了文化的发展。

1. 近代镖局提供了以武谋生的职业

清代的康雍时期，国家统一，没有发生大的战争，商品经济发展起来。北京为国家首都，人口众多，需要大量物资从各地运来。在那个没有汽车、火车和飞机的年代，长途运输有较大的风险。虽然国家相对太平，但也有盗匪出没，加之各地“反清复明”运动不断，给货运带来压力。货物的运输需要保障，促使武艺高强的人加入保镖的行业。清代，京师是镖局较为兴盛的地区，全国镖局有上千所，在全国最为著名的10家镖局中北京占3家[1]。在北京兴办的镖局中，有八家最为著名，分别是会友、永兴、光兴、正兴、同兴、义合、义友、志成[2]。成立时间最早的是兴隆镖局，创建于乾隆年间，会友镖局也创立较早，在道光年间。会友镖局以围剿土匪宋锡朋而闻名遐迩，宋锡朋自幼就武艺超群，后来集结一千多人，在北京南道的镖路上打劫，不顾江湖道义。在1901年，会友镖局联合其他镖局活捉了宋锡朋[3]。

镖局相当于一种生意，和气生财，以江湖道义行镖，关键时才进行杀戮。所以，镖师们个个武艺高强，懂得步战、马战、车战、水战和夜行五大类功夫，京城镖局领域流传着镖师比武进士都难考的说法[4]。镖局的兴盛带动了京师武术的发展。由于镖师首先要解决吃饭问题，镖局的兴起给武痴们带来了一条既能习武，又能谋生的光明之路。通过押镖，不但可以扬名立万，而且还有不错的收入，使那些酷爱习武，又想行侠仗义的好汉们趋之若鹜。北京的镖局在全盛时期，从业者有万人以上，足以说明武术运动开展的广泛[5]。

---

[1] 佚名. 镖局兴衰数百年［J］. 国学，2008（11）：11-14.

[2] 李尧臣. 保镖生涯——人在江湖［M］. 香港：中原出版社，1990：2.

[3] 北京市武术运动协会. 北京市武术运动协会档案［M］. 北京：人民体育出版社，2007：8.

[4] 张杰，张燕. 清代镖局的兴起及发展对当时武术传播的影响分析［J］. 兰台世界，2015（13）：119-120.

[5] 北京市武术运动协会. 北京市武术运动协会档案［M］. 北京：人民体育出版社，2007：9.

镖局的兴旺拉动了拳种在京师的广泛传播。会友镖局有李鸿章的后台背景，生意兴隆，在上海、南京、西安、天津等地均设有分号，有1000多名镖师[1]。会友镖局的祖师是宋迈伦，以三皇炮捶为立门拳，规定凡进入镖局者必须再度拜师学艺，从而推动了三皇炮捶在镖局和北京的传播[2]。

近代镖局的兴起，一定程度上促进了京师武术文化的发展，扩展了优秀拳种，也推动了武德的社会影响力，加快了拳种之间的交流与借鉴，开拓了武术爱好者的生存空间。

2. 商品经济对京师武术文化的冲击

民以食为天，任何社会都以经济为中心。改革开放以来，我国经济踏上快车道，经济列车带领社会的一切飞速向前。京师武术文化也搭乘经济列车快进，势必影响武术的形式、理念、目的、追求、师承关系等诸多方面。在这个以市场为导向的社会里，经济的指挥棒导引武术纳入经济行列。过去的把式房如今成了公司运作；过去的天桥卖艺人，如今成了弘扬传统文化的传承人；过去的武术教头，如今成为高等学府的专家教授。一切在变，一切在围绕社会主义市场运作，如跟不上市场节奏，终究会被市场淘汰。

商品经济是指直接以交换为目的的经济形式，包括商品生产和商品交换。随着我国经济体制的不断完善，京师武术文化也不断发生变化，伴着经济的浪潮翻腾。

商品经济的高奏凯歌催生了武术技术培训市场的火爆。1978年党的十一届三中全会的胜利召开，揭开了经济发展的序幕，国家鼓励民间开办武术培训组织。1982年，国家体委出台了允许民间开办武术馆校的政策方针，加之电影《少林寺》全国热播，一股武术热席卷全国。伴随着这股武术热，各地的武术学校、武术拳社等培训机构纷纷开设。据有关学者研究，各地建立的各种形式的武术馆（校）、站、社就有一万多个[3]。北京市的武术馆校也伴随着这股热浪兴旺起来。

商品经济的发展催生了武术竞赛市场的活跃。武术竞赛市场包括计划内竞赛市场和经营性竞赛市场。民间社团走进市场是与我国的经济运行息息相关

[1] 佚名. 镖局兴衰数百年［J］. 国学，2008（11）：11-14.

[2] 张杰，张燕. 清代镖局的兴起及发展对当时的武术传播的影响分析［J］. 兰台世界，2015（5）：119-120.

[3] 国家体委武术研究院. 中国武术史［M］. 北京：人民体育出版社，1996：408-409.

的，伴随着我国经济的发展而前进。根据经济学的原理，需求是市场的前提，有需求就有市场供给。这些需求包括：青少年的成才需求、成年人的娱乐需求和老年人的健康需求。这些需求一直存在，只是在改革开放前没有得到充分满足的窗口，没有建立民间自我调剂的市场机制。1982年《少林寺》的全国公映，大大刺激了全国人民的习武热，加之国家出台了允许民间开办武术馆校的政策方针，一股开办武术馆校的热潮席卷全国，北京兴办的武术学校有几百家之多。散打的兴起带来了第二股习武热，散打商业化运作，激发了人们观看比赛的需求，因而吸引人们加入武术行列，也引起中国武术产业的兴旺。据笔者2015年的北京调研和网上搜索，目前北京开设的武术馆、拳馆、武术学校、搏击馆、散打馆、武道馆、功夫馆、武术培训中心等馆校多达302所。

3. 当代的京师武术文化产业

随着社会主义市场经济体制的逐步确立和深入，蕴含着中国传统文化的武术也必须尽快适应市场的需要，其观念、意识、价值观、技术、群体模式、伦理等系列观念必须与市场经济的运行机制相适应。武术文化产业是为社会公众提供文化、娱乐产品和服务的活动，以及与这些活动有关联的活动的集合[1]。武术文化产业要求把武术文化产品包括：武术技术、武术表演、武术人才、武术影视作品、武术器械、武术服装、武术旅游、武术信息、武术软件等，按市场经济规律要求进行开发、整合、运作等。

伴随着我国社会主义市场经济的进一步完善，武术文化市场也逐步红火起来。京师武术文化产业也始终走在全国的前列，武术文化产业围绕武术市场展开。武术市场包括：武术技术培训市场、武术竞赛市场、武术商业表演市场、武术影视生产市场、武术旅游市场、武术信息市场等[2]。目前，京师武术文化产业主要以围绕武术竞赛市场为投资方向的文化产业、以武术商业表演市场为投资方向的文化产业和以武术技术培训市场为投资方向的文化产业。

当前的中国经济飞速发展，给体育产业的发展带来腾飞的良好契机，以武术散打为核心的中国搏击业也迈进快速发展的航道。1978年制定《关于开展武术散手运动的报告》，全国开始了武术散打运动项目的实践活动，拉开了武术散打运动的开端。经过十几年的不断探索，到1994年“中华武术散手擂台赛”开启了商业进入散打领域的先河，比赛由政府独办到企业赞助并承办。2000年

[1] 黎桂华. 我国武术文化产业标准化发展战略研究［J］. 乌桓体育学院学报，2014，48（1）：74–77.
[2] 蔡宝忠. 武术发展的社会化和产业趋势探析［J］. 沈阳体育学院学报，2001（1）：80–83.

首届“散打王”争霸赛在北京举行，这次比赛由专业公司进行运营，标志着我国武术赛事进入商业化模式。2000年的“散打王”比赛开启了搏击的商业之路以来，二十多年来，一系列的商业比赛接踵而来，如2004年开始的“武林风”、2005年的“英雄榜”、2007年的“英雄传说”、2011年的“紫禁之巅”和“锐武”、2012年的“终极格斗联盟”和“振华英雄”、2013年的“中国真功夫”、2014年的“昆仑决”等。这些比赛都有武术文化产业公司参与承办、协办或提供赞助等。

京师武术文化产业无疑在全国领先，如2000年成立的北京国武体育交流有限责任公司是以武术产业为主要经营业务的公司，在2000至2003年的四年中承办了中国武术散打王争霸赛和中俄、中日、中法、中韩及中美散打对抗赛等赛事。北京鹰雄榜体育文化有限公司是一家集搏击运动普及、训练、赛事组织执行及专业选手培养包装为一体的综合型体育文化公司，2005年创办综合格斗赛事“鹰雄榜综合格斗冠军赛”项目。北京正瑞体育投资管理有限公司2013年成立，前身是北京盛华国际武术俱乐部有限公司，经营范围以体育投资管理、文化体育交流为主，拥有国际搏击品牌赛事“英雄传说”的完全知识产权。北京博克森体育文化发展有限公司2011年创办“紫禁之巅——世界武术搏击争霸赛”，公司在首钢篮球中心创建世界搏击文化竞赛娱乐中心，为广大搏击运动爱好者服务。北京昆尚文化传媒有限责任公司成立于2013年，是集搏击赛事执行、电视节目运营、游戏开发等于一体的现代综合新锐文化传媒公司，拥有“昆仑决世界极限格斗系列赛”项目，致力打造“第一世界极限格斗平台”。上面列举的九项武术搏击比赛中有五项与北京武术文化产业有关，足以说明京师的地位和影响力。

在涉足武术搏击产业的同时，京师武术文化产业还涉足武术技术培训、武术商业表演等市场。“禅宗少林·音乐大典”是以少林武术和禅宗为题材的项目，是由北京天人文化传播有限公司联合河南兆腾投资有限公司、广西维尼纶集团、嵩山少林寺四家股东投资开发而成的[1]。“昆仑决”赛事的头牌巨星杨建平就是北京东方荣誉国际搏击俱乐部的签约成员，其他运动员有唐金、张立鹏等，主要培训综合格斗（MMA）、散打、武术等搏击项目。2014年成立的北京宝善林文化传媒有限公司，法人代表韩国卿是摔跤名家马贵保先生的入门弟子，致力于传播中国传统文化。北京颐生春国际文化发展有限公司是一个专

[1] 张纳新. 中国武术文化产业发展策略研究——以河南武术文化产业发展为例［J］. 西安体育学院学报，2011，28（6）：699-703.

门针对白领阶层的企业，年收入超过百万，在北京有两家分馆。创办人王志鹏提出了“武术+健康”的理念，以提供咏春拳教学为主[1]。天创国际演艺制作交流有限公司，1999年在北京注册成立，有国际一流的创意制作团队和表演团队，创作的大型舞台动作剧《功夫传奇》在京表演六年，成为北京市旅游的名片，同时该公司还创作了功夫剧《少林魂》。

京师的武术文化产业在全国处于领先地位，得益于北京的地理优势，与北京浓厚的武术文化氛围分不开，也是在国家蒸蒸日上的经济大环境下茁壮成长的。京师武术文化产业有助于京师武术文化的宣传和成长，同时也给武术文化发展指明了方向。

（四）迁都对京师武术文化的冲击

首都对一个国家的政权至关重要，是芸芸众生的心理支柱，也是政治、文化和军事中心。首都的位置一般是不会轻易移动的，迁都往往伴随重要的事情发生，也是最高统治者意志的决定。1928年国民政府完成北伐，决定定都南京。之后，中国进入抗日战争时期，1937年一度将中央政府迁到重庆。1949年中华人民共和国成立，定都北京。可见，国家危亡，国都就随之动摇，迁都是最好的选择。迁都对京师武术文化是有冲击力的，使原京师武术的影响力下降，辐射力也降低。

首先，武术运动重心的迁移。武术运动重心即武术运动中心，是全盘管理武术项目的政府部门。1928年3月，中央国术馆成立。对其组织性质有两种看法，其一认为是官办性质，其二认为是民间组织，而李文鸿等认为是“民办公助”的民间社团[2]。不论是什么性质的组织，在成立期间，行使了一定程度的行政职能是肯定的。在公布《中央国术馆组织大纲》的同时，也公布了《省市国术馆组织大纲》及《县国术馆组织大纲》。以此，至1933年年底，在全国24个省市成立了国术馆，县设国术馆多达300余所[3]。中央国术馆成立期间先后举办了两次国术国考、组织出国3次、编著国术书刊多种、进行师资培训等，有力地推动了武术的发展[4]。同时代的北平，没有这么大的影响，说明武术运动

[1] 陈杰. 北京武馆行业遭遇产业化发展瓶颈［N］. 北京商报，2010-11-08（C10）.

[2] 李文鸿，陶传平，吕思泓. 中央国术馆组织性质新考［J］. 体育学刊，2016，23（3）：33-38.

[3] 陈长河. 民国时期的中央国术馆［J］. 历史档案，2009（3）：108-113.

[4] 易剑东. 精武体育会和中央国术馆的比较研究——民国武术的组织社会学探索［J］. 体育文史，1995（6）：19-22.

的重心转到南京、上海一带。

其次，武术影响力的迁移。武术影响力是通过一系列活动产生的。中央国术馆成立后，进行了两次国术国考。第一次在1928年10月，在南京公共体育场举办。国考包括两个阶段，第一阶段为预试，为套路表演，依据评分来区分成绩，取得正试的资格。第二个阶段为正试，有“拳脚门”“摔角门”“刀剑门”和“棍枪门”。经过三轮角逐，取中优等15名。第二次国术国考在1933年10月20—30日，在南京公共体育场举办，最终取甲等43名[1]。在1936年8月1—15日，第11届奥林匹克运动会在德国柏林举办。当时的南京政府决定组建武术队去做武术表演，经过选拔决定由张文广、温敬铭、郑怀贤、金石生、张尔鼎、寇运兴6名男队员和翟连元、傅淑云、刘玉华3名女队员组成中国队。武术代表团先后在汉堡、柏林、法兰克福、维斯巴顿等城市表演，赢得了普遍赞誉[2]。虽然参加奥运会的选手颗粒无收，但武术队的精彩表演却展现了武术的魅力，为中国挽回了颜面。

最后，武术名家的迁移。迁都南京后，众多武术名家也随之奔向南京，寻找发展空间。孙禄堂、吴德连、赵鑫洲、佟忠义、陈泮岭、万籁声、许小鲁、韩其昌、李尧臣、张文广等著名武术家或拳师都曾经在南京教学、比赛、学习和从事武术相关工作[3]。中华人民共和国定都北京，也吸引了众多名家来京。以目前北京市获得武术九段的14位名家来看，其中12位出生在外地。张文广祖籍河南、吴彬祖籍浙江、门惠丰祖籍天津、夏柏华祖籍安徽、冯志强祖籍河北、张山祖籍北京、康戈武祖籍云南、阚桂香祖籍河南、徐伟军祖籍黑龙江、李德印祖籍河北、朱瑞琪祖籍广东、张广德祖籍河北、刘敬儒祖籍河北、何瑞虹祖籍北京。可见，这些武术名家除张山、何瑞虹以外，都不是北京土生土长的，然而由于北京的吸引力而使他们最终定居北京，为国家的武术事业贡献了力量。

[1] 李杰，康戈武. 中华武术图典 [M]. 北京：人民体育出版社，1998：11，94-95.

[2] 张文广. 我的武术生涯 [M]. 北京：北京体育大学出版社，2002：57-65.

[3] 北京市武术运动协会.北京市武术运动档案 [M]. 北京：人民体育出版社，2007：25-75.

本章小结

京师武术文化的发展轨迹：由宫廷武术为核心的古代，转移到技击与健身并重的民间武术所处的近代，最后再到为全民健身服务为中心的现代。统治阶级的需要是京师武术发展的动力，其时局的状态和人的主观能动性也左右京师武术的发展。

京师武术文化的演进动因包括：第一，特殊的政治地理位置。一方面给京师武术提供了容身平台，人们首先要解决吃饭问题，京师可以容纳各式各样的人才发展。来到京师的拳家们可以相互切磋，相互交流，共同推动武术事业的前进。如大成拳的创编，就是在形意拳的基础上，通过拳家的苦心钻研而来。再如三拳合一的孙式太极拳，也是在太极拳、形意拳和八卦掌等拳术技术和理论的基础之上创编出来的。国家意志往往决定事物的成败，武术的发展轨迹很明显受到国家意志的主导。在封建社会，国家的禁武与尚武对武术发展至关重要，元清禁武，使武术发展难有很大的突破。明朝的尚武，使武术得到一定程度的发展。清朝后期，对武术的禁令减弱，致使大批武术拳种涌向京城。武举制的实行与废止也一定程度上左右着武术的走向。中华人民共和国成立后，初期的武术定位致使武术一度沿着竞技套路的发展方向前进，导致了诸多拳种技击发展受阻。第二，复杂的人文背景，包括京师皇家文化、骑射文化和传统文化。皇家文化对京师武术拳种的气质影响很大，使其雍容大方，高端大气。骑射文化对京师摔跤有显著的影响。传统文化对京师武术有广泛的影响。第三，经济发展的需要。在过去，京师镖业对武术的传播有很大的影响，镖客们都是各拳种的好手，除了押镖，习练本门武术是常常进行的功课。在现在，商品经济的发达，使大批京师武术拳家走向市场，在经济大潮中展现武术。包括武术技术培训市场、武术竞赛市场、武术商业表演市场、武术影视生产市场、武术旅游市场、武术信息市场等。京师还是走入商业武术搏击比赛的先驱，引领许多商家把目光转向武术产业。第四，迁都的影响。民国时期的迁都使武术的重心一度迁移到南京、上海一带，目前南京、上海武术运动比较发达。

第九章
京师武术文化的当代价值及未来发展策略

首善之地的文化是全国文化的凝聚，是文化中的精品。京师武术文化是京师文化的典型代表，它的发展关系到中国武术的全局，理当受到特别的关注。京师武术文化应当仁不让地站在文化发展的前列，带领全国武术文化走向光明灿烂的明天。

一、京师武术的当代价值

价值是衡量一个事物存在的标准，尤其在商品经济高度发达的今天，没有价值则会被市场淘汰。京师武术文化在古代用于安邦定国，在近代用于救国图强，在现代用于全民健身、体格教育和文化弘扬。当代的中国在处于民族复兴的关键时期，更需要文化力量的支撑。全体京师武林人士要齐心协力，共同铸造中国梦的实现。

（一）先进文化的当代标准

争先进、求发展、站在世界前列是每个国家的梦想。把握先进文化脉搏，力争世界之话语权和制定中国标准，是当代中国人民要努力的方向。党的十八大报告中指出："建设社会主义文化强国，必须走中国特色社会主义文化发展道路，坚持为人民服务、为社会主义服务的方向，坚持百花齐放、百家争鸣的方针。坚持贴近实际、贴近生活、贴近群众的原则，推动社会主义精神文明和物质文明全面发展，建设面向现代化、面向世界、面向未来的，民族的、科学的、大众的社会主义文化。"党的十九大报告指出："推动中华优秀传统文化创造性转化、创新性发展，继承革命文化，发展社会主义先进文化。"

从以上论述中，可以清楚地看出，社会主义文化是先进文化，是为人民服务，为社会主义服务的文化，方针是百花齐放、百家争鸣，原则是贴近实际、贴近生活、贴近群众，要求是面向现代化、面向世界、面向未来的，民族的、科学的、大众的文化。这其中“民族的”意思是要继承优秀的民族传统文化，就像习近平总书记指出的那样：“不忘历史才能开辟未来，善于继承才能善于创新。优秀传统文化是一个国家、一个民族传承和发展的根本，如果丢掉了，就割断了精神命脉。”[1]可见，优秀传统文化是先进文化的重要组成部分。先进文化是不断创新的文化，推动优秀传统文化创造性转化、创新性发展。

习近平总书记的讲话为京师武林人士指明了方向，一定要继承和弘扬优秀传统文化。京师武术文化是传统文化的中坚力量，弘扬京师武术文化在某种意义上讲就是弘扬优秀传统文化。但事物都有两面性，在继承京师武术文化的同时，一定要鉴别什么是优秀文化，什么是糟粕，不能眉毛胡子一把抓，要把握是否为人民服务，是否为社会主义服务这个目标。

（二）引领武术发展的京师武术文化

京师武术文化不同于一般地域武术文化，要有统领全局的能力和引领武术发展方向的气魄。京师武术文化要在竞技武术、社会武术、学校武术和武术产业等各个方面起到模范带头作用。

在竞技武术方面，分别对运动队组建、训练、比赛、社会活动、回归社会等方面进行有效的管理。这包括套路和散打队伍，也包括青少年队伍，要解决他们的后顾之忧，特别是就业前途。如果仅仅为了比赛金牌，不管队员的就业前景，结果也会事倍功半。北京武术套路竞技队有辉煌的历史，为北京争得无限荣耀，也带出了李连杰、王群、吴京、戈春燕等众多的影视明星。在传播武术文化方面，成绩斐然，有很多队员至今还在世界各地执教。然而，近年来北京武术队，面临着新老队员交替，其他省市队的挑战和适应不断变化的规则等问题，成绩有所滑坡，带头作用没有前些年强劲，需要引起重视。在散打竞技队方面，由于动手早，梅惠志带来的业余散打队成绩突出，一度称雄于中国散打界。其后，成立的北京散打队成绩也较为优异，从2001年到2013年十多年的

[1] 习近平. 在纪念孔子诞辰2565周年国际学术研讨会暨国际儒学联合会第五届会员大会开幕式上的讲话［N］. 人民日报，2014-09-25（002）.

努力，队伍在各级各类比赛中成绩斐然，共夺得十枚金牌，出现了一批优秀运动员，如白近斌、姜冲锋、黄磊、马超等[1]。成绩称雄于全国，但并未具有领导全局的能力，因此要加倍努力。

在社会武术方面，由北京市武术运动协会先后组建62个拳种研究会，其中八卦掌研究会为全国第一家单个拳种研究会，为社会武术的开展起了个好头。还对北京市武术进行挖掘、整理，摸清社会武术的发展状况，积极引导社会组织进行比赛、辅导群众健身。主办市级各种武术竞赛及群众性武术活动，开展国际武术交流培训活动，承办和参加全国性及国际性武术竞赛活动。近年来，举办了纪念邓小平同志“太极拳好”题词二十周年的天安门广场万人太极拳表演，2009年万人太极拳破吉尼斯世界纪录等大型活动，还成功举办了九届“北京国际武术邀请赛”及2012年首届“北京国际武术文化节”等大型活动。在引导社会武术方面，京师武术的管理部门给全国带了好头，但也有不足之处，比如首先，社会武术两极分化特别严重，太极拳、八卦掌等拳种发展势头良好，但清拳、唐拳、短拳等拳种习练者较少，出现授徒难的状况。其次，对拳种的技击功能研究不够，出现大批以武为操的群体，对武术的健康发展也是不利的。最后，对社会上出现磕头拜师现象重视不够，极易引起“门派之争”重演。

另外，虽然在学校武术方面成绩骄人，但也有不足值得注意。在中小学方面，重视武术往往在小学一、二、三年级，四、五、六年级就不那么重视了，升学压力致使家长、学校甚至学生本人不得不把重心调整到中考与高考上。这就导致武术传承的不可继续性，严重阻碍了武术的发展。在高校，由于师资力量不足，学习套路的文化内涵不足，导致多数学生不选武术课，或者应付差事，对武术在高校的普及不利。

总之，京师武术文化有其京师地位的优势，理应担负起统领全局的重责。下一步应高瞻远瞩，长远规划，带领武术走向辉煌。

（三）弘扬民族精神的京师武术文化

京师武术文化不但要引领武术发展方向，而且要弘扬民族精神，发挥其文化功能。民族精神是一个民族独有的，在长期的历史进程中沉淀下来的，维系

[1] 什刹海边，写满故事的北京武术队-散打王［EB/OL］.（2020-10-05）［2023-04-02］. https://baijiahao.baidu.com/s?id=1679056784672604647&wfr=spider&for=pc.

一个民族的生命力、创造力和凝聚力的集中体现，是一个民族的核心和灵魂，包括民族意识、民族品格、民族气质、民族心理。

民族精神包括多项内容，其一，“文化自信”是民族精神的重要内容，中华民族历经五千年而不倒，是为数不多的古老民族，法宝之一就是文化自信。习近平总书记在2016年5月17日的哲学社会科学工作座谈会上指出：“坚定中国特色社会主义道路自信、理论自信、制度自信，说到底是要坚定文化自信，文化自信是更基本、更深沉、更持久的力量。”

其二，“自强不息、厚德载物”也是民族精神的重要内容。中华民族是一个勤劳的民族，是一个有追求的民族，同时也是一个和善的民族。维系这种民族特性的就是“自强不息、厚德载物”。就像习近平总书记所说：“自强不息、厚德载物的思想，支撑着中华民族生生不息、薪火相传，今天依然是我们推动改革开放和社会主义现代化建设的强大精神力量。”[1]

其三，“中庸和谐”也是民族精神的重要内容。北宋理学家和教育家程颐认为：“不偏之谓中，不易之谓庸；中者，天下之正道，庸者，天下之定理。”中庸思想是中华民族对宇宙万物的根本认识，包含和平、和睦、和谐。这是中华民族对世界秩序的总要求，天下太平，安静和谐。

民族精神是中华民族的灵魂，要代代相传并发扬光大。民族精神要传承必须有载体，不能凭空说教。京师武术就能做好这个载体，传承民族精神。首先，习练京师武术可以提高文化自信。通过学练京师武术能够提高身体素质，可以具备防身自卫的能力，更能体悟“虚领顶劲”“气沉丹田”“无过不及”“随曲就伸”等哲学道理，达到“人不识我，我独识人”的自信境界。其次，在多年的学练中，在一次次竞赛中，在逐步提高要求的过程中，慢慢明白了“自强不息”。在与对手交往或交手中，在交流体会中，也能懂得“厚德载物”。其三，对“中庸和谐”的体悟在于对技术的掌握，随着技术水平的加深，逐步到“懂劲”，“懂劲后，愈练愈精，默识揣摩，渐至从心所欲”。

（四）构建和谐社会的京师武术文化

和谐社会就是民主法治、公平正义、诚信友爱、充满活力、安定有序、人与自然和谐相处的社会。和谐社会是提出较早的概念，我们国家一直在致力构

[1] 张烁. 深入开展学习宣传传统道德模范活动，为实现中国梦凝聚有力道德支撑［N］. 人民日报，2013-09-27（1）.

建和谐社会。其中，安定有序是指社会组织机制健全，社会管理完善，社会秩序良好，人民群众安居乐业，社会保持安定团结[1]。

京师武术文化追求的就是“和谐”。因为身处北京，祖国首都，最追求“和谐”。通过习练京师武术，使个人逐步和谐，进而使集体逐步和谐，最后使整个社会和谐。在每个习武者的心里都揣着一个“强者梦”，强者的标准是“天下第一”，致使别人不敢与之交手，而达到“不战而屈人之兵”的终极目标。在与人交往中“少战”或“慎战”，最终达到和谐相处的局面。在与人交往中，渐渐领悟到“尊师重道”的精髓，在与教师、队友的交流中也能学会“和平相处”的真谛。正如习近平总书记2014年5月15日在中国国际友好大会暨中国人民对外友好协会成立60周年纪念活动上指出：“在5000多年的文明发展中，中华民族一直追求和传承着和平、和睦、和谐的坚定理念。以和为贵，与人为善，己所不欲、勿施于人等理念在中国代代相传，深深植根于中国人的精神中，深深体现在中国人的行为上。”

二、京师武术文化的未来发展策略

京师武术文化具有统领全局的重要作用，因此要长远打算，统筹规划，制定一个切实可行的行动方案。京师各界武术人士，齐心协力，共同参与，一起努力把京师武术文化事业办好。

（一）竞技武术的未来发展策略

竞技武术是京师武术保持领先地位的拳头项目，北京武术队是多年来创建的品牌，一定要抓住这个品牌效应继续做大做强，使之在竞技、表演、社会活动、商业活动与国际交流方面发挥更大的作用。竞技武术包括套路和散打，参与制定规划的部门包括北京武术运动管理中心、北京市武术运动协会和国家体育总局武术运动管理中心、中国武术运动协会等部门。

1. 制定长远规划，以十年为一个阶段

要呼吁政府重视，北京武术队近年来成绩下滑，也和政府这几年的重视程度不够有很大的关系。比如在第十二、十三、十四届全运会上，武术套路项目

[1] 何佳明，李小华，贺霄宇. 构建社会主义和谐社会的思考 [J]. 法制博览，2016，12（中）：138.

设置了7块金牌，武术散打项目设置5块金牌。在第十二届全运会上，北京队获套路金牌1块，散打没有奖牌。第十三届全运会上，北京队获套路铜牌1块，散打银牌1块。第十四届全运会上，北京队获铜牌1块，散打没有奖牌。武术项目进入奥运会失利是个遗憾，有多方面的原因，笔者认为文化冲突是主要原因。不管能不能入奥，我们都应有文化自信。全运会武术金牌减少就是文化不自信的表现，应给予斥责。笔者呼吁北京相关行政部门，要重新绷紧重视武术这根弦，重新重视京师武术文化，制订十年武术发展规划。

2. 发挥人才优势

事业的发展靠的是人才，任何成功的范例，都是人才走在前列。北京武术队辉煌三四十年，靠的就是有吴彬等教练的栽培，有李连杰、王群、吴京等众多优秀运动员的打拼。武术这个项目，需要吃苦，在商品世界高度发达的都市北京，其吸引力也没有以前大。吸引人才必须靠自身搜索和外省市引进。可以以北京户口、北京就业等优势吸引人才，留住人才。通过北京队的教练优势、训练条件优势、文化优势等把他们锻炼成成功的队员。

3. 改变训练模式和比赛模式

目前，北京武术队有两种训练模式，一种是套路训练模式，一种是散打训练模式，这两种模式的形成与我国武术发展的大背景是分不开的。长期以来，我国官方重点发展竞技武术套路，将其当作武术本身，造成武术界一直争论武术本质，这是继承了“躯壳”丢弃了武术的“灵魂”之举。因此，我们呼吁国家层面要重新审视武术发展的重心问题，要以发展武术之打为重点。在京师武术训练模式上，即使是套路训练也要培养他们的散打能力，只有通过“打”才更容易体会“演”的意义。在散打方面，也不要一味地只注重“打”的训练，也要有“演”的训练，只有通过“演”才能体会武术的文化内涵。这就要求改变比赛模式，可以在套路比赛前测试散打能力，不合格就没有套路比赛资格。同时，在散打比赛上，先进行套路展演，再进行散打比赛。这样就可以把“打”和“演”有机地融合到一起，做到既能“打”又能“演”，真正展现武术之魅力。

4. 积极参与商业活动、社会活动和国际交流活动

北京武术队不能只看训练与比赛，也要主动参与商业活动、社会活动和国际交流活动。目前我们国家正着力建设社会主义市场经济，北京武术队也要主动投身市场，以“北京武术队”作为响亮品牌，成立散打表演公司，去市场上分一杯羹。作为武术运动管理部门也要主动放权，给武术队充分发展的空间，去刺激市场，展演才华，打出风采，真正做到“以武养武”。除了提高自谋生路的能力外，北京武术队更要参与社会公益活动，去宣扬京师武术文化，为全民健身、和谐社会贡献力量，同时提高自己的知名度。在国际交流方面，北京队更要义不容辞，主动参与传统文化的宣传，把天人合一、和谐发展和中庸平衡等中华民族的认知推广到全世界。

5. 注重青少年队伍建设

队伍的发展，后备力量是关键，没有充实的后备力量，队伍的成绩就会下滑。北京武术队近几年的成绩下滑，与后备人才的储备不足也有很大关系。青少年队伍建设，兴趣和前途是两个关键环节。年纪越小，兴趣越重要。随着年纪的增长，前途便成为重点。这需要全社会的共同努力，共同提高对武术的认识。作为北京武术队的主管部门更要积极宣传，以吸引人才的方式吸引家长关注。教练们开拓思路思考武术的兴趣点，发挥打的特长。只有多方面协调发力，后备队伍才会逐步成长。

竞技武术队建设在思想道德教育的同时，要协调队员的利益、教练的利益，使其利益与北京武术队的利益一致起来。这样才能解决人才的去留问题，使人才源源不断地涌向武术这块宝地，保障北京武术队人才的领先地位。

（二）社会武术的未来发展策略

武术本是一个整体，随着西方文化的侵袭，武术慢慢分裂成两部分，一部分是竞技武术，一部分是社会武术，或者说是传统武术。京师武术处于两种状态。我们不能武断地说西方文化的侵袭是错误的，西方文化带来了精华同时也带来了糟粕。至于怎样对待，需要我们辨别和选择。京师社会武术的未来走向需要北京市武术运动协会、北京武术运动管理中心和各拳种研究会共同参与规划。

1. 转变思维方式，构建新的武术体系

京师社会武术有悠久的历史和厚重的文化底蕴，也伴随着祖国发展而发展。由于中华人民共和国建立初期的特殊情况，致使国家着重发展竞技武术，对传统武术过问甚少。总体而言，传统武术的状况，除了太极拳等少数拳种之外，大都状况不佳，有的拳种已经失传或者面临失传。与其他地区比较而言，政府对京师传统武术相对关心多一些，但也不能有很大的改变。另一方面，传

统武术自己也应奋力进取，不能坐以待毙。

武术以搏击为核心功能，还具备健身、娱乐、教育和文化等多种功能，但始终要围绕搏击功能运转。一旦失去搏击功能，其他功能再优秀，恐怕也不能称之为武术。所以，传统武术存在的依据，首先以搏击为前提。太极拳之所以能够发展得这么红火，习练人这么多，是由于它有太极推手这项类似搏击的运动。至于纯为锻炼身体的习武者，最好要他们学会太极拳招式的用法。

传统武术的拳师们要想发展武术，必须转变思维方式。要把重心放在搏击上，而不是只是说招，要去打出威名，才能传承技艺。好的拳师可以构建自己的武术体系，通过搏击不断提高技艺，增进新招，淘汰华而不实的招式。否则，只会落得成为口头专家，嘴把式。

2. 响应大武术观，成立共同组织

国家体育总局武术运动管理中心提出的“大武术观”理念，推动武术的发展，京师传统武术的志士们应该积极响应，共同把武术做好。我们大胆地设想是成立武术组织，融合各门各派武术为一体，统称为中国武术。理论方面融合一体成为共同理论，技术上融各派之长，打法上要求在“更快、更强”的同时，要求“以柔克刚”，最后达到“人不知我，我独知人”的境界。京师的传统武术专家们应该发挥群力群策，设计出一种新的搏击模式。这种模式能够发挥太极拳等的威力，而不只是推手，要在推手的基础上加快速度，这种模式成功后再向全国推广。中国武术不同于其他国家拳技，因为有深厚的传统文化做铺垫，有文化内涵。如果仅仅与其他国家拳技比力量、比速度，恐怕很难占优势，只有比技巧，才是中国武术的强项。如果发明一种在速度、力量的基础上，以比技巧和身体的感应能力的搏击模式，无疑是展示中国武术的最好方式。

3. 改变教学、训练方法

传统武术不能很好地推广，教学、训练方法也需要改善。由于过去没有统一的标准，学生资质的不同，导致学生所学套路千差万别。徒子再传徒孙，就造成技术的差别，这就是武术门派众多的原因之一。武术运动管理中心提倡的标准化，要求各拳种有统一的标准。随着武术段位制的逐步展开，武术的十几个拳种逐步完成标准化，这对京师武术的发展十分有利。所以，拳师们应该学习推广段位制，推广教学和训练水平，逐步做到教学、训练方法的标准化。各个拳种还要根据自身的不同，做好标准化的基础上，体现自己的特点。做到既有标准化，又有个性化。光有标准，千篇一律；光有个性，无法统一。

4. 积极参与市场竞争，与世界拳技竞争

传统的武术很难和散打对抗，就像梅惠志认为：中国武术技击性存在严重的隐患，徒有其表而无真正的实力，空讲理论而无具体的实践，甚至在传授的过程中逐渐扭曲，失去了最初的模样和精华[1]。可以说，不是传统武术不行，关键是当世界各种搏斗大都进入现代化的训练之中时，而传统武术还在原地打转，甚至后退，怎么与其对抗。我们知道，泰拳十分厉害，注重实战，历史上与泰拳交手的传统武术几乎没有胜绩。为什么，原因就是人家在练、在比，在实战中总结经验，而传统武术仅仅满足于说教，没有规范的比赛，就无法刺激训练，成绩就可想而知了。泰拳在18世纪就逐步实现擂台化了[2]，而传统武术还在师徒间说拳，差距被逐渐拉开。

京师传统武术要发展必须走向市场，走向擂台，通过不断训练提高运动员的能力才能长盛不衰。当然，从全民健身角度看，传统武术不是不能打，而是不去科学化训练，造就了运动员能力差而已。因此，期望传统武术志士走向市场，通过科学化训练去重振传统武术雄风。

（三）学校武术的未来发展策略

京师学校武术在全国范围内属于领头行列，在中小学、在高校等都为全国做了模范。事业要发展，要靠后备力量，只有青少年们传承武术，武术之花才会越开越艳。京师学校武术必须由教育部门和学生、家长共同参与，才能发扬光大。

1. 呼吁领导重视、家长支持

京师武术要发展，首先要有领导的支持，否则就很难开展。笔者在北京调研了解到，凡是武术开展好的学校，领导都较重视武术。再者，就是得到家长的认可。目前，有部分家长担心练习武术是否影响文化课成绩，毕竟升学才是他们的最终目标。这就要呼吁国家教育部门出台相关规定，可以考虑将武术纳入中考、高考。目前，国家倡导给予学生更多的时间和空间发展个人爱好，这

[1] 韩贺仙. 武之魂：记中国散打创始人之一梅惠志先生的风雨人生［M］. 北京：人民体育出版社，2013：84.

[2] 靳卫平. 中泰武术格斗理念比较研究［J］. 体育文化导刊，2012（1）：17-110.

无疑给武术的发展吹了东风。

2. 提高学生兴趣

京师武术要进学校，必须符合学生的兴趣，兴趣是最好的老师。从马斯洛需要层次理论可知，需要分为生理、安全、情感和归属、尊重、自我实现五个层次。武术要发展，首先要满足人民群众的健康需要，其次是安全的需要，最终上升为民族精神、文化自信等自我实现的需要。因此，要发展武术，就要从健身、防身等方面首先发力，并逐步引导到自我实现的高度。目前来看，与武术竞争的项目很多，比如球类项目、操类项目、其他格斗项目、舞蹈、极限运动等都有各自的特点和兴趣点。要与这些项目竞争，提高武术的吸引力，突出武术的特色才行。这就要求武术管理部门、研究部门、教育部门及广大的武术爱好者共同努力，勇于创新，从武术之“打”下功夫，以“打”带动“健”、以“打”带动“美”、以“打”带动“民族精神”的张扬[1]。一提到“打”，家长就想是不是会把孩子带坏？所以，要先做好思想修养、法制教育，在此基础上再教武术之“打”。光教“打”，不修养思想，往往会助长孩子的跋扈之气。同时要因材施教，对不同学生进行不同的教育。戾气很重的孩子，要消减其戾气，以套路为主。善良稳重的孩子，散打为主。当前，武术的各级部门及武术从业者们正集体努力，真真正正做着有利于武术发展的事情，比如制订新的段位制、举办武术的各种竞赛、参与武术的国际传播等，但离我们希望的高度还远远不够。正如邱丕相先生所说：如果大多数中国人都能练三拳两脚，像日本的柔道、泰国的泰拳一样，那才真正称得上武术的发达[2]。武术符合人民群众所需，才具有吸引力，才能茁壮成长。

3. 扩大就业途径

学校教育是素质教育，是为培养合格的公民服务的。但对于许多学生来说，就业才是他们最关心的事。目前，体育院校培养的武术学生的就业面很窄，主要集中在武术教师方面。因此，作为培养武术人才的体育院校，要把视角面向众多的商业部门和企业部门。这就要求加强学生商业、企业素养，这样培养的学生才能适应市场，扩大就业途径。

---

[1] 朱君，孟涛. 清朝“弓马骑射”的武术文化解读与启示［J］. 首都体育学院学报，2016，28（1）：94-96.

[2] 邱丕相，马文国. 关于中国武术发展战略的几点思考［J］. 西安体育学院学报，2005，22（6）：1-3，7.

4. 加强武术文化内涵教育

学校在进行武术教学时，要注意武术文化的教育，不能满足于技术的教学。从目前京师各中小学、普通高校的武术教学来看，主要是传授初级长拳和24式太极拳，对武术文化的教学不够。因此，在传授长拳时要讲解诸如自强不息、厚德载物、尊师重道等武术文化。在传授太极拳时讲解天人合一、中正和谐、舍己从人等哲学道理。在中小学以讲解武术故事为主，能够引起学生兴趣。在大学以讲解武术动作的哲学含义为主，能够启发学生思考。

三、京师武术文化对文化建设的启示

一个民族要屹立于世界民族之林，必须有发达的经济、强大的国防、强健的体魄，同时必须有兴盛的文化为支撑。文化建设尤其重要，能为民族复兴提供精神食粮。

（一）文化建设要有精品意识

精品意识是指人们在社会实践中，不断进取去获得卓越的产品，要求精益求精的心理诉求、责任感和使命感。文化建设要求有精品意识，这样才能把文化建设的更好。精品能够给所建设的文化以标准、方式、步骤等。京师武术文化就是中国武术文化的精品，通过京师武术文化的构建，给全国树立了标杆，包括其内部结构、构建步骤、方式、方法等。这样，其他地区进行武术文化建设时就有了参考标准。

（二）文化建设要有着力点

文化建设要有着力点，不能泛泛地说教。有了着力点才能有证可依靠，做到言之有物，论之有据。京师武术文化在传播传统文化的时候要用身体语言去感染人，使人从动作中领悟哲理，从对抗中体会人与人之间、人与物之间、人与自然之间的关系，从而学到众多理念。所以，文化建设也必须找到着力点，把深刻的道理贯穿到物上、贯穿到人上、贯穿到行动上。这样的传播才更有效、更具体、更生动、更有说服力，达到事半功倍的效果。

（三）文化建设要与时俱进

与时俱进就是要把握时代的脉搏，紧跟时代的步伐，充分了解当前的形势。这样才能找到真正要做的事情，找到真正要传播的文化，做到有的放矢。京师武术文化做到了与时俱进，在当前社会主义市场经济高度发达的今天，紧跟时代潮流，及时进入武术展演市场和武术格斗市场。在市场中摸爬滚打，增长了适应市场的能力。文化建设要深深体会文化自信理论，从京师武术文化中吸取经验，认真把握当前国内外错综复杂的形势，制定针对性的措施。

本章小结

京师武术文化的当代价值包括：引领武术的发展方向，能够弘扬民族精神，能够促进和谐社会的构建。为竞技武术、社会武术和学校武术未来发展提供了相应的对策。在竞技武术发展上要做到：第一，制定长远规划，以十年为一个阶段。第二，发挥人才优势。第三，改变训练模式和比赛模式。第四，积极参与商业活动、社会活动和国际交流活动。第五，注重青少年队伍建设。在社会武术的发展方面要做到：第一，转变思维方式，构建新的武术体系。第二，响应大武术观，成立共同组织。第三，改变教学、训练方法。第四，积极参与市场竞争，与世界拳技竞争。在学校武术发展方面要做到：第一，呼吁领导重视、家长支持。第二，提高学生兴趣。第三，扩大就业途径。第四，加强武术文化内涵教育。对文化建设的启示有：第一，文化建设要有精品意识。第二，文化建设要有着力点。第三，文化建设要与时俱进。

第十章　结论

京师，人们心中的神圣之地，其武术文化以其独特的魅力吸引全国武林人士的目光。她引导国家武术走向辉煌，贡献自身价值，为中华民族复兴之大业增砖加瓦。

（一）确定了京师武术文化的概念

京师是指国家首都，是最高统治者政府所在地。京师武术文化是以国家意志为导向的，以包容性、权威性、先进性和创新性为典型特征的，在首都从事与武术相关的社会活动的主体所创造的物质和精神成果，以及这个创造活动的本身。

（二）时空对京师武术文化的产生、发展都有影响

经济因素是左右京师位置的主要原因，同时也受民族融合、自然环境、政治和军事因素影响。北京作为元明清三代的京师，有其独特的民族因素。北京的地理环境影响北京居民的性格，其所在地处于游牧民族和农耕民族之间，决定了文化是以汉文化为主体的融合文化，发展过程是由先秦燕国文化到融合文化，最后形成首都文化。这些时空条件对京师武术文化的产生、发展都有影响。

（三）厘清了古代京师武术文化形态与影响，对其价值也有清醒的认识

古代京师武术文化的形态有宫廷武术、御林军武术和民间武术。宫廷武术处于核心地位，统治者依靠权力把持宫廷武术进行宣扬武力、恩宠权贵、自我娱乐、维护其统治地位。宫廷武术包括帝王的武艺、宫廷娱乐武术和大内高手武术。帝王中不乏武艺出众者，明代的朱棣、宣帝朱瞻基、英宗朱祁镇、武宗朱厚照皆习练武艺，清代帝王比较重视“弓马骑射”的训练，康熙与乾隆都是

打猎的高手。游猎、射柳和“塞宴四事”等活动都是宫廷娱乐武术。大内高手武艺高强，负责皇帝的安危。宫廷武术以骑射、摔跤为主要运动形式，以技击搏杀为运动特征。军旅武术文化在京师就是御林军武术文化，是为宫廷和京师的安全服务的。御林军是古代军旅武术的主体，武艺高超，操练严格，使其在战斗中发挥应有的功能。民间武术是平民阶层的武术，武术的功能有入仕、谋生和树立势力。民间武术必须走仕途之路才能靠近京城权力。

古代京师武术文化与其他地域武术文化的区别之一在于宫廷武术文化。统治者与劳苦大众从某种意义上是敌对的，所以要扶持御林军武术，压制民间武术，特别是在元、清两代。民间武术要树立自己的势力，要么走武科举之路，要么加入秘密组织，与政府对抗。

古代京师武术文化的影响包括：统治阶级对武术有时禁止、有时开放，以统治阶级的利益为根本。军旅武术与民间武术相互促进，共同发展。民间武术的立势有时对政府产生较大冲击，这些对京师武术文化发展都产生较大的影响。古代京师武术的价值体现为技击，特别重视冷兵器的使用。

（四）近代京师武术文化向体育方向转型，更具有精神价值

近代，随着统治阶级控制力的衰减，宫廷武术逐步被京师民间武术所替代。民间武术的兴盛与近代武术军事功能的让位、武科举制度的废止、内忧外患的时局不无关系。民间武术的兴盛也与京师义和团运动、近代的“强国强种”思想和西方文化的侵袭有千丝万缕的联系。大批农民武术家奔向京师，纷纷开门立拳，但由于近代枪炮的盛行致使武术在战场的威力大大削弱，迫使其向体育方向转型。封建帝王的覆灭，宫廷武术最终消亡，京师武术重心转移到京师民间武术身上。虽然，武术的军事威力大减，但精神力量却在反帝爱国的斗争中，在抵抗日寇侵略的前沿发挥作用。

随着西方体育健身思潮的侵袭，京师武术大踏步地走向体育行列。京师民间武术的兴盛是近代京师武术文化的成就之一，也是与其他地域武术文化的主要区别之一。近代京师武术文化的价值体现为技击和健身，以八卦掌、太极拳的防身健身为主要特征。

（五）现代京师武术文化的社会定位向三个方面发展

在现代，京师武术文化的定位有三，向体育（广义）、教育和文化传播方

向发展。在体育方面，党和政府依据中华人民共和国成立初期的复杂情况，为了新生政权的巩固，采取“整顿、收缩”政策，鼓励了武术套路，压制了对抗形式。使竞技武术套路成为武术发展的领头羊，一度唱独角戏。改革开放后，京师武术发展轨迹从“武术套路热”到“武术散打热”两个阶段。目前，在市场经济火爆的前提下，商业性散打比赛红火起来。同时，传统武术向全民健身迈进，注重拳术套路的演练，忽视对抗，对传统武术继承和发展有一定的不利影响。

在学校武术方面，京师的中小学、普通高校和体育院校都较重视武术。京师武术在学校的发展与政府的支持、学校的重视、学生们的喜爱是分不开的。北京学校武术的开展在全国具有示范作用。当然，武术的发展与其他运动项目比如篮球相比，差距还是明显的，还需要继续努力。在传播文化方面，社团组织和国家层面都发挥了作用。现代京师武术的价值体现在体育运动、全民健身和文化传播方面，以太极拳、竞技武术的普及、提高为主要运动特征。

（六）京师武术文化丰富多彩

京师武术文化可谓是丰富多彩，有本体文化、武术精英、民俗体育中的武艺等。在本体文化方面，认为京师武术拳种具有的特点：一是以北方拳种为主。二是摒弃“门户之见”，形成体系完整的拳种体系。三是展现大气磅礴的京城气概。当代京师拳种发展状况：一是太极拳是发展最好的拳种，其他拳种发展有喜有忧。在武术精英方面，依据时代的不同举出具有代表性的三位名家，分别列举了他们的英雄事迹和突出贡献。在民俗体育与艺术中的武艺方面，研究了天桥、庙会武术和京城武术小说现象。最后，以八卦掌和太极拳为例，分析了其源流、北京发展状况、内容体系、技术特点等。

（七）京师武术文化含有深邃的精神内涵

京师武术文化的精神内涵包括文化特色和气质特征。研究认为，京师武术文化有包容性、先进性和创新性文化特色。包容性表现为拳种众多、拳家摒弃“门户之见”、掌握多种拳技。权威性体现在组织构成具有权威性、技术规范具有权威性和活动具有权威性三方面。先进性表现为人才济济、成绩优异和活动较早。创新性由技术和理论的创新进行体现。气质特征包括“慷慨悲歌、气劲人豪”“风气刚劲、剽悍尚武”的文化心理，“反帝爱国、舍身取义”“救国图存、大义凛然”的文化气质，蕴含“天人合一”“阴阳互转”“中庸和谐”等文化精神。

（八）京师武术文化有一定的发展规律，其演进有自己的动因

京师武术文化的发展轨迹：由古代的宫廷武术到近代的京师民间武术，再到现代的全民武术。统治阶级的需要是京师武术发展的动力，技击和健身是京师武术的基本功能，要依据社会需要而发挥作用。人的主观能动性往往决定京师武术的价值取向。

京师武术文化的演进有其特殊原因，包括：第一，特殊的政治地理位置。为京师武术的形成和发展提供了特殊的平台，国家意志和统治阶级的兴趣也左右着京师武术文化的形成与发展。第二，复杂的人文背景。包括皇家文化、骑射文化、传统文化等具有广泛的影响。第三，经济发展的需要。包括近代镖局的作用、商品经济的冲击和武术产业的兴起。第四，迁都对京师武术文化的影响。

（九）京师武术文化在当代具有存在价值，对文化建设有一定的参考意义

京师武术文化的当代价值包括：第一，引领武术的发展方向。第二，能够弘扬民族精神。第三，能够促进和谐社会的构建。为京师武术文化的未来走向提供了相应的对策，包括竞技武术方面要制定长远规划，发挥人才优势，改变训练模式和比赛模式，积极参与商业活动、社会活动和国际交流活动，注重青少年的培养。在社会武术方面，第一，转变思维方式，构建新的武术体系。第二，响应大武术观，成立共同组织。第三，改变教学、训练方法。第四，积极参与市场竞争，与世界拳技竞争。在学校武术方面，第一，呼吁领导重视、家长支持。第二，提高学生兴趣。第三，扩大就业途径。第四，加强武术文化内涵教育。京师武术文化对文化建设的启示：文化建设要有精品意识，文化建设要有着力点，文化建设要与时俱进。